Cross-Cultural Marriage

異文化結婚

境界を越える試み

Rosemary Breger and Rosanna Hill
ローズマリー・ブレーガー、ロザンナ・ヒル✣編著
吉田正紀✣監訳

新泉社

はじめに

ローズマリー・ブレーガー、ロザンナ・ヒル

本書は、一九九三年三月オックスフォード大学クイーンエリザベスハウス、女性文化研究所によって企画された、「異文化結婚」に関するワークショップにもとづいている。各章は、ドイツ、スペイン、ネパール、ガイアナ、ウガンダ、デンマークと日本、サウジアラビアとパキスタン、イギリス、アメリカとガーナなど、さまざまな国々の異文化結婚の多様な側面を取り上げている。しかも一五人の執筆者のうち、一一人が異文化結婚の経験者であり、一二番目の執筆者は、両親も異文化結婚をしている。暗示的だとしても、このような経験は研究に刺激を与え、かつ本書をより魅力的なものにしている。

本書は社会学や人類学の分野では目新しいものである。というのはどの論文も、生き生きとした個人的経験と異文化結婚が直面する社会的制約について、特別の関心を抱いているからである。また取り上げられた地域と用いられた方法は、執筆者のさまざまな学問領域、調査方法、個人的背景や経験、ならびに対象とした人たちを反映している。それぞれの章は、異文化結婚に影響を与える社会的・個人的要因、配偶者の選択に関する制約、異なる他者をステレオタイプ化する役割、およびこれらのすべての要因が家庭生活におよぼす作用について共通の関心をもっている。

本書は、研究にもとづく発見や、将来の研究領域を特定するための予備的調査や先行研究を含んでいる。また執筆者の多くは、本書においてわずかな事例を紹介しただけかもしれない。より多くの被調査者を対象としたとしても、ごく少数の事例だけを掲載することになったかもしれない。それゆえ、本書で取り上げた民族誌が代表的な事例であると断言するつもりはない。むしろ関心は個々の事例研究によって提供された洞察にあると考える。

歴史的に、異文化結婚に関する社会科学的文献は、黒人と白人、ユダヤ人とユダヤ人以外の人たち、海外の植民地や占領地で支配下にある者と結婚したアメリカ人（イギリス人）追放者などの結婚に関するものである。本書は、取り扱う文化と政治経済的状況の多様さのために、通常提出される以上に広い範囲の経験を検証することが可能であった。このことは、異文化結婚について既定の仮説や結論のいくつかをいかに適用するかを考察可能にしている。またなぜある問題がよく起こり、他の問題が起こらないか、さらに考察すべき課題があることを示唆してくれる。

異文化結婚は、しばしば「問題があるもの」とアプリオリに考えられている。このことは、いかに調査を行うべきか、どんな情報が必要か、あるいは選択されるべきか、事前に準備が必要である。われわれは問題となっている課題から目を背けないが、異文化結婚を社会的病気あるいは同化の一般的な形態であると主張することはしない。それぞれの章は、みずからのコンテクストの中で、みずからの物語を語っている。そして豊かな事例研究を提供している。また異文化結婚の意味と経験、それに対応するために発展させた戦略を批判的に検討することを可能にしてくれる。

論文を考察していくと、文化を超えた関係のもつ性格についての理解が深まるばかりでなく、疑問にも直面する。たとえば、大きな問題の一つは入管法に関するものである。また法的に認められた男女の結婚に対する入国ビザや居住許可の規制についてである。国家は正式に結婚していない外国人パートナーの入国を許可しない。どこかで線引きをしなければならないので、本書の論文は合法的に結婚した人たちを扱っており、それ以外の人々は取り扱っていない。唯一の例外は、柴田の扱う第5章である。彼女が論ずる事例は、正式に結婚したカップルとそうでないカップルを含んでいる。

またジェンダーと関連している事例には（人種、階層、地域の側面もあるが）、女性の見方への偏りがあるかもしれない。これは夫婦によって提示された第6章を除き、すべての章が女性によって書かれているばかりでなく、それぞれの章の情報提供者（インフォーマント）が女性であることによっている。そのためこれらの事例研究がまず女性たちの経験と関心を示したものとなっていることは確かである。

ワークショップでは、八つの論文が発表されたが、そのうち七編がここに収録された。八番目のナルリラの「異文化結婚その育児への影響」は、異なった人種からなる家族への支援グループに焦点をあてたもので、本書の領域外にあると考え除外した。またアセンソー&アセンソー、マックスウェル、セマフム、柴田の論文は後に本書に加えられたものである。

本書は、異文化結婚に関する社会的問題と個人的問題の双方に目を向けているため、結婚相談や児童福祉の分野の専門家にとってもたいへん興味あるものとなろう。西欧社会はますます多文化化しつつあり、それゆえこのような問題を理解するために、きわめて専門的かつ政治的関心を高める必要性が生じている。このような認識を専門家以外の人たちと共有し、彼らを支援し、理想的には政治的決断を促す状況が生まれることが期待される。本書はまた、異文化結婚を実践している多くの人たちに対して、直面する問題を考える手助けとなるだけでなく、彼らが社会に対して貢献できるような、豊かな可能性があることを指摘するものとなっている。ここで追求しているテーマは、ジェンダーや親族、エスニシティに関心をもつ社会科学者にとってもたいへん興味あるものであろう。われわれは本書で提示された議論が、さらにこの魅力あふれた研究の発展に寄与できることを希望している。

目次

装幀　勝木雄二

第1章　異文化結婚序論

ローズマリー・ブレーガー、ロザンナ・ヒル

異なる性格についての寓話

スコットランドに住む、三人の息子をもつユダヤ人女性の話である。一九六〇年代のことだが、彼女は三番目の息子の婚約をたいへん喜んだ。息子のうちの一人がついにユダヤ人の娘と結婚しようとしていたからである。ほかの息子の妻たちは、一人はスコットランド人、もう一人はイギリス人であったが、ともにキリスト教徒であった。彼女はもうこれだけで異文化結婚は十分だと思っていた。それゆえ、ニューヨークから来るこの最後の義理の娘を、諸手をあげて迎えようとしていた。彼女はその娘が、息子の文化を理解し、かつ共有してくれるものと信じていたからでもある。しかしながら、スコットランドから出てきて、イギリスにある二部屋付きの小さな住宅で息子夫婦と一緒に生活しはじめると、物事はスムーズには進まなかった。まもなく彼女は、「おまえが結婚した女は何という女なの。午後の紅茶やケーキの出し方さえ知らないのだから」と息子にいいつけていた。そこで嫁は姑の指導を受け、イギリスの食事の複雑さを忠実に学ぶことになった。

そうして、嫁の母親がニューヨークから娘を訪ねてきたときには、娘はもうイギリス式の食事スタイルを身につけていた。夫が仕事から帰ってきたとき、娘が紅茶とチョコレートビスケットを出しているのを見て、母親はたいへんショックを受けた。「一日の終わりには、それにふさわしい食事というものがあるのです。夫が仕事から帰ったときにお菓子を出すなんて、どういう妻なのでしょう」と叱責した。娘は母親と姑の間に立って、途方に暮れてしまった。しかしこの出来事を通じて、彼女は二人の母親の対立から、みずからの異文化結婚のあり方を真剣に考えるようになった。

食べ物と食事のマナーに関するこの逸話は、異文化結婚には課題と難問があることを強調している。最も身近な人たちにとって、結婚が異文化間で行われることはどのようなものなのか。結婚するカップルや親戚にとって、期待と現実の差異はどのようなものなのか。外国人に対するエキゾチックな見方が、人々を惹きつけたり、人々に拒否されたりするのはどのような場合なのか。人は、とくに女性は、このような人たちにどのように対処しているのであろうか。みずからを向上させる存在として、あるいは多様かつ自由な場を提供してくれる存在として、あるいはみずからの文化を喪失させる者と考えているのだろうか。人々は自己と他者の間に感じられるギャップをどのように埋めるのか、あるいは異なった社会で、よそ者として見なされている自己をどのように調整していくのであろうか。

本書の概略

問題は数多くあるが、これまで述べてきた問題は、本書の各章で論じるつもりである。私たちはとくに、異文化結婚に見られる個人的経験と、より広い社会的制度との関連性について検討したい。人類学や社会学におけるこれまでの結婚に関する研究は、多くは男性によってなされてきたため、そこには結婚についての男性の見方が反映されている。マリノフスキー（1927）やエヴァンス＝プリチャード（1951）、ラドクリフ＝ブラウン（1952）の研究に見られるように、機能主義者たちによる結婚の研究は、（結婚の）規則や法律、（集団への）帰属パターンなどを重視するものであった。その後、ニーダム（1962）、レヴィ＝ストロース（1966）、フォックス（1967）ら人類学者の研究は、結婚の規則や（結婚を）めぐる交換制度に関心を向ける傾向があった。一方、社会学では、家族や所帯のパターンの変化を説明する傾向があった。そこでは当事者である生きた人間が無視されていた。一九七〇年代半ば以降、まず生活のあらゆる側面で見られるジェンダーの役割に対しての認識が生まれたこと（Young & Willmott 1957, 1975; Goode 1963; Bott 1971; Laslett 1972）、また結婚や家庭生活に関する個々人の異なった生活体験に関心が向けられたこと（Ardener 1975）は、家族に関するフェミニズム研究の転換点となった。これらの研究は、経験がジェンダーや年齢によってどのように異なったものであるのかを示すと同時に、さらにそこから一般化モデルをつくりあげることを目指していた（Friedan 1963; Oakley 1974; Thorne 1982; Abbott & Wallace 1990）。それゆえこれらの研究は、結婚について、より広い社会プロセスと個人的な経験の相互関係を検証しようとする挑戦的な試みとなった。すなわち恋愛についての個人的な考えや、コーンが第4章で「愛という向こう見ずな反戦略」と呼ぶような、慣習や敵意に打ち勝つよそ者への魅力を内包したものである。

本書ではまず、女性の経験に着目する。その理由には、一人を除きすべての執筆者が女性であること、また彼女たちの情報提供者（インフォーマント）もたいていは女性であることによる。それゆえ語られる経験は、女性の見方を反映したものとなっている。もちろん彼女たちの経験は、夫の経験と形式的には類似しているが、その内容において異なっている場合が多い。とはいえ、本書では男性がもつ関心をまったく無視したわけではない。

本書で提示される経験から、きわめて異なった文化的状況に置かれているにもかかわらず、ほとんどすべての異文化結婚には共通の特徴があることがわかる。すなわち多くの重要な課題が、すべての章の中で述べられる経験から紡ぎだされている。簡潔にいうと、彼女たちの結婚は、第一に、よそ者（みずからが生まれ育った集団外の者）と結婚することは何を意味するのか、第二に、誰がよそ者と結婚し、誰がよそ者と結婚しないのか。そしてそれはなぜなのか。第三に、そのような結婚ではどのようなことが起こるのか、という三つの主要な行動と密接に結び付いている。

本章では、配偶者の選択に影響を与えるさまざまな要素、すなわちアイデンティティや差異の認識、結婚や家族に対する異なった定義や期待、さらに配偶者の家族が異なった期待や文化的多様性をどのように理解しかつ対処するのかを、さまざまな方法で検証する。

これらの要素は、日常生活を展開するための経済的基盤とも関係し、さらに異文化結婚を営む人々の生活やそのスタイルそのものに影響を与えている。これらの事柄は、本書の各章の配列にしたがい、出来事の簡単な時間的経過を通じて明らかにされる。また他の章とも併行して議論が進められる。過度の単純化やくり返しの恐れもあるが、読者が本書の各章の内容を理解する助けとなるように、この序論においてその概略を説明する。

本書の議論の中心となるのは、差異の認識である。それは外部の専門家に対してだけでなく、当事者たちにとっても、異文化結婚とは何かを考えさせるものである。それゆえ、本章をウォルドレンの「文化を超えて――マジョルカ島における異文化結婚」から始めるのが適切であろう。そこではとくに「よそ者との結婚」が、それを実践する人たちにとってどのような意味があるのかが論じられている。ウォルドレンは、過去二〇〇年にわたるスペインの国家的、地域的なレベルでの政治、社会変化の中で、異文化結婚に対する考え方がどのように変化してきたのかを明らかにしている。

第3章の「機会、選択、環境――異文化結婚における女性の研究」は、女性がよそ者を配偶者として選択するのはなぜなのかという問いについての予備的研究である。カティブ゠チャヒディ、ヒル、パットンは、よそ者と結婚する女性たちは全体として互いに類似しており、それは偶然ではないことを発見している。

よそ者と結婚することとは何か、誰がそれを行っているのかに着目することから、配偶者の選択が、いかにさまざまな要素、いくつかの社会的な、またいくつかの法的な要素によって規制されているかを検討する必要がある。この過程で考察すべき中心的な課題は、多くの章で論じられている課題でもあるが、よそ者に対する肯定的ないし否定的な固定観念の形成と流布についてである。

第4章「異国の異性の魅力――東ネパールにおける異文化結婚に関するノート」においてコーンは、よそ者に対する誘惑的で空想的な固定観念が、結婚を求める若い女性たちをみずからの文化集団から引き出す要因になっていると論じている。彼女は、よそ者との結婚を、構造・機能的用語でしか説明してこなかった旧来の人類学を批判している。すなわちこれまで、求愛行為（とくに若い女性）を行う者が抱く、よそ者の選択やよそ者への認識が考慮されてこなかったというのである。

第5章「人種化された境界を越えて――現代ガイアナにおける「アフリカ系」と「インド系」の異人種結婚」において、柴田はこの議論を続け、ガイアナの女性たちがもつよそ者に対する否定的な固定観念の役割に注目している。彼女は、それぞれの集団についての否定的な言説の流布やそれにともなう固定観念が、いかにその地域の政治・経済史と深く関わりがあるのか、それゆえ、インド系女性の異人種結婚について、きわめて情緒的ともいえる固定観念が生み出されているかを例示している。このような固定観念は時間とともに変化するけれども、それにもかかわらず、インド系とアフリカ系の人たちが異人種結婚生活をするうえで悲劇的ともいえる影響を与えていることを、生々しい事例研究によって報告している。

もちろん、固定観念が配偶者の選択を規制する唯一の要素ではない。国家や誰が誰と結婚できるのかを決定する結婚に関する法律や移民政策も、配偶者の選択を規制するものとして大きな役割を果たしてきたが、しばしば見過ごされてきた。よそ者についての公の言説もまた、入国管理係官の独断的な法律解釈に影響を与えているかもしれない。アセンソー夫妻は、第6章「異文化結婚の政治学――ガーナ人とアフリカ系アメリカ人の事例の検証」において、入国管理法や肯定的ならびに否定的な固定観念が、アフリカ系アメリカ人とガーナ出身のアフリカ人との間の結婚にいかに影響を与えているかを論じている。彼らは、アフリカ系アメリカ人とガーナ人の差異を人種に還元するという極端に単純化して認識する傾向があると記述している。世界中の黒人たちが、アメリカの白人に対するよりも、皮膚の色だけで互いに似ているという考えがあるというのである。いくつかの事例からも、アフリカ系アメリカ人とアフリカ人の間の結婚には、互いにさまざまな文化的相違があることを当事者の家族や拡大家族が認識していないことが判明する。

第7章「選択の自由か、パンドラの箱か？——ウガンダにおける法的多元主義と異文化結婚の規制」の中でセマフムは、さまざまな民族、宗教集団に見られる複婚形態（配偶者が複数いる結婚形態——ここでは一夫多妻制）に焦点をあてる。そこで彼が発見した結婚のパターンには、国家の影響があるという議論を展開している。他の多くのアフリカ諸国のように、ウガンダは一夫多妻制を認めており、それは人々の多文化的性格を反映している。また一夫多妻制や相続、共同財産のあり方について明確な規定を設けている。セマフムは、異文化結婚を極力、社会的に受け入れやすくするために、また女性たちの個人的関心を保障するために、うまく法の網を抜け、違法に結婚している女性たちがいる事実を報告している。

ブレーガーも、第8章「愛と国家——ドイツにおける女性、異文化結婚、法」において、ドイツの事例を用いながら、異文化結婚を規制する国家の役割を考察している。彼女は、国家が外国人配偶者に対して入国、滞在ビザや労働許可証の発行を制限したり、異文化結婚を認めないことを明らかにしている。ドイツが外国人配偶者に市民権や政治的権利を与えたがらないことは、メディアもひさしく外国人に対して否定的な報道をしているように、国家へのアイデンティティや国籍のあり方とも関連している。

第9章「イスラームにおける異文化結婚——理想と現実」においてヤマニは、イスラームの異文化結婚家族が彼らの日常生活をどのように構築しているのかについて言及している。異文化結婚においては、差異への認識のあり方に程度の差がある。ある差異は祝福されるが、他の差異は対立の原因となる。このような差異の認識や評価は、異文化結婚家族の側だけでなく、彼らを取り巻く拡大家族や彼らが住むコミュニティの側にもある。家族内に、差異の認識を超えるような大きな結び付きがあれば、家族の絆はより強化されるだろう。

ヤマニは、異文化結婚に強い拘束力を与えるものとして、宗教の役割に注目している。また拡大された親族の影響やよそ者に対する公の差別から離れ、新しい地域に引っ越すことも、結婚をうまく維持させるうえで役立ちうることを指摘している。家族がどこに住むかは、互いの文化的差異を調整したり、公的あるいは私的な民族的固定観念から生じる多くの否定的な影響を逃れるうえで重要な役割を果たすようだ。しかしこれは一般には比較的裕福な人たちにのみ可能なことといえるだろう。

多くの事例において、異文化結婚をしている人たちは、自分たちがたいへん異なっており、互いの考えや行動が期待はずれや欲求不満に陥るとは、はじめは気づいていない。第10章「ヒンドゥーの合同家族におけるイギリス人と北アメリカ人の義理の娘」において、シッソン・ジョシとクリシュナは、父系的な拡大家族内の生活を分析した。そこでは、気をつけるべきこと、会話の仕方、空間の利用やプライバシーのあり方、食事の提供などの日常的な行為の相違が、家族の権力や地位の構造、役割期待、人間についての文化的に異なった考え方と強く結び付いていることが指摘されている。このことはしばしば外部から嫁いできた義理の娘が異なった期待と経験をしてきているために、軋轢を引き起こす。近しい親族の中で、よそ者が不満の声をあげることは難しい。とくに新しくやって来た嫁のような、伝統的に無力な者は異議を唱えることができないからである。

レフシンは、第11章「異文化結婚におけるジェンダーアイデンティティとジェンダーの役割形態——日本人とデンマーク人の事例から」において、ジェンダー間の役割期待のずれに着目し、ジェンダーの役割について異なった考えをもつ二つの文化出身者間で、ジェンダーアイデンティティがどのように調整されているかという問題を報告している。彼女の研究は、より広い社会経済的環境が、ジェンダーの役割の適応性に強い影響を与えていることを明らかにしている。さらにこのような役割期待がまったく適合しないとき、これらの結婚はやがて崩壊の可能性があることを示唆している。

最後の第12章「黒人か白人かの問題ではない――異文化結婚の子どもたちの声」において、再びアイデンティティという難問と直面する。すなわち異文化結婚によって生まれた子どもたちのアイデンティティの多様性とその選択に焦点があてられる。マックスウェル自身も、親も祖父母も異文化結婚をしており、彼らの経験を語らせる。すべてに共通なことは、(集団への)帰属やアイデンティティの感情が、成長とともに、また重大なライフサイクルの局面を経るにしたがい変化するだけでなく、家の外との関係の変化を明確に反映していることである。

異文化結婚

家族と結婚の定義

文字通り、あるいは比喩的に見ても、異文化結婚の核心部分には、法的にも社会的にも有効かつ正当な結婚とは何か、という問題がある。もちろんこれにはジェンダーの役割や規範、結婚を支える資産の問題も関係している。ヨーロッパ、とくに中世のイギリスの教会では、結婚を定義するのはたいへん難しいことであった(Leyser 1996 : 106)。本書では、さまざまな文化に見られる結婚を取り上げているが、その中心的テーマは、結婚と家族についての定義や、親族の関与や親族への責任についてである。というのは多くの文化において、結婚は二人の個人的な結び付きであるばかりでなく、相互の義務を通じて、絶えず助け合いの必要な二つの家族の連合と見なされているからである。

ある制度やその表現について、どの文化にも共通した定義を見出すことは、つねに問題が生じやすい。本書を編集する際にも、「結婚」について論じているとき、自民族中心主義の危険性に陥りそうなときがあった。リーチ（1982）も、英語では、結婚には少なくとも四つの側面があると指摘している。第一には、権利とか子どもの正当性など、法的な側面との関係である。第二には、現実の世帯や結婚の日常的な側面である。第三は、結婚式やその前後に行われる儀礼に関することである。第四は、家族の結び付き、すなわち結婚によって形成される姻戚関係をさす。ある人たちにとっては、宗教的な次元がこれらの定義以上に重要なものとなろう。これらのすべての側面がこれからの章で考察される。

私たちはここで、結婚についてさらに別の問題について言及したい。この問題は、これまで人類学者によって研究されてこなかったが、おそらく二〇世紀後半のヨーロッパや北アメリカでの結婚で生じている一側面である。それは結婚する二人の個人的関係に関連した心理的情緒的側面である。今日イギリスで、「理想的な結婚」をしているカップルについて語るとき、彼らは情緒的に幸せで、しっくりいっていることを意味するようだ。おそらく互いにコミュニケーションもよくとれていることであろう。しかしながら、本書の事例では、「理想的な結婚」とは、それぞれの人たちにとって異なったことを意味することを示すことになる。

たとえば、ガイアナの事例で柴田は、パールとクリシュナの結婚について述べている。パールはアフリカ人とインド人の混血である。彼女は通常はみずからを黒人と見なしているし、夫はインド人として分類されている。この地域の「アフリカ系」と「インド系」の間には、人種的な対立の長い歴史がある。それゆえ異文化結婚はつねに難しい問題であった。しかしパールとクリシュナは、エホバの証人の集会で出会い、その後家族間に文化的相違や対立があったにもかかわらず結婚した。彼らの結婚は互いのキリスト教信仰に支えられて、強固なものであった。だがクリシュナの家族は、この結婚を「望ましい結婚」とは見なしていなかったようである。パールの姑パールヴァティは、嫁に深い恨みをもち、彼女を毒殺しようとした。パールとクリシュナは、長男（最も皮膚色の濃い）の不可思議な死も姑と何らかの関係があったのではないかと憶測している。柴田は、ガイアナに見られる人種的偏見を、異なった政治的、文化的カテゴリーの人間を人種的に区分することから生じていると述べている。しかしながら、彼らの人種的偏見は、長年にわたる文化変容や異文化間の男女関係によってあいまいにされているため、経済的、政治的、宗教的利害とより密接な関係があると見なされている。パールヴァティのこのような偏見こそが、黒人である義理の娘の受け入れを拒んでいるのである。

国籍は異なるが、スンニー・ムスリム同士の結婚を扱ったヤマニの事例は、花嫁側のサウジアラビアのエリート家族が考える「理想的な結婚」について述べている。彼らにとって、娘を通じて、より高い社会的地位の家族や尊敬されるような「純粋な血」をもつ出自集団（ここでは男性の系譜関係を重視する集団）とつながることが、理想的結婚なのである。それゆえ婿の拡大家族の富は出自集団よりも重要なことではなく、彼の個人的属性や社会的業績はさらに優先順位を下げるものである。ヤマニによれば、サウジアラビアでは個人の価値は拡大家族を基礎にして、社会的に評価される。そのような基準に合うような家族的背景をもたない個人は、何の価値もない。家族のコンテクストの外では、個人は社会的価値をもたないのである。この事例に見られる花婿はパキスタン出身であり、アラブ人ではない。彼の家族は知られていない。そのため花嫁の家族は、彼の価値を評価したり位置づけたりできないので、混乱に陥ってしまった。しかしこの結婚は花嫁側の問題だけではなかった。というのは二人がイギリスの大学で出会ったこと、また二人が共にムスリムであり、愛し合っていたことも問題であった。

これら二つの事例では、二人が望み、達成しようとする結婚は、少なくとも一方の家族には望ましいものとは考えられなかった。このように何が「理想的結婚」なのか、あるいは何が結婚にとって重要なことなのかは、社会や民族によって異なるだけでなく、さらにその下部にある社会集団や家族、世代によっても異なるのである。

よそ者との関係を定義する——自己と他者

ここで扱う異文化結婚とは、異なった言語、宗教、民族、国家に所属する二人の男女の結婚を意味する。しかしながら、異なった文化によって構成される結婚の複雑さは、本章の冒頭の逸話で示したように、卑近なところからも見ることができる。デボラ・タネン（1986）は、他の執筆者と同じように、その定義の難しさに触れている。すべての経験に独自性があるとするなら、事実、両性の間には、階層や文化を超えた障壁があるのではないかと述べている。それゆえ同じ社会の中にも、異なった階層や地域があり、そこにはさまざまな差異があることは事実である。このように見てくると、すべての結婚がある意味で異文化結婚であるといえよう。

それゆえ、本書で頻繁に登場するテーマは、集合的な定義のあり方についての議論が中心である。すなわち、自己や他者、自己と他者の関係などの概念をめぐってである。他者の概念なしに、自己の概念もなく、またその反対もあてはまる。ある集団の人たちには、集団に誰が属し、誰が属していないかについての明確な考えがあるようだが、よく見るとその境界線はきわめてあいまいである。さらにその定義は、ウォルドレン、マックスウェル、アセンソー夫妻の研究で示されるように、時間とともに著しく変化するといえる。本書では、定義がなされる状況の重要性、その定義の柔軟性の程度、またその変化のあり方が指摘される。成員の定義は、つねに相関的であり、状況的である。言い換えれば、誰が仲間なのかは、誰がよそ者なのかが明確になってから定義される。このことはつねにこれらの集団間の政治的、社会経済的関係の変化とからみあっている（Barth 1969; Cerroni-Long 1984; Breger 1990）。よそ者や他の文化集団は、境界や差異の象徴的な存在となる。

誰がよそ者であるかについての定義は変化する可能性もある。それは誰が定義をしているか、つまり階層、地域、国家、世代、性によって異なるからである。個人的定義が用いられるか、あるいは集団的定義が用いられるかによっても異なってくる。定義のコンテクストが経済的、社会的、政治的、宗教的であるかによっても、誰が属し、誰が属していないかという定義は異なってくる（Down 1986）。たとえば、ある社会のエリートは、みずからの資産を守ろうとするとき、彼らの階層的な位置によってのみ、みずからの帰属意識を定義する。しかし、戦争が起こったとき、共通の国家的な結び付きに依存する。そのとき（キリスト教徒のような）ある特定の宗教の信者とは連帯するが、（ユダヤ教徒のような）他者を排除することが起こるかもしれない。このことはよそ者のすべてのグループが同様に「異端者」というわけではなく、あるグループとはより親密な関係を保ち、彼らの存在は容認され、彼らの文化的行為が賞賛されることがあることを示す。このことは、許容されるよそ者の中に一つの階層が生まれることになる（Thranhardt 1985; Breger 1992）。

ウォルドレンは、マジョルカ島において、「よそ者との関係」の概念の中心にある、自己と他者の定義が、一九世紀から現在まで変化してきたこと、すなわち結婚相手の選択や許容に影響を与えてきたと論じている。第二次大戦後、島に起こった社会経済的関係の変化やよそ者との接触の増大が、よそ者への魅力を生み出した。すなわち、よそ者、たとえばスペイン人でない者、時として異なった階級や宗教的背景の者との結婚が増大するようになったのである。一九七五年以前には、カトリックでない者が結婚をするときには島を去らねばならなかった。しかしながら、過去二〇年間におよぶスペインの急速な発展とともに、文化的多元主義が地域的にも国家的にも浸透するようになると、宗教によらない結婚や離婚が認められるようになった。異文化結婚の関心は、相違よりもむしろ共通性を認識する点で、当事者間の問題となった。

いくつかの事例では、他の集団との差異についての認識は、幅広く見られる共通性を無視しているようである（国家アイデンティティに関する日本人の言説の議論でしばしば指摘された。Miller 1982; Mouer & Sugimoto 1986; Dale 1988）。反対に、異なった文化をもつ二人が、実際には相違よりも共通性が見られる場合がある。とくに彼らがともに都会出身で、高学歴で、専門家であるという類似した背景をもっている場合にあてはまる（Spickard 1989; Cottrell 1990）。

自己と他者の複雑で相関的な概念は、「われわれ」というより広い定義や、「私」という個人的な定義のように、いくつかの社会的レベルで明らかに見ることができる。自己の個人的概念は、より広い政治的、経済的関係と関わりのある概念の中にくり込まれている。

異文化結婚は、身近な個人的レベルで、相手の個性を喜んで受け入れることを意味する。社会的相互作用のレベルにおいて個人は、特定の親族の伝統からつくり出された既存の家族構造にくり込まれるし、アイデンティティや役割についての既存の道徳的言説に適合させられる。そのうえ変化をもたらす自由、より適切にいえば、それから逃れる自由も、自己と他者のより大きな集団の固定概念と密接に結び付いている。それは非公式な言説のみならず、おそらく変わりにくい習慣や法律で規定されるであろう。異文化結婚はしばしば疑惑の目をもって見られる。というのは、自己と他者の間の境界があいまいであるからである。

想像の民族共同体

「伝統」はつねにあるべきものであり、また永久に継続すべきであるということが人々によって、当然のこととして語られてきた。「伝統」は変わらない、変わるべきではない、そして伝統が変わるなら、悲しむべきであると見なされてきた。このように文化的行為はしばしば仲間とよそ者双方によって、単純化され、固定概念化されてきた。それはとくに国家や集団が一体感をもたねばならないとき、集団の本質を示す恒常的かつ道徳的な指標とされている（たとえば政治的キャンペーン、メディアパニック、戦争など。Bachu 1993）。異文化結婚にとって重要なことは、相手の文化的行為が何であり、いかに異なっているか――A文化の人はこのように行動し、B文化の人はこのように行動するということが明確であることである。

このようにして「民族文化」が「均質化」する。そこでは宗教、言語、規範、期待を含む文化的慣行が、ある特定の民族的アイデンティティをもつ人々にとって同一のものであるだけでなく、すべての人たちによって共通なものとして、完全に受け入れられ、実践されていると考えられる。また民族的伝統や宗教、言語からなる、一つの「純粋」な、容易に確認できる組み合わせがあると推測される（本書第8章参照、ドイツにおけるある種の「国民文化」の形成について、Hobsbawm & Ranger 1983 参照）。このことは地域や階層内の多様性を考慮せず、「民族文化」は容易に確認できるもの、さらに民族の慣行には絶対的なルールがあるという暗示的かつ独断的な考えが生まれる傾向がある。真実であるにしろないにしろ、同一の民族的アイデンティティをもった人たちが、強固な集団、すなわち相互に交流し、互いを認識しあう共同体を形成するという考えが生じてくる。このような考えは政治家や少数者の権利を主張する人々には適合しているが（MacDonald 1994）、文化的行為や話し方など、地域によって、階層によって、あるいは一世紀ほどの時間が経つと差異が生まれるという一般的事実を覆い隠してしまう。またより大きな民族集団内でも、ある人々はよそ者の行為を拒否するような、いくつかのたいへん異なった行為が同時に生じていることを無視してしまうことになる。これらは長く議論されてきた問題で、何が、また誰が「東洋」と「西洋」を構成するのか、そしてそれがいかに達成されるのかという、ステッドマン（1969）とサイード（1978）の議論でもよく知られている。

ジョンソンとワレン（1994）は、特定の文化出身の、海外滞在者が、相互支援で結び付いた「民族共同体」を必ず形成したり、特定の文化行為に固執するという考えを人類学者たちがつくり出し、流布していると批判している。そのような人類学者の考えは、自己充足した小規模な社会への思い入れから生まれていると彼らは指摘している。そのことは、社会的、文化的結び付きや部族、村、ごく最近では都心の民族集団の閉鎖的性格を人類学者たちに過大評価させてきたことからもうかがえるという。この批判は、彼らが批判をしたときには人類学者の研究上の焦点はすでに変わっているので、かなり大雑把であるといえるが、人類学者の全体的なメッセージは依然として心にとめておくべきことである（MacDonald 1994; Essed 1995; Brah 1996. 三者とも、他の民族集団との関係や支配的文化や他の政治的プロセスを通じて、集団のアイデンティティを認識するうえで、多様性や変化や対立があることを強調している）。

しかしながら、民族集団内部でさえ、アイデンティティが複数であり、それもみずからの集団を越えていたり、他の集団と対立したり、競争していることを、とくに異文化結婚や差異を生み出す集団内の概念の中で強調する必要がある（Hobsbawm & Ranger 1983; Cottrell 1990; Garcia 1992; Burton 1994; MacDonald 1994; Spiering 1996）。

一つの民族社会の中には、規範と習慣にある広がりと多様性がある。あるときは支配的な行為が中心的核をなすが、まったく集団の埒外の場合もある。次第に受け入れが難しくなる行為もある。多少とも受け入れられるかどうか瀬戸際の行為もある（MacDonald 1994）。このような習慣や行為やイデオロギーは、相互にまた社会的、政治的、経済的環境と出会うことによって変化する。すなわちブラー（1996）が「離散した空間のもつ合理性」と呼んだように、変化は社会の中で優越した集団との交流だけではなく、他の多くの民族集団との交流によってももたらされるからである。

重要なことは、このような差異の概念が、正式にも正式でなくても、公的でも個人的にでも、どのように厳密に実践されるのかということである。異文化結婚は、民族的許容性の境界を文字通り越えていく必要はない。とはいえ、それらは許容された認識の範囲内に落ち着くようだ。

差異の認識

ハダチー・ピンキー（1988）は、ドイツ人と日本人との結婚の研究において、結婚したカップルのライフサイクル上の位置や社会経済的状況によって、文化的な差異の認識が変化することを明らかにしている。彼女は、カップルの文化的差異の認識が次第に個人化すること、すなわち差異が文化の差異によってではなく、個人のパーソナリティに帰せられていることを示している。極端な事例では、文化的差異は完全に否定される。とくにパートナーが高学歴の職業人であり、同じようなライフコースを経ていること、その結果同じような価値観を共有している異文化結婚において見られるという。相手をよそ者であるという意識はもはや見られず、内面化しており、彼らの外部の文化においてのみ見られると彼女は結論づけている。

「自己」と「他者」を定義する際に、集団間の差異を重視する傾向があり、その結果、類似性が無視されたり、軽視されたりする。このような重点の置き方から、民族集団には一般に互いに共通性が少ないという考えが出てきてしまう。集団を定義する際に、時代とともに変化してしまうような、衣服や信仰、儀礼、食べ物のような文化的事象に重点を置いてしまうのである。もちろんこのことは、集団の内外で、生計がどのように営まれているかというような問題を捨象している。また一つの民族集団と他の民族集団、さらには主要な民族間の権力関係をも無視している(Brah 1996)。

ジョンソンとワレンは『異文化結婚の内側』(1994)において、アメリカに見られる「差異」への明らかな誘惑をとくに批判している。アメリカでは、エスニシティや異文化プロセスに関する研究が、人種的(身体的)ないし民族的(文化的)相違に焦点があてられる傾向があるが、集団内部や集団間の対立的な関係については関心がないと指摘している。レックスらも、エスニシティに関するイギリスの人類学が、これまで非政治的であると批判してきた(Rex & Mason 1986)。

人種や民族、よそ者、すなわち差異に対して関心をもちすぎることは、教育やパーソナリティ、階層、法律のような他の多くの要因が、異文化との出会いに影響を与える事実をあいまいにしてしまい、危険なことである。第6章でアセンソー夫妻は、アメリカにおける、差異を「人種化」する、すなわち差異をまず人種に帰してしまう、目に見えない影響について述べている。それゆえ、アフリカ系アメリカ人は、仲間のアメリカ人よりむしろ、アフリカの黒人と共通の文化的背景を共有しているとみずから考え、また他者からそのように見られていると感じている。彼らの目に見える類似性が同一化の象徴となっているのである。

異なった集団に嫁ぐということ

外部集団からの配偶者の選択と固定観念

すべての集団を包括した、大雑把で、行きすぎた一般化を固定観念というが、それは社会的多様性を単純化したり、無視したりするものである。それは原型をつくり出す。サイード（1978）、ステッドマン（1969）、ダウァー（1986）らが述べるように、集団の特徴がその集団に固有であるかのように、またしばしば独特で、自然で、それゆえ変わらない特定の集団や国民の「性格」であるかのように提示される。これらの特徴は、「彼ら」と「われわれ」の間に境界を引く、暗示的かつ道徳的な二元論によって明確に表現されている（Breger 1990）。しかもこれらの境界は、消極的に設けられているだけではない。それらは、社会の中にあるさまざまな集団の権力関係の相違を表出し、それぞれの集団の価値判断に影響をおよぼすものである（Dudley & Novak 1972; Foucault 1974; Brah 1996）。それゆえ固定観念はきわめて情緒性に満ちたものである。

一方、固定観念はみずからの集団内から配偶者を選択させるように仕向ける。他方、仲間が結婚して加入する他の集団に対して抱く肯定的ないし否定的固定観念は、親族や地域社会や国家の反応のあり方に影響を与える。言い換えれば、固定観念は異なった集団との結婚についての社会的受容のあり方に影響を与える。本書では、どの集団から配偶者を選択すべきかを検討する際の、固定観念の役割について、ウォルドレン、柴田、ブレーガー、コーンらはさまざまな方法で検討している。

スピッカード（1989）は、互いの否定的固定観念が、アメリカにおけるアフリカ系アメリカ人と白人の間の配偶者選択にどのような影響をおよぼしているのかを論じている。これら二つの集団間で行われる結婚の大多数は、白人女性とアフリカ系アメリカ人の男性との間のものである。しかし、アフリカ系アメリカ人の女性は、白人男性に対してある固定観念を抱いている。自分たちを白人男性の犠牲者であったと見なし、白人男性を過去の奴隷制、政治的不安定性、セクシュアル・ハラスメントと密接に結び付けて考えている。一方、白人の男性は、アフリカ系女性に対して、何でも自分でとり仕切ったり、また男まさりで腕っぷしが強いという偏見を明確に抱いている。他方、白人の女性は、アフリカ系の男性が性的に強く、音楽的にも創造的イメージをもっていると肯定的な固定観念をもつ傾向がある。それに対して、黒人男性は白人男性を、配慮ができ、感受性が豊かで、関係を大切にすると見なす傾向があると述べている。

アセンソー夫妻は、個人的経験や州の入管法に関して、固定観念が、アフリカ系アメリカ人とガーナ出身のアフリカ人の結婚にどのような影響を与えているかを論じている。ブレーガーとヤマニのようにアセンソー夫妻は、州の法律がよそ者との結婚を阻んでいること、また「国家のアイデンティティ」に明確に敵対するよそ者に関する言説が、公に流布されていることを明らかにしている。

個人的選択

カティブ-チャヒディ、ヒル、パットンらの研究も、個人的事例を通じて、選択の問題に取り組んでいる。彼らの回答者（その多くは女性）は、よそ者との結婚を選択したことについて（時としてかなり過去のことになるが）、感想を求められた。興味あることに、彼女たちの多くは「適切な人」を見つけたという自信の気持ちはあるが、相手の「異質性」について関心があまりないことをあげている。ごく少数の女性は、結婚する前には、将来の夫の文化や家族、国について知らなかったが、彼女たちにとってそのことは重要とは思えなかった。カティブ-チャヒディらは、回答者の中には、きわめて厳しい家庭生活から逃れるためによそ者と結婚することを選んだ者や、自由な家族の中で生きてきて、旅行に出かけたり、海外の友人やよそ者と出会ったり、新しい経験を求める積極的な生活の当然の結果として、みずからの集団外の者と結婚した者がいると指摘している。

配偶者選択における国家の規制と役割

それぞれの文化において、よそ者への寛容性と非寛容性が果たす役割は、多くの章で、またさまざまなレベルで検討されている。個人的な対応、積極的な社会的圧力、近代国家の権力と意思によって、まず外国から来た配偶者に対する選択の自由が規制される。近代民主国家では、結婚相手の選択に影響を与えるような規制や結婚の承認は、たいていは私的な領域であるとしばしば考えられている。しかしながら、幅広い規制が重要な役割を果たすことがある。すなわち、婚姻関係について何を国家が期待し、許容するのか、許容される結婚相手のカテゴリーはどのようなものなのか、さらには結婚相手の市民権がどのように規制されるのかといったことと関係するからである。そのことは、ブレーガーが、ドイツ人と外国人との結婚の研究で明らかにしているし、アセンソー夫妻がアフリカ系アメリカ人とガーナ人の結婚においても論じていることである。一般に、結婚相手が外国人である場合、国家の規制はより厳しくなる。国家は結婚を許可したり、拒否したり（ヤマニも明らかにしているが、サウジアラビアでは特別の法的免除なしには、結婚した非サウジアラビア人が市民権をもつことはできない）、居住や労働に許可を与えたり、仕事や市民権を規制することができる。また特別の状況下で、離婚の際に、子どもへの権利を含め、上記のあらゆる権利が取り消されることが起こるかもしれない。

さらに、国家は外国人に対して、異なった程度の寛容性と非寛容性を示す。それは国々の間の政治的、経済的関係が変化するにともなって、時代とともに変化するものである。多数派の文化を共有しない人たちは、少なくともよそ者と考えられている。悪くすると国家政策への脅威になるという考えが、法律や国民の定義の根底に見られる。外国人について語るメディアの言説は、このような否定的な固定観念を表わしており、それをさらに補強してもいる（Thranhardt 1985; Breger 本書第8章）。

誰がよそ者と結婚するのか

異文化結婚を検討する際に、異なった文化をもつ人たちが、どのような機会に出会うのか考えるべきである。異なった集団のメンバーと結婚する機会を知ることは、本書の中心的テーマである。何がよそ者との結婚に影響を与えるのか、その選択はどのようになされてきたのであろうか。ある国では国籍が異なる者との結婚を制限したり、禁止しているように、国家や法律によって、異文化結婚には、非公式に（コーン、カティブ-シャヒディ、柴田、ヤマニらによって論じられている）あるいは公式に規制が設けられている（ヤマニ、ブレーガー、ウォルドレン、セマフムによって論じられている）。

二〇世紀の末、異文化結婚の数はこれまでになく増加してきたと考えられている。難民、戦争、労働移住、観光などによって引き起こされた大規模な人口移動のせいである。このような現象によって、これまで以上に人々が出会う機会が増大している。身につけた教育は、通常の財産と異なり、持ち運びのできる財産なので、学歴のある者は生地からの移動が可能となる（本書でブレーガーが述べるように、受け入れ国が外国籍をもった者を受け入れる用意があれば）。しかしながら、このような他の地域や国々に移住する人たちは、他の集団と密接な関係をつくり出すことができるため、みずからの集団を形成したいという気持ちは必ずしもない。一方、移住集団は、みずからの排他的行為によって、あるいはより頻繁なことであるが、ホスト社会の排他的行為のために、しばしばホスト社会と間に軋轢が生じるという研究が多数ある。おそらく歴史上のある時点で、ある集団は他の集団より異文化結婚に対して寛容的であるというのがより正確であろう。寛容さは異国の他者を配偶者として選択することを許すだけでなく、よそ者との結婚そのものの受け入れを可能にする。

移住者が新しい社会に住む時間的長さも、彼らがよそ者と結婚する程度と密接な関係があるという研究もある。一世の移民たちは、みずからの集団以外のメンバーと結婚する傾向は少ないが、彼らの子どもたちは、他の集団の人たちと結婚する頻度が増加する。第三世代ではとくに他の集団との結婚の割合が高くなる。統計上、このモデルを支持する傾向が見られる。しかしながらこのモデルでは、なぜある集団が配偶者として選択され、他の集団はそうではないのか明確にはされていない。どのような要素が集団間の社会的距離をつくり出すのであろうか。

スピッカード（1989）は、集団外の結婚の割合について世代的相違を研究しているが、そこには興味深い例外があるという。彼によれば、このことは黒人のアメリカ人にはまったくあてはまらないという。黒人の場合、他集団との結婚の比率がどの世代でも低いままだからである。さらに彼はこの理由を、よそ者との結婚を控えさせようとする黒人たちの慎重な政治的選択によるものと関連づけている。また一九六〇年代以降の黒人意識の高揚が、彼らに高い自尊心を植つけ、みずからの帰属を政治化するようになったからだと指摘している。彼らの政治的な覚醒は、教育を受けた中産階層ほど強い。しかし、他の階層ではそれほどでもなく、もっと頻繁に他集団との結婚が行われている。アセンソー夫妻は本書第6章で、結婚相手の選択に見られる政治的性格について論じ、異文化結婚を社会の多数派への同化の手段と見なすという考えが少ないことを示している。

結婚のパターンに関する多くの人類学的研究において、集団から出ていく女性の結婚は、男性の結婚よりも厳しく規制されていると見なされてきた。バーバラ（1989）はフランスのアルジェリア人のように、少数者が多数者によって圧力を受けているような政治的状況下では、前者は「禁じられた人間」となる。すなわち、彼女たちは多数派集団の男たちとの関係で、自己の属する集団の男たちによって規制を受けていることを述べている。ブイジ（1993）は、女性こそが、マイノリティの者がみずからの私的な生活を依然として確保している最後の砦であるためと見なしている。彼は、男性が無力で、果たすべきジェンダー役割を果たせないところでは、暴力に訴えても、彼らの女性たちをますます支配し、制限しようとする事例が実際あることを明らかにしている。アブラハム（1993）は、ベルリンのパレスティナ難民にこのような事例が見られることを示している。昔、政治の世界で活躍し、重要視されていた男たちが失業すると、彼らは強烈な喪失感を実感した。男たちは、パレスティナの避難キャンプでさえ行ってこなかった女性隔離の理想を、ジェンダーによる居住空間の分離として再構築することによって実現しようとした。彼らは、栄誉ある男性と恥を知る女性という考えを骨格とした、集団のアイデンティティを再構築しようとしたのである。とくに女性たちがドイツ人と接触したり、ドイツ人との関係が生まれることに制限を課すといった、女性の移動や行動を著しく規制しようとした。

これは「ジェンダーを核とした民族性」の概念と結び付いている。それは女性の家事・再生産の役割を基盤とした、民族的な女性らしさやそれと結び付いた固定観念をさす。これらは、「われわれの母」といったような、家族、子ども、愛の本質と結び付いたきわめて高度な情緒的、象徴的役割によって女性を定義するものである。それらの概念には、しばしば「われわれ」の女性は「純潔」であり、「彼らの」女性はそうではないとか、「われわれ」の女性は、われわれの男性からではなく、「彼ら」男たちから性的攻撃を受けやすいといったことを暗示する、性的な道徳性をもとり込んでいる（ブレーガーの議論をさらに参照）。このような概念はきわめて有効であり、「われわれ」と「彼ら」を区別する政治的に動機づけられた象徴であり、「内側」や「われわれ」に属することに道徳的な優越性をも示すものである（Burton 1994; MacDonald 1994）。これは異文化結婚についての草の根の、またメディアの言説によく見られ、またこのようにして人々は異文化結婚への対応のあり方に影響を与えるかもしれない。「ジェンダーを核とした民族性」概念は有益であるが、必ずしも女性の具体的な結婚の選択には影響を与えていないようである。

信頼できる統計があるところでは、この「禁じられた女性」のモデルには問題がある。その数字が示すところでは、アメリカ、ドイツ、フランスのような主要な集団出身の多くの女性たち（他のヨーロッパの国にもいえるのだが、その数字はない）は、結婚によって男性よりも多くみずからの集団を離れる。その数はすべての異文化結婚をする人たちの約六〇パーセントにも達している（Spickard 1989; Barbara 1989; Wolf-Almanasreh 1991）。しかしながら、この現象は、地位の低いマイノリティー集団にもあてはまることがわかっている。それはアメリカに移住してきた日本人女性に見られ、二〇世紀に入る頃には、日本人男性とくらべて一〇倍に達していた（Spickard 1989）。それは同じ頃アメリカにやってきた中国人女性も同様な割合であった（Lee Sung 1990）。

よそ者と結婚する最も重要な社会学的モデルの一つは、同化のプロセスに関するシカゴ学派の研究である。彼らによれば、アメリカにやって来る移民たちは、アメリカ人としての新しいアイデンティティを形成すべく次第に同化すると考えられた。それはアメリカを坩堝としてとらえるパーク（1950）やゴールドン（1964）のモデルにもとづいている。そこでは異なった移民間の結婚が、より発展して文字通り新しいアメリカ人やアメリカ文化を形成するようになるという主張であり、異なった国からきたすべての移民が「坩堝」と化すというものである。ゴールドンは同化の漸次的、重層的性格を強調している。すなわち同化は、移住者によるホスト社会の核となる習慣や文化の受容で始まり、さらに構造的同化と呼ばれる、同化の主要部を占めるホスト社会の労働力としての同化、次に主流な社会での結婚、その後みずからをアメリカ人と同一化し、アメリカ人の態度と行動を身につけ、最終的に市民的同化を達成する。異文化結婚は、アメリカに移住した集団による、同化を促進する社会的規制の最も明確な指標として考えられた。

この政治的に楽観的なモデルでは、文化的行為や価値が同質化すると予期する、一方的な運動として考えられていることが批判された。そこでは移民はつねに「アメリカ人」の行為を取り入れ、みずからの文化的行為を捨て去っていくというもので、支配と強制という権力構造や権力関係を反映したものである（Lal 1986 参照、パークとシカゴ学派の擁護のため）。だが移民たちは、どのような行為や態度をどの程度まで受け入れているのか、またどのような状況で受け入れているのか、どのように経済的、政治的、社会的関係の中に組み入れているのかという問いを著しく無視したものである。それは人々の積極的で創造的な関与や思考、行為、社会的慣習の多方向的流れを無視したものであった（Price 1969; Archer 1986 参照）。

この初期の研究は、ルビー・ケネディの研究（1944; 1952）によって修正された。彼はアメリカの異文化結婚がすべての境界を越えて起こるのではなく、三つの主要な宗教、すなわちカトリック、プロテスタント、ユダヤ教によって定義された「三つの坩堝」内で起こると考えた。それゆえ異なった文化をもった移民たちは、みずからの宗教集団内で互いに結婚したが、異なった宗教集団間での結婚は行われなかった（Spickard 1989）。

何人かの初期の研究者（Spickard 1989 に引用された、一九四〇年代から一九五〇年代の Hoget や Ferry など）、とくに社会心理学者や多くの地域指導者たちは、異文化結婚が共同体の崩壊の前兆となるし、みずからの集団以外の人たちと結婚することは逸脱の兆候であると警告した。マートンは補償的ハイポガミー（異なった地位集団間の結婚）という性差別的モデルにもとづく考えを強調した。白人女性の中で、「醜く」「必要とされない」というような、社会的欠陥もった者がよそ者と結婚し、補償的交換の中で社会的におとしめられているという考えである。そこで白人女性はおそらくより高い資格をもった、有能な男性・夫を必至になって手に入れようとする。一方、男性はより高い社会的地位の女性を獲得するということになる。マートンによれば、異文化結婚の家族とその子どもたちは、社会的にはより低い地位に置かれていると定義される。性差別主義者を除き、このモデルの問題は、まず女性が結婚したいと思っていること、また女性が選ばれ、男性が選ぶということを想定していることである。だが、集団内で高い地位をもつ男性が、女性の集団に受け入れられないことがあっても、なぜ低い地位の女性と結婚したいのかという理由がわからない。そこでは美の定義が用いられるのだろうか。白人のアメリカ人男性は（女性の）美しさだけで結婚するのだろうか。一方、他のすべての人たちは、みずからの社会的地位を格上げすることだけを望んで結婚するのであろうか。

イマムラによって提唱された他のモデルは、外国人妻によって経験された境界性に焦点をあてることによって、社会的意地悪さという考え方を継承している（Imamura 1990）。この考え方は確かにうまく現象を説明しているが、すべてを解明するものではない。それはあらかじめ結婚を問題あるものと定義してしまっていること、またこの研究がアメリカやヨーロッパにおける結婚の研究、あるいは軍事的目的や植民地状況下での異文化結婚の研究にもとづいていることである。

よそ者との結婚の選択に影響を与えたものについて、他に興味ある課題がある。それはコーヘン（Cohen 1974）が、政治的、経済的関係における帰属と関与のあり方を意図的に組織した「エスニシティの正式な組織」と呼んだものと関連する。ボナチヒとモデル（1980）やアドリアヒ（1985）らの研究は、市場形成に対する周辺のさまざまな民族の居住単位が与える影響に注目する。民族的団結の感情を鼓舞するために、民族的な企業家の最大の関心事はみずからの民族の市場を形成することにある。彼らは民族的コミュニティへの信仰を維持したり、参加を継続する際に、経済的かつ情緒的利害を重複して保有していることを明らかにしている。スピッカードはこの考えをさらに発展させ、一つの民族集団内で誰が結婚して自集団を出て行くか、誰が異文化結婚を受け入れることに消極的か、という問題を追究した。アメリカにおけるユダヤ人の外婚の研究において、彼が「ユダヤ人アイデンティティの程度」「凝縮性」「集団内での交流の程度」と呼ぶものが、異集団との決定や受け入れに影響を与えたことを明らかにしている。

一般に、よそ者と結婚する者は彼らの民族的遺産から最も解放された人たちである。そのことは同じ民族の仲間に依存しない、裕福なユダヤ人、日本人、黒人アメリカ人が、みずからの民族集団の中で生活の糧を得ている人々よりも、より頻繁によそ者と通婚することを意味している（Spickard 1989：348)。

さらに、異文化結婚に対する多くの古い障壁がゆっくりとだが崩れはじめていることがしばしば推測されている。たとえば、生活を規制する宗教の重要性が減少していることがあげられる。すなわちヨーロッパやアメリカにおける世俗化のプロセスの進行が、多くの人たちがよそ者と結婚する理由としてあげられている（Spickard 1989; Dannan 1990; Ireland 1990; Judd 1990; Larson & Munro 1990; Kalmijn 1991)。このような世俗化のモデルにおいて、教育と職業の類似性が二〇世紀後半の異文化結婚において、ますます重要になってきた。このことは配偶者の選択にあたり、アメリカやヨーロッパにおける研究では、宗教（Kennedy 1944; 1952）や階層、教育（Spickard 1989; Larson & Munro 1990; Kalmijn 1991）の相対的な重要性についての論争とつながっている。世俗化の研究は、今日のアメリカやヨーロッパにおいて、エリートを除き、きわめて低い地位や中間の地位にある者、高い学歴をもつ者を含めて、みずからの集団外の者と結婚する傾向があることを示している。カルミジン（Kalmijn 1991：800）は世俗化モデルを支持しているが、世俗化の意義あるいは配偶者の選択における宗教的帰属に関するアメリカ人研究は、正式な結婚統計に宗教が記録されていないことに大きく影響されている、と述べている。

そのうえ、とくにヨーロッパとアメリカにおいて、女性の権利が漸次的に増大するとともに、かなりの領域で結婚選択の自由が見られることである（社会的距離の概念に注目する理論で論じられたように）。しかしながら無視してはならないことは、多くの状況下で、選択を抑圧し、内婚（集団内の結婚）を推し進める一つの方法が、容易に他のものによって置き換えられることである。配偶者の選択には法的規制がないからといって、インフォーマルな障壁がとるに足らないことを意味はしていない。柴田が示すように、地域社会が結婚にどのように対応するのかに影響を与えるだけでなく、ブレーガーやアセンソー夫妻らが述べるように、ビザや入国許可を与える決定権をもつ役人に影響をおよぼす、外国人に対する否定的な言説もまた影響がある。それゆえ女性の権利の進展ばかりでなく、世俗化が配偶者の選択に影響をおよぼさないということは問題の一部でしかない。われわれは他の規制があるか、あるいはさらに規制が強化されているのか注目していかなくてはならない。

しかしながら、本書に掲載されている異文化結婚を行っている者は、さまざまな社会階層の出身であり、教育的、宗教的、文化的にも異なった背景をもつ。またネパールの山地民から、異なった国のムスリム間で結婚した人たちなど多様な人たちを含んでいる。われわれはアメリカやヨーロッパの世俗化のモデルや三つの坩堝の理論で対処する人たちよりも、もっと多くの事例を扱っている。われわれが取り上げる異文化との出会いはさまざまな理由によって生じている。執筆者たちは、ある結婚においては、多くのムスリムのように宗教的帰属が最大の関心事である。一方、ウガンダのムスリムとキリスト教徒、日本とデンマークのキリスト教徒と仏教徒のような関係においては、宗教は重要ではなかった。ネパールの異なった山地民の間では、教育的経歴は比較的みな低かったが、アジアの女性と結婚したドイツ人の場合は、教育の相違がうまくいかない原因であった。それゆえ、異なった社会的に生きる人たちがなぜ他の集団の者と結婚するのかについては多くの理由がある。

執筆者の多くが発見したことは、さまざまな境界を位置づける尺度、すなわち感じられる社会的距離のもつ意義である。それはどの集団が配偶者を提供し、どの集団がしないかについての決定に影響を与えるものである。たとえば、ブレーガーは、ドイツ人の男性は、ポーランド人やオーストリア人やフランス人の女性との結婚を考えるが、黒人のアルジェリア人避難民と結婚を考えることはないと述べている。外国人の受け入れにはさまざまなヒエラルヒーがあり、また女性が属する集団の政治的、経済的地位がそれに結び付いているからである(Wolf-Almanasreh 1991)。ヤマニは、サウジアラビア人とパキスタン人の結婚において、そのような好みのヒエラルヒーについて論じている。コーンは、ネパールの山地民の女性が配偶者を選択する際に、エキゾチックなよそ者に対して抱く肯定的なイメージの役割が強いことを検討している。ウォルドレンは、マジョルカ島において、何が異文化結婚であるのか、その受け入れについての考え方に歴史的変化があったことを例証している。

パーソナリティとよそ者との結婚

カティブ-チャヒディ、ヒル、パットンらもまた、心理学的観点から誰がよそ者と結婚するかを問題にした。彼らがインタビューした女性たちは、彼女たちが生活しているところで未来の夫と出会い、結婚しなければならなかった。インタビューは、彼女たちのこれまでの人生経験や、彼女たちの家族や社会の状況、結婚するときの未来の夫について感じたことを語るものであった。研究者たちは、女性たちが未来の夫に出会う前に経験したと報告した、(肯定的にしろ、否定的にしろ)境界性の感情のようなものを共通のテーマとした。彼らはまた、女性たちにパーソナリティ・テストを実施した。その結果はインタビューで得られた印象と一致したものであった。これらの事例は、とくに何よりも慣習にとらわれず、冒険好きで、新しいことに挑戦する女性たちの姿を明らかにした。この研究は少数の情報提供者についての先行研究であるが、なかにはすでに結婚してかなり経っている者もいたが、それは将来の研究が必要な、よそ者と結婚する女性のパーソナリティや境界性についての問題を示唆するものであった。

異文化結婚について――問題の核心

文化と帰属

明らかに異文化結婚は、文化的に同質な結婚よりも、生活を形づくるジェンダーの役割、育児、慣習、言語、その他一般的なライフスタイルなどの文化的な行為において、より多様な彩りがあることを示唆する。ときとして差異に気づかないこともあるし、実際その差異はごくわずかの場合もある（Cottrell 1990）。一方、日常生活において、差異がより明白になり、対立のきわめて大きな源泉となったり、幅広い多様性の源になったり、あるいはその双方が生じることがある。ときとして最初から差異を意識的に認識している場合があるが、慎重な交渉と選択によって家族が好む習慣を選択している。いかに自由に、またいかに意図して習慣を取り入れ、適応しているかは、「異文化結婚家族」がどの程度親族の影響下にあるか、あるいはしたがうべき伝統が重要と考えられる民族共同体の中で生きているかにかかっている。さらに、家族が生きている国の法律や、とくに異文化結婚で生まれた子どもたちの教育システムに反映されているような国家の態度が、ある慣習の受け入れと広がりに影響をおよぼす。たとえば、そのことは一夫多妻制のような慣習への法的な規制や、外国の慣習の受け入れについて暗黙に道徳的義務を担う学校制度や、言語学習において見られる。

ヤマニとマックスウェルが述べるように、異文化結婚を実践する人たちが、どのように異なった慣習や役割、規範、観念に対処しているかが、創造的な参加と選択を可能にさせる。ヤマニの事例に登場するカップルは、互いの文化からどの慣習や儀礼を新しく家族に取り入れるべきかを慎重に検討し、ミクロ・アイデンティティなるものを構築した。そこで進行するプロセスは、深い共通の宗教的な信仰によって結ばれた、「文化的な手づくり」

とも呼べるものであった。双方の生地から地理的に離れていることは、親族の影響を少なくしたともいえる。さらに重要なことは、個人的に維持したい、それぞれの文化的伝統のある部分を選択することを可能にしたことである。マックスウェルは、そのような選択の生き生きした事例を提示している。

しかしながら、よそ者を内部に取り込むことは、文化的行為への服従を再び求める行為のようにも思える。柴田はガイアナにおける結婚の分析において、このことを具体的に示した。つまり、黒人の義理の娘は、インド人の姑に、インド料理を特別の方法で料理する能力によって評価されるかもしれない。事実、外国人は相手方の生活に見られるロマンティックな側面を積極的に受け入れるかもしれないし、相手以上に情緒的な確信をもってそれらを再構築したり、支持したりするかもしれない。ウォルドレンは、ある外国人がマジョルカ島での「伝統的な村落共同生活」の生き方を追求していることをくわしく紹介している。

ジェンダーの役割やそれへの期待、親族の関与や親族への義務の程度によって、結婚の定義が異なることは、混乱を生じさせるかもしれないし、あるいはそれが豊かさを感じさせるかもしれない。二つの文化が結婚によって密接な関係をもつとき、配偶者やその拡大家族は、当惑するような期待感の不一致を経験するかもしれない。ロマノ（1988）は、異文化間カウンセリングの立場から、その結果生じうる問題を論じている。結婚において、個人の概念、空間とプライバシー、言語使用や（他の）コミュニケーションの形態、育児様式は、誤解の生じる大きな点である。このような点に見られる不一致は、本書の各章でよく取り上げられている。

たとえば、レフシンは、デンマークと日本で現在よく見られるジェンダーアイデンティティの異なった言説によって生じた不一致に着目している。デンマークでは、現在、ジェンダーアイデンティティを重視して、家事労働と雇用を男女で平等に担うという傾向がある。それに対して、日本では女性と家事的役割との間に強い結び付きがあり、男性には扶養者としての役割がある。それゆえ、デンマークで日本人男性が不利な雇用条件のために仕事に就けないとき、デンマーク人の妻が仕事をすることになるが、そのことは扶養者としての男性のジェンダーアイデンティティを危機的なものとする。一方、日本にいるデンマークの女性が仕事に就けないとき、彼女たちも同様にアイデンティティクライシスに苦しむことになる。

期待のずれを示す第一の事例は、結婚を二人の間の情緒的関係を基本的と見なす文化から来た者が、結婚が第一に、二つの家族の結び付きを意味する文化から来た者を配偶者として選択した場合である。シッソン・ジョシとクリシュナは、ヒンドゥーの合同家族に嫁いだイギリス人と北アメリカ人女性の研究で、そのような状況から生じた問題をくわしく論じている。情報提供者である多くの女性たちは、インド人の姑が合同家族（複数の世帯が同居する大家族）に対して行う支配の仕方に対抗するため苦労したことや、この年老いた姑や同じ年頃の男たちに譲歩しなければならないことに、怒りと混乱と無力さを感じたという。結婚したとき、彼女たちがみずから決定したかった、少なくとも夫と相談したかった領域で、彼女たちがなしえたことはほとんどなかった。選択の余地は彼女たちにはなかったのである。夫との個人的な会話の機会もまれで、ときとして姑の指示が、彼女たちの結婚の最も私的な領域まで介入した。彼女が寝巻きを購入したり、夜サリーで寝る習慣にしたがわなくてよくなるような許可が姑から出たのは、結婚してから一〇年も後のことであったと、ある女性は不満げに述べている。シッソン・ジョシとクリシュナの論稿のもつ魅力は、力を奪われた者があげている不満の声にある。彼女たちがインタビューしたある女性は、「それは私が考えたような結婚ではなかった」と語っている。

アセンソー夫妻が記述したガーナ人とアフリカ系アメリカ人の結婚の事例では、アフリカ人拡大家族（三世代の家族）の期待と、アメリカ人の個々の女性の期待との間に不一致が見られる。拡大家族への支援の期待に対立と混乱が見られるのである。アフリカ系アメリカ人の妻が、まだ会ったこともないアフリカにいるガーナ人の夫の親戚を支援することを予期することは難しいことであるが、一方、夫の拡大家族は、息子がアメリカで結婚すれば（アフリカ系アメリカ人にもかかわらず）、彼らに対する義務を果たしてもらえないことを恐れている。本書第9章でヤマニは、親族への責務はたいへんわずらわしく、費用がかかるので、サウジアラビアから来た男たちは、地元の妻の家族をもてなしたり、世話をしたりする重責から逃れようと外国人と結婚することを選択するという事例をあげている。

言語——たんなる言葉以上のもの

パートナーと母語を共有しない異文化結婚において、家庭で用いる言語は、それぞれが自己ないし相手の文化的背景をどの程度配慮するか、またどの程度新しい要素を取り入れようとするかを表現する象徴的なものである。両親がウルド語とアラビア語を話すヤマニの事例では、家族内では、両親にとって実際は外国語である第三の言語が用いられている。とはいえ家族はみな第三の言語を流暢に話す。ウォルドレンは、マジョルカ島で異文化結婚をした家族が複数の言語を話していることを報告している。両親は異なった母語をもち、家庭内ではさらに第三の言語、英語でも話す。子どもたちには両親の言葉か英語かスペイン語で話しかけると。彼女はまた、マジョルカ島の村落社会で、受け入れられやすいようなジェンダーの要素が存在することを述べている。それは男性の異邦人は、しばしば地元の男と一緒に働くといった共同行為を通じてコミュニケーションをつくり上げるが、女性の異邦人は、地元の女性を理解したりするためには、言葉によるコミュニケーションが必要だという。

言語の選択には、一方が他方の言語を学ぶのを拒否するときのように、支配と服従の要素があるかもしれない。ブレーガーは、このことがいわゆるアジアから嫁いできた花嫁に起こっている事例をあげている。ドイツ人の夫は、彼女の言語についての知識はない。女性のほうは英語が若干しゃべれるが、ドイツ語はまったく話せない。このような関係でのコミュニケーションはきわめて難しい。家庭外のことに関するすべての決断や処理は、まずドイツ人の夫によってなされる。彼女は言葉をあまり必要としない低賃金の手仕事しか見つからない。そのため、夫に対する経済的な依存はさらに増すことになる。同様に、デンマーク人と日本人の結婚における研究で、レフシンは男女ともに新しい言語能力がないと、雇用機会を得るのに不利になることをあげている。ジェンダーへの期待に影響を与えるほかに、結婚における力関係にも影響をおよぼすものである。

言語はコミュニケーションのパターンや期待とも関係する。ジェンダーや世代階層や表現方法などによって、誰が何を誰にいうことができるのかということである。この適切な事例は、一九五〇年代以前のモンゴルの村落地域での若い妻たちに与えられた役割についてのハンフリーの研究に見られる（1978）。そこでは、夫の親族によって課せられた複雑な言語タブーを回避するために、妻たちがつくり上げたきわめて複雑な話し方や語彙について述べられている。本書第10章のシッソン・ジョシとクリシュナも、アメリカとイギリスの中産階層では、第一に夫と妻が決定するとこれまで考えられてきた家庭生活の多くの問題が、インドでは会話としてあからさまに表現されないと述べている。ある情報提供者は、アメリカで生活しているときは、ビジネスの問題をオープンかつ批判的に夫と議論していたが、インドではこのような自由がないことを知ってたいへん当惑した。そのような事柄を議論することは、「姑やすでに両親の見解と権威に譲歩した夫の前では許されない」ことであった。このような拡大父系世帯の中で生きるために、夫は変化し、口をつむぐようだ。他の女性はインドに戻ったとき、一〇代の子どもたちが、年長者の前で社会的、政治的な事柄についての意見を表出して、叱責されたと述べている。この種の表現は、アメリカに住んでいるときは奨励されてきたのであるが。いくつかの問題は、たんに男の子だからという領域のものではないし、女性の領域の問題だからではすまされない。特定の問題を指導者に直接切り出すことは避けるべきなのが実情である。コミュニケーションが期待されるルートは、地位のある人との話し合いにある。

シッソン・ジョシとクリシュナまたハンフリー（1978：94）は、夫の親族によるに新妻に対するあからさまな過酷な仕打ちとして、義理の父が嫁のあらを探したり、禁じられた名前のリストに載ってないような任意の言葉のタブーを課したりする事例をあげている。だが本書で取り上げられているネパールに関するコーンの研究では、（新妻に対して）それほど敵対的な態度はとられていない。ヤッカ語を話さない花嫁がヤッカの所帯に入ったとき、

「一般に、新しい家族のメンバーは、彼女を会話に引き込んだり、共通語であるネパーリ語を話したりして、新入りを家族に慣れさせようとしている」し、「ヤッカ語を流暢に話せない新入りは、見込みのない者として即座に放逐されるということはない」。とはいえ、ここでも花嫁の経験はつねに孤独で難しい。また家事がスムーズに遂行されるようにコミュニケーションへの配慮を求められ、言語の習得、受容、適応を強く期待されている。

誰が何を誰にというテーマは、日本人の妻がデンマーク人の夫にみずからの怒りを示すようになったことを、その夫が喜んだというレフシンの事例研究で、興味深く展開されている。この事例は、異文化結婚において、「開放性」や感情を表出する許容程度が、異なっている点について触れている。

異文化結婚における子ども

異なった文化的環境におけるアイデンティティという中心的テーマは、そのような結婚で生まれた子どもたちのアイデンティティの選択の問題である。マックスウェルは、第12章において、帰属すべきアイデンティティが複数あるような子どもたちにとって、アイデンティティの選択には個人的な葛藤があるばかりでなく、選択をしないと彼らが生活する社会からしばしば遠慮のない、あからさまな差別を受けることを記している。ベンソン(1981)やアリバイー・ブラウンとモンテギュー(1992)は、人種の政治学によって、異文化結婚をした人に対する社会の反応は、彼らのアイデンティティの選択に関して無関心かつ抑圧的であると記している。夫婦と子どもたちは、双方の集団から侮蔑され、苦しめられ、さらに彼らの「文化」や「人種」を「裏切った」として悩まされることさえある。ワトソン(1977)は、子どもたちを「二つの文化の狭間にある」ものとして語り、また彼らが経験した問題について述べている。マックスウェルは、異文化結婚で生まれた子どもたちのアイデンティティの選択は、決して「早くも難しくも」もないが、ライフサイクルの進展のリズムやその人が生活している社会的、政治的環境とともに変化しうると述べている。両親のように、異文化結婚をした子どもたちは、それゆえ自分たちが相続人であるあらゆる文化の側からの特徴を選択して取り入れるかもしれない。二つないし複数の文化は、当人がある文化を選択するように強制されなければ、必ずしも厄介のものとなるわけではない。所属の感情は社会的、経済的、政治的コンテクストによって変化することを知ることは、民族的ないしその他の個人的アイデンティティを解明する際に有益な教訓となる。

資　産

どの結婚においても、資産の扱いは議論と混乱をもたらすが、異文化結婚においては、きわめて誤解が大きいと思われる。本書のいくつかの章で、結婚を遂行するうえでの資産管理の問題を論じている。これには失業、労働許可、配偶者の収入（ブレーガー、レフシン、セマフム）、配偶者の親族への義務（アセンソー夫妻、シッソン・ジョシとクリシュナ）や妻への義務（セマフム）、あるいはコーンが述べるように、妻がもち込んだ貴重な家畜を脅かす精霊の管理といった問題までも含む。しかしながら、本書の「物語」を全体として見ると、貧困については語られていない。われわれは、社会的、経済的な苦労が異文化結婚に余分な重圧を課していることを熟知している。このような状況については、さらに研究すべき余地がある。

財貨の移動はつねに結婚と密接に結び付いてきた。一三世紀のイギリスでは、婚約の前に、花嫁と花婿の家族の間で金銭の取り決めがなされるのが普通であった。女性は結婚のときに、相続分にあたる持参金をもってくることを期待されていた。反対に、妻は夫の土地に、権利（持参者の権利）をもつことが期待できた（Leyser 1996：107）。二〇世紀後半のイギリスでは、この種の行為の痕跡は結婚指輪の交換にしか見られないにもかかわらず（Leach 1982）、結婚は本来的に経済的な出来事であり、通常は異なった集団間での物資や土地や財貨の移動を含んだものと考えられている。

人類学者はしばしば集団的な見地から結婚を見てきた。婚資（結婚のときに花婿側から花嫁側に与えられる財貨）

や持参金を授与する氏族やリネージ（出自集団）や家族が得る利害に注目していた。また女性はしばしば交換の対象と見なされてもきた（Levi-Strauss 1966）。そこには女性の選択の声は聞かれなかった。この議論は、夫や家族、家事の領域で無償である妻の役割や労働力の無料提供（食事、世話、清掃）の享受者への経済的利害に着目したフェミニスト理論家によって進められてきた（Oakley 1974; Walby 1986）。

しかしながら、本書第4章で二つのチベット・ビルマ語系の人たちを研究したコーンは、東ネパールのヤッカ族の女性が、リンブー族の男性を選択する理由の一つは、「リンブーの男性が、ヤッカの男性より多くの金を与えるため」であることを示している。そこで女性たちは、異なった氏族の男性メンバー間の交換システムにおいて、たんなる質入物以上のものであることが明らかである。ヤッカの女性たちは、みずからパートナーを選択しているのである。彼女たちはまた結婚のもつ経済的側面について、彼女たち自身の声や意見を表出している。（結婚によって得た）金は、男性年長者のものではなく、女性が得たものとなっている。さらにコーンは、「女性が金にもつ関心は、一方で物質的」だが、実際彼女の貢献に対する新しくかつ挑戦的なことは、リンブーの男性が所持する金への関心が、たんに金銭的なものではないことである。コーンは、女性たちにとって、金そのものの中に興奮させるような美学を見ている。また「新しい妻に金と美を与える行為」にはロマンスがあることを示唆している。

一つの集団のメンバーとして受け入れられるか否かで、集団の資産の関わり方に大きな影響をおよぼす。国家レベルでは国籍の取得と義務がある。また将来の配偶者を含め、どのような資産をその集団がもつかに関わりが出てくる。本書のいくつかの章において、配偶者として受け入れたよそ者のアイデンティティのあり方を扱っているが、必ずしもくわしく考察されてはいない。しかし読者は、国籍を取得する条件、実際の成果（Marshall 1963, Turner 1990）、それに付随した権利と義務、ジェンダー（Ward et al 1992; Walby 1994; Lutz et al 1995）やエスニシティとよそ者との関係（Rex & Manson 1986; Harrison 1991; Garcia 1992; Cohen 1993）、年齢やライフサイクルにおける位置（Turner 1991）との関わりなど、多様かつ活発な議論が存在することを示唆される。

戦略

異なった集団メンバーとの結婚は、集団の公式な、あるいは非公式な規則や行為、固定観念の影響を受けるが、実践した人たちは受身というわけではない。反対があるにもかかわらず、彼女たちはみずからの関心を追求し、みずからのアイデンティティを創造し、またそうすることによって、規則に挑戦したり、それに反駁したりする。社会に対する貢献もある。特別な資産的問題を別にしても、いくつかの章で示されたように、異文化結婚において、他の文化的資産を管理したり、それらについて交渉したりするために、妥協と責任のとり方が求められる。何人かの執筆者は、二人が結婚するまでにいかに厳しい状況に置かれていたかを述べている。彼らの家族と友人の否定的見方や悲観論に苦悩させられたからである。ある者は結婚を継続させるために、必死に努力した。セマフムは、インタビューを受けた女性たちの考えを以下のように要約している。「彼女たちは、配偶者とのさまざまな相違を挑戦的に克服していくこと、またそのことが結婚の順調さを示す重要な指標と見なした。まわりの人たちは彼女たちが失敗することを期待し、二人が間違っていることを証明させようとしていたからである」という。柴田、アセンソー夫妻、カティブ-チャヒディらは、彼女たちの調査において、同じような女性の態度に遭遇した（Alibhai-Brown & Montagu 1992）。カティブ-チャヒディらの事例に見る女性たちは、夫たちとはみなうまくやっており、結婚して五年から四〇年経ち、平均しても二〇年も経っており、すでに試験期間をすぎた結婚であっても、そのように見られるのは興味あることである。いくつかの事例から、押しつけられた問題を抱えて生き抜こうとしている異文化結婚がとくに強靱であると結論づけたくなる。また彼女たちの力は、ここに述べられているように、部分的には外部からの圧力にも関わらず、結婚を遂行させるために、当事者たちの強い決意から生じている。

セマフムは、ウガンダにおいて、結婚契約において複数の法的選択が可能であるという理解が、当地の女性たちの結婚形態と配偶者の選択にいかに影響を与えているかを論じている。彼女は、教育を受けた女性たちが、それぞれの法的形式がもたらす利益と損失について認識していると語っている。回答者たちは、しばしば違法ではあるが、いくつかの法律のもとで結婚しようとする。異文化結婚の社会的受容、親族の資産やその所有権や利用についての経済価値、親族に対する責務や彼らからの要求、相続、一夫多妻の制限などを最大限にするためである。すなわち、これらの女性たちは、法律に対抗し、自己の利益を最大限にするために、法律の知識を利用しているといえる。

ブレーガーは、絶えず否定される状況に置かれている異文化結婚家族が示す共通の反応は、よそ者の民族集団への積極的な参加を選び、主流のドイツの文化を拒否することであると指摘している。彼女たちは、このような相違を受け入れた新しいアイデンティティを形成するという慎重な選択を行っている。しかしながら、関連する民族集団に必ずしも容易に受け入れられるわけでもない。受け入れられたのは、しばしばよそ者の宗教、とくにイスラームと仏教の宗派に加入した場合である。

異文化結婚におけるカウンセリングと離婚

ヨーロッパやアメリカのカウンセラーたちが、異文化結婚のカウンセリングに対してとる態度は、文化を単純に同質なものと想像し、結婚が崩壊するのはたんに文化の相違のせいであると推測したため、厳しく批判された。スパイトら（1991）は、カウンセリングや調査を行う専門家たちは、支配集団の白人である傾向があり、また彼らの文化的な考えが、仕事に関係していることを認識している場合とそうでない場合があることを記している。彼らはまた、異文化結婚から生じる問題が、社会的、政治的ヒエラルヒーにおいて低い地位にある集団出身者、すなわち彼らの人種的、文化的特徴と必ず関連づけて考えていると指摘している（Johnson & Warren 1994）。異文化結婚における離婚率を研究しているコットレル（1990）も、離婚をより広い政治的、経済的文脈でとらえず、文化的相違に関心を集中していることを批判した。スパイトらも主張しているように、異文化という用語の使用は、二つの集団の比較を意味している（「標準集団」と「文化的に異なった集団」）。異文化間カウンセリングとは何かという広い見方を実際に取り入れるためには、用語の用い方を反映するものでなくてはならない（1991：8）。「すべてのカウンセリングは本質的に多文化的である。この再定義は、文化的相違が重要ではないことをたんに意味するものではない。むしろ、個人の独自性とわれわれの共通性を同時にとらえようとするものである」（1991：11）という理論にもとづき、カウンセラーが使用できる新しいモデルが提案された。それは、三つの重複した領域——人間の普遍性、文化的特殊性、個人の独自性を考慮に入れた定義である。

このモデルを、異文化結婚に借用することは有益である。最近まで人類学者は、くり返し見られる社会組織のパターンに人類の普遍性を求める中で、文化的特殊性を見る傾向があった。しかし、個人の独自性についての研究はあまりなされてこなかった。結婚を研究するとき、個人の側面を除外すべきではない（本書第4章）。ジョンソンとワレンは、「異文化結婚が社会に唯一貢献するのは、集団間の関係をつくり出すからであるが、結婚そのものは個人の次元のものであり、当事者にとって結婚の最も重要な側面であることは明らかである」と指摘している（Johnson & Warren 1994：7）。

「文化」の相違は、もちろん支配や憤りの効果的シンボルとして作用するが、異文化結婚の大きな争点ではないようである（Barth 1969; Romano 1988）。ヤマニは、サウジアラビアとパキスタンの人たちの間で、イスラームの歴史と宗教に見られる文化についての固定観念が、みずからのあるいはパートナーの行為やエートスを正当化したり、侮辱したりするためにいかに用いられてきたかを述べている。

もちろん結婚を困難にさせるこの種の多くの問題がある。離婚は克服されなければならない。しかしながら、集団外の人々との結婚は集団内婚より頻繁に離婚に至る傾向があると指摘されているが、その結婚が本当に集団外の人との結婚なのか記載文書がないことが多いので、この種の統計を見つけることは難しい。ある国で行われた異文化結婚についての統計があっても国際的レベルでは存在しない。彼らが自国を離れどこに住んでいるかについての統計もない（Wolf-Almanasreh 1991：23-9）。もしそのような統計があったら、異文化結婚と離婚の割合の結果をかなり明らかにできることだろう（Lee & Yamanaka 1990）。

リーサン（1990）は、異文化結婚についての統計が誤りであることを示している。統計で用いられる基礎的な人口とは何か、すなわち、異文化結婚は集団の全人口数にもとづいているのか、それぞれの集団の全結婚数にもとづいているのか明白ではない。彼女は四人の中国人の例をあげるが、そのうち中国人以外の人と結婚した者は二人、他の二人は集団内部で互いに結婚している。結婚数を基にすると、三つの結婚のうち二つは他の集団との結婚であり、一つが集団内での結婚となる。三分の二が外婚で、三分の一が内婚である。しかしながら、四人の総人数を基にすると、二人が外婚で、二人が内婚である。外婚と内婚の割合は半々となる。アメリカにおける中国人の集団外の人との結婚数を、他の研究と対比して、内婚と外婚のカップルと離婚率の間に統計的に大きな相違はなかった。わずかに外婚者のほうが、内婚者より離婚率が高いといえる。ウォルフ-アルマナスレーも同様な結論に達している（Wolf-Almanasreh 1991）。ドイツ人同士の結婚より異文化結婚のほうが離婚率がわずかであるが低い。しかし信頼できるデータなしに正確な計算をすることは難しいと述べている。

結論

一九九七年一月二七日、イギリスのリベラルな国民的日刊紙『ガーディアン』の第一面に、ヨーロッパにおける人種主義を監視するセンター設立を目指すＥＵの動向が報じられた。それに対して、ジョン・メジャー首相は、そのようなEUの動きを牽制、批判した。センターはその後設立されたが、増大する極右集団のロビー活動や、ヨーロッパ中に蔓延する右寄りの人種主義的暴力行為が継続する中で提案されたことも批判の要因であった。確かにそのような国家主義的集団が、ヨーロッパ中で共同活動をとろうとしはじめていたことも事実であった。イギリスの批判が、「イギリス・コンバット一八班」の指導の下に、イギリスの異文化結婚家族宛てに手紙爆弾を送るという、ヨーロッパ全域で活動するネオ・ナチ集団の行動が発覚した一週間後のことであったからである。幸運にもこの陰謀は失敗したが、この事件は、人種主義の恐怖が依然として存在し、しかも残虐であることを示していた。さらに異文化結婚家族と子どもたちは、マジョリティの白人からだけでなく、イギリスに住む黒人、インド人、中国人からも、小規模だが偶発的な人種主義的差別を日頃受けているため、つねに勇気が必要であることを学ぶことになった。

異文化結婚を実践することは、アイデンティティやそれと結び付いたイデオロギーを適切に表現する私的な演技であり、ときとして見るだけでなく演じることを強制されるダンスのようなものである。それは豊かな結果をもたらすが、一方、みずからのアイデンティティやみずからの所属集団の性格やこれまで培ってきた考えに絶えず疑問を抱かせるものである。しかし、暴力的な民族主義や国家主義という冷酷な恐怖に直面している現代世界において、このような境界は何を意味するのか。それらが正当化する政治的、個人的人種主義とは何かを、非常に注意深く、正確に検証することが重要なことではないのだろうか。

第2章　文化を超えて
——マジョルカ島における異文化結婚

ジャッキー・ウォルドレン

はじめに

本章では、この一世紀の間に、マジョルカ島とスペイン本土の一部地域において、異文化結婚についての考え方がどのように変化したかを考察することにする。結婚を理解するためには、つねに考察する時代の政治情勢、社会情勢、宗教情勢についてある程度の知識をもつ必要がある。一九七五年に至るまでカトリック教会が遍在し、無限の力をもっていたスペインのような国において、結婚は、教会、国家、個人、そして家族を結び付ける象徴のようなものであった。教会は、みずからの基準にしたがわない結婚は、すべて「異文化結婚」であると位置づけていた。聖書に述べられている異文化結婚にはいくつの意味があった。第一の意味は、洗礼を受けたカトリック教徒と、他宗派のキリスト教徒の結婚である。第二の意味は、洗礼を受けたカトリック教徒と受けていない者の結婚である。教会と家庭、洗礼と子どもの教育に対する義務を含め、カトリックにおける結婚の意味を知るための複雑な学習を行う期間を経なければ、この状況は変化しない。洗礼を受けていない配偶者は、教理を学び洗礼を受けたパートナーとの結婚を通じて、清めを受けなければならない。教会は改宗を喜んで受け入れ、「相違」を結婚前に消滅させようとする。

婚約は、当事者が理解しなければならない相互の義務であり、そこには教会に対する責務、私的財産の合法的継承、カトリック教徒としての家庭の繁栄という意味が含まれていた。結婚の準備の過程で、カップルは、性的欲求をコントロールすることを学び、「セックスは喜びのため、あるいは悪徳のために為すものではなく、神の子を教会の真正な奉仕に遣わすためのものである」という教会の教えを習得する（Janer 1980：14)。一九三〇年代からさかのぼること数世紀にわたり、教会は、セックス、社会生活、そして歴史に対する支配権を維持するため、さまざまな体制と結び付いてきた。[1] この時代に、セックスと家庭生活に関する研究記録はほとんど残されていないが、ホセ・アルバレスによれば、

医療や健康記録などの全体的数字から、女性の売春が、男性による性の手ほどきの道具、その後の結婚生活からの逃避手段、あるいはその後の結婚生活に許される程度の余得として広まっていたことがわかるが、くわしい資料はほとんどない。また、家庭生活の実体験についてもあまりわかっていない。数少ない自叙伝には、伝統的な家長制的虐待（女性への暴力、そしてもちろん「飼い馴らされて」育った息子たちに対する暴力として表現されることが多い）のゾッとするようなシーンが記されている。刑法は、夫が不義を働いた妻に暴力を加えることを禁じた。しかし、このような場合、殺人罪を犯した者は流刑に処すると規定する一方で、刑法は殺人未遂または傷害は罰すべき犯罪ではないとされた（Alvarez 1995：88)。

スペインにおける異文化結婚の意味は、時の経過とともに大きく変化した。おもな変化は三つの段階に分けられる。第一段階は一八〇〇年から一九三六年、第二段階は一九三六年から一九七五年、第三段階は一九七五年か

ら現在である。第一段階と第二段階の大部分にかけては、社会は、厳格な宗教的かつ社会的支配を受けるとともに、少数の保守的な土地所有者と隷属する小作農で構成されていた。教育・宗教分離政策によって、教会と国家は分離し、非宗教の公立学校教育は拡大し、教会での結婚・葬儀に代わる民間の式典が実施された一九三一～三六年の短い共和国時代は別として、一九七三年まで、スペインの結婚はカトリック教会内でしか行うことができなかった。一九七五年のフランコ死去後、社会と経済の急速な発展により、結婚のパターンだけでなく、暴力事件に遭った女性の保護に関する法律もさまざまな変化を遂げた。教会は依然として反対していたが、離婚も合法化された。

現在は、民間施設や他の宗派の教会でも結婚式を挙げることが可能となった。好きな相手と好きな方法で結婚するというこの「選択」は、この間に、「人または個人」の概念、自己と他者の概念だけでなく、市民、文化、結婚、暴力、内部者、よそ者の社会的、宗教的、法律的な定義が劇的に変化したことを意味する（Waldren 1996）。異文化結婚を語るとき、われわれはどのような慣行、そしてどのような人たちを引き合いに出して言及しようとしているのだろうか。私の研究は、各時代の社会情勢、経済情勢に合わせて、異文化結婚の意味がつねに変化してきたことを明らかにする。

一八〇〇年～一九三六年――階級、地域性、アイデンティティ

国家と教会は理想的な結婚のイメージをつくり上げた。女性を神聖なものと見なす一方で、国家と教会は、「伝統」やパトリア（祖国・patria）やパトリモニオ（文化遺産・patrimonio）の名のもとに、女性の性を支配することを正当化してきた。人々のアイデンティティは、宗教的に合法化された結婚の中で誕生した者に授けられ、さらに洗礼によってクリスチャンネームを与えられることで公認された。完全に社会の一員になるためには、結

婚または相続によって一家の長になることが必要だった。[2] 男女には、それぞれの結婚において認められた家族の結び付きに欠かせない部分として、その家の繁栄と継続という役割が課せられていた。スペイン国籍と市民権は、父親を通じて継承され、一九三一年まで女性が法的に平等な権利を手にすることはなかった。市民権は結婚または長期居住後の国籍申請によって取得することができたのである。

長期にわたって社会システムを再生し、また特定の社会的関係を継続していくためには、結婚はきわめて重要な事柄であった。個人の利益は、財産（この場合は、国家、家庭の資産）の下に置かれた。相続は、人々の移動、結婚パターンの構造、男女の役割の重要な要素だった。一七世紀から一九世紀にかけての記録によると、大地主の子どもの婚約が、マジョルカ島に住む別の資産家との縁組であったことを示している。このような結婚により、両家の資産は合体してますます膨れ上がり、可能性がさらに広がった。結婚相手は、生まれながらの上流階級であり、彼らの結婚は、家柄、精神、資産、人格のすべての面で最高の条件が集約された結婚と考えられた（Waldren 1996：58–62）。

相続は、長子相続権にもとづいていたため、その間に築き上げられた新しい資産のほとんどは、地主の第二子または第三子のものとなった。だが彼らに与えられた土地は価値の低い土地であった。スペインのほとんどの地域では、結婚持参金（dote）は、生前贈与（一家の資産と動産の中で下の息子または娘が相続する分を先渡しする）の形をとった。

結婚持参金の多寡は、島の結婚の中でその女性の位置を示し、各家の縁組の秩序のよりどころとなる要素（名声名誉）と経済力（富の伝達）を表わしていた。各人が、一定の社会的地位をもつ一家の一員としての位置にもとづき割当てられた役割を務めるという一つの社会的図式が見られた（Bestard 1991：132）。

これらの地主が娘たちを裕福なマジョルカ島の県都パルマの実業家と結婚させることを認めるのは、経済的に困窮したときだけだった。その当時まで、パルマの実業家はよそ者と見なされていたからである。密接な相関関係を示す結婚前の社会的、経済的取り決めが、引き続き結婚相手に課された。結婚はたんに二人の間の約束というより、個人、家、資産、世代の間で交わされた経済的、宗教的、社会的契約であり、これらの要素をくり返し再生するという契約であった。当時の異文化結婚は、結婚相手が近隣の村や町からやって来ることを意味していたが、それ以上の違いを、土地所有と終身的地位という厳重に封じ込められたシステムに取り入れることは非常に難しく、また考えにくかった。

「小作農」という広い意味でのレッテルを貼られた人々（小作人、小土地所有者、正規採用の農業労働者、漁師、日雇い労働者など）の間では、ほとんどの結婚が同じ村の人々の間で行われ、近隣の相手がよいとされた。ほとんどの結婚相手には何らかのつながりがあった。ただし、こうしたつながりは時間の経過とともに消えていった。島の中で同じ階級と背景をもつ隣村または遠くの村の出身者と結婚するということは、相手が違う村の出身であるという点で、異文化結婚と見なされ、この違いは重要な意味をもった。

現在でも、ラ・ポブレラ（ラ・ポブレラ町出身の女性）、エル・ソジェリッチ（ソジェル・ソラー町出身の男性）など、結婚相手に出身地を表わすニックネームが使われている。長年にわたり村と村の間で結婚や正式な付き合いが行われていたにもかかわらず、なお、ある村から別の村、あるいはある地区から別の地区へと嫁いだ者は、そこの夫または妻の両親、叔母と叔父で構成される新しい家族に馴染むまで、いかに苦労したかを私に語って聞かせた。新しい環境におけるよそ者のアイデンティティは、類似点ではなく相違点によって決定された。村と村民に関する口述史によると、現在使われているニックネーム、屋号、住所の形式を調べれば、名前が社会関係を表わすメタファーとなり、文化的再生の過程を表わすようになったことがわかるという（Waldren 1988）。地域や村の一族への帰属の重要性がつねに唱えられたが、それは名前を共有する者にしか理解できなかった。

小作農も金持ちも、同じように、自分の連合いは自分で選ぶことを主張したが、社会生活が非常に階層化されていたため、つねに相応な結婚相手はどんな人かということに自然に気づかされる。つまり、その選択はきわめて誘導的なものだった。同じ年齢層の人や友人と町の教会や親睦会に参加した後、村の通りを歩くときから結婚は始まっている。ゾナベンドがフランスで発見したように、「配偶者の選択は、結婚のお膳立てをする、あるいは婚姻に関することについて慎重な見通しを維持するという点で、女性が大きな役割を果たすことを明らかに示している。結婚の仲介をする母親たち、女性の仲人、将来喧嘩腰で口論をやりそうな義母……これらの女性が結婚を決定するか、あるいは破談にする」(Zonabend 1984：99-102)。

このようなさまざまな異文化結婚についての解釈は、つねに各構成員が代々再生することを奨励される一連の基準にしたがい、現地のより大きな文化に適合しているかどうか、家や村、町、国家の一員としてのアイデンティティをもてるかどうかによって判断される。判断の基準としては、言語、慣習、信仰、振舞い、政治、地域的な意味などがある。これらの価値観を内在化することによって、人はその集団に参加できるようになるだけでなく、自己と他人、身内とよそ者の違いを認知できるようになる。他人を識別するにあたり、相違点は性別、民族、階級、宗教、出身地または国籍によって分類される（本書第10章参照）。自分の属する集団の価値観は、他人の価値観に出会うことによって浮き彫りにされる。だから結婚を論じるとき、私たちは、包含／除外、身内／よそ者、地元／外国、われわれ／彼らなど、帰属のさまざまなコンセプトを考えに入れる。

マジョルカでは、各人が帰属についてさまざまな意識をもっていた。それは核家族から大家族、近隣、村、他の山村や平地の村、町、カタルーニャへと連続したものとして認識され、最終的にはスペイン国民と国家の一員としての帰属意識をもつようになった。一人ひとりの意識は、具体的な場における各自の経験の産物であった。

マジョルカ人は、一九世紀に新大陸へ、二〇世紀にはフランスその他の北部ヨーロッパに移住した。小作農の集団の中で、資産をもったこともも相続したこともない若者は、一八六〇年から一八九〇年にかけて新世界へ移り住んだ。限られた範囲の経験しかもつことができなかった彼らは、すべての悪、病、不道徳、そして未知のものを新しい国の女性と結び付けて考える一方、祖国を純粋さと救いのイメージでとらえた。私が調査した中では、一つの村を除き、すべての村で、男性たちは、海外でめぐり合った女性と社会的に交わることをせず、帰国して母国に妻を求めた。多くの男性は結婚後すぐ、妻を両家の保護のもとに家へ残したまま海外へ戻り、生まれ故郷の村に将来の家を建てるため、収入のほとんどを送金した。

スペイン語とカタロニア語には、フォレステル（forasters）とエストランへェル（estrangers）という、よそ者を表わす二種類の単語がある。いずれも、中央から遠く離れる者を意味する。フォレステルは、村または島の外で生まれたスペイン人、つまり、本土またはかつてのスペイン領で生まれた者である。彼らは、スペイン国の一員として、国家の遺産と権利・義務を分かち合う者である。カタロニア人は地理的、言語学的にマジョルカ人に近いが、長年にわたる政治的、経済的怨恨が存在するために、他のスペイン人ほど寛容ではない。エストランへェルという言葉を使うとき、それは見知らぬ人、外国人、スペインの外から来た人をさす。エストランへェル（外国人、よそ者）は公式な地位・身分をもたない。政治的、宗教的または社会的画一性の圧力を受けないという点でエストランへェルであることはときに役立つが、みずからが帰属意識をもつことをはばんでいる。

一九世紀、マジョルカ島を旅し、その後マジョルカ島に住み着いたわずかな人々は、文字どおり未知の、見慣れないよそ者であった。作曲家のショパンは、一八三八年、島の景色を楽しみながら肺病を治療したいと考えて、恋人ジョルジュ・サンドとマジョルカ島へやって来た。だがサンドの自立的な態度や彼女の奇抜なドレスは、当時、マジョルカ社会において神聖とされていたものすべてに対する挑戦と思わしめた。彼女は、ルソーが空想した理想の田園生活に幻滅し、自著で島の住民をこきおろした。そのため、慎み深さ、結婚、思いやりに対する島人の価値観は、病気のショパンとともに「罪を負って」生きていると見なされたこの知的な典型的なパリジェンヌとの溝をさらに増幅した。

オーストリアのルイ・サルバドール大公（ハプスブルグ家の非直系相続人）は、島の北西部沿岸に多数の不動産を購入した。大公本人は、ベッドより床で眠ることを好み、人前で手を使ってものを食べるなど、上品さと野生さが奇妙に融合したように見えたけれども、一八六七年から一九一三年にかけて彼を訪問した多くの著名な外国人の芸術家や作家は、彼を社交界のモデルと見なした。大公は領主として、強力な権力をつねに行使し、若い頃から屋敷の使用人の片親または両親に物質的な恩恵を与えた。[3] また親たちが決めた子どもたちの結婚を取り持った。地主の娘カタリーナ・ホマールと大公の関係は、異文化関係に対する現地の否定的認識をさらに強めるものであった。二人の関係は数年間続いたが、カタリーナは大公とアフリカに航海旅行した際、ハンセン病（梅毒という説もある）を患い部屋に隔離された。大公は、敷地内の海沿いにある森の奥深くに彼女の家を建て隔離した。こうした出来事とそこから生まれた多くの噂話は、島人の集団内結婚のイデオロギーをさらに強めた。

二度わたってマジョルカを訪れた外国人は、大公のように、自動的にエリートの地主と同じカテゴリーに分類された。それは、教養とマナーを身につけ、立派な服装をした「手のきれいな」男（手仕事を一切しない現地の紳士の基準）であった。過去にこの地域を旅することができた人々は、明らかに有閑階級だった。階層関係の存在を日常的に当然視する社会構造の中の「紳士然とした」よそ者は、現地人がサービスを提供することに慣れていた地主階層のように難なく受け入れられた。一九世紀に島を訪れた者たちは、恐ろしい未知の外界を体現していたが、これらのよそ者を紳士や芸術家という既存の社会的カテゴリーに位置づけることによって、ある程度手なずけ、理解できるようにすることができた。これによって、現地人はよそ者を奇抜で、面白くて、役に立つ者と定義できるようになり、これらの人たちを現地のステレオタイプに組み入れたのだった。

よそ者は、現地の価値観や生活方式を脅かさなかった。ジンメルは次のように書いている。

われわれは見知らぬ人に出会う。客観的に見て、その人とは性格も幅広い意味での興味も共通するものがない。われわれはみずからの個性を内在させている。したがって、細かい違いは全体性に影響をおよぼさない。一方で、われわれはある関係の中の特定の事柄でしか違わない人たち、または細かい興味が偶然一致した人たちにも出会う。こうした場合、衝撃の広がりは特定のことのみに限定される（Simmel 1953：44）。

過去何世紀にもわたりよそ者をマジョルカに引き寄せた、非常に大きな文化の違いは、現地の人々を親密な接触から守るという点にも貢献した。現地人とよそ者は、村を異なる視点から見ていた。村に対する現地人の視点は、社会的に規定された空間と時間から生まれたものであり、そこに親族や宗教活動が村の風景をつくり上げていた。そのためには、汗と苦労が必要であった。一方、よそ者は、風景を理想化し、距離を置いたことから、ロマンティックな楽園のイメージを抱いた。互いにとってメリットはあり、互恵的であった。

一九三〇年代になると、外国人旅行者が新しい別の価値観や思想を島にもち込むようになった。また、本土の政治活動家やアナーキストが進歩主義的な考えや習慣を紹介した。クレミンソンはそのことを次のように指摘している。

スペインのアナーキズムは、強制的な結婚への固執や性に対する姿勢を例にとり、中産階級や地方の小作農の道徳律を批判した。こうした新しい道徳体系は、既存の権力構造を破壊するメカニズムと見なされた。多くのアナーキストは、教会による結婚が不自然で拘束的であり、不平等と女性に対する男性の支配を固定化するものだとして、これを拒否し、非婚のカップルとして生活した。資産と礼儀という厳格な概念にもとづく社会において、このような形態は、カトリック教会とそこで確立された規範に対するあからさまな攻撃と見なされた。同時に、性病予防のための用途や、避妊の形態で快楽と生殖を区別するという用途の別を問わず、破壊的であるとして、教会が絶対に認めなかったのは避妊薬の使用であった。結婚においては、資本主義社会における男性の女性支配はくり返され、労働者の家庭の中に権威主義的なミニ国家が形成されていた（Cleminson 1995：119）。

一九三六年～一九七五年——観光産業と人をロマンティックにさせる魅力

内戦による荒廃後、スペインは急速に近代化を進め、ヨーロッパ諸国との接触を再構築するために非常な努力を払った。知識階級の多くは、フランコの全体主義体制のもとで生活するより異郷での生活を選択した。内戦中と内戦後には、マジョルカの若い男女（ここでも一般に土地や家屋の直系相続人ではない者たち）が大勢フランスに渡って教育を受け、一世代前の移住で先にフランスに渡った親戚と合流した。このような親族を基盤とした海外での環境において、適当なマジョルカ女性が見当たらない場合、男性は、一九世紀に新大陸に渡った移住者のように、マジョルカまで妻を探しに戻った。この時点でも、まだ、マジョルカ人同士の結婚が、フランス人との結婚より望ましいと考えられていた。一方、フランス人も、フランス人社会の中で結婚し、「『結婚の場』『結婚の世界』をつくり上げる若い人々を引き合わせることに大きな関心を払っていた。それは、近所、親戚であり、少なくとも遠く離れたイトコであった」（Zonabend 1984：89）

一九五〇年代になると、スペイン語とスペイン文化を学ぶため、海外の若者たちがこぞってスペインにやって来るようになった。一方、スペイン人も、次第にヨーロッパ全体で学ぶことに順応してきた。少なくとも学歴の高い若者の間では、新しい文化との接触が社会的関係を広げ、知識を深め、よそ者に対する恐れがなくなっていった。スペインの多くの地域では、外国人の男子学生とスペイン人の女の子との関係が生まれた。若い男性は、フィアンセの家族に対して紹介状を用意しなければ、結婚することはできなかった。また、男性がカトリック教徒でない場合には、改宗を求められた。こうした異文化結婚は、事前に綿密に調査され、調査の結果、認められたカップルは、両家で歓迎されるのだった。しかし、学生あるいは英語教師としてスペインにやってきた女性が受け入れられることは難しかった。当時、スペイン人女性はまだ一人歩きする状態ではなかったため、一人で旅をし、生活している外国人女性は、疑いの目で見られた。ボーイフレンドの両親は、彼女たちを尻軽女であり、道徳的にふしだらなので避けたほうがよいと考えることが多かった。それでも、礼儀を守り、現地人に紹介してもらい、相応しい人たちと出会った一部の女性たちは受け入れられた。

今日、イギリスやアメリカの大学でスペイン語やスペイン文学を教えている教授たちの多くは、この種の異文化結婚をしている。当時、異文化結婚をした人たちは、教育によって同じようなステータスを共有していることを意味し、旅ができるのは上流階級の出身者だけと考えられていた。これは時に錯覚であり、若いスペイン人の花嫁の中には、見知らぬ冷たい国で、暖房も温水もないアパートの小さな部屋にひとりぼっちでさびしく閉じ込められ、何事につけ、頼るものは夫しかいないということが、結婚して初めてわかった者もいた。カトリック教徒同士の結婚という宗教的、儀礼的側面が彼らにそれを我慢する力を与え、状況が改善されることも多かった。しかし、なかには、「カトリックの妻のいるべき場所は夫の傍らである」という家や村の批判にもめげず、一人で帰国することを望む者もいた。

一九六〇年代は、大都市、そしてとくに島のリゾート地で、コスモポリタン的な生活が広がった時代だった。変化や「現代性」に共鳴したマジョルカ人は、異文化結婚を受け入れるようになった。バレアレス諸島は、北部の人々に太陽、海、砂、そしてロマンスを与えた。この時期、外国人女性の道徳律はスペイン人女性より緩やかだった。マジョルカ人の男性は、地理的にも、性的にも、視野を広げることができた。

マジョルカのある豊かな商家のなかに、自分たちの息子や娘をイギリスの商家の子弟と結婚させることによって、何世紀もの間、マジョルカ社会への完全な同化を拒まれた不名誉を克服することができた商家もあった。カトリック教への改宗後、四〇〇年もの間、経済的に成功しつづけたにもかかわらず、一六世紀に改宗したユダヤ教徒のレッテルは、高貴な地主や裕福な商家の子弟の結婚相手には不適格と見なされていた。外国人の配偶者は、そんな彼らに、国際社会の一員という新しいアイデンティティを与えた。彼らは家で英語を話した。英語が高く評価されたからである。彼らは、(過去に一部の公卿がしたように) イギリス人の乳母に子どもを育てさせ、子弟を海外に留学させた。

団体観光旅行によって、現地人と外国人の社会的な区別は小さくなった。さまざまな過去の経験と出身地をもつ外国人たちがやって来た。島全体における観光の急速な発展と、辺境の村や本土から都市や新規開発リゾート地への移住は、スペインの多くの地域で若者たちの世界観を広げた。均一の賃金、社会保障、医療、規定された勤務時間、そしてさまざまな社会生活の経験によって、世界を分断していた経済的ギャップ、社会的ギャップは狭まった。観光客は、一時的に休暇をとっている普通の人に過ぎなかった。とくに若い男性の側において、ステータスへの関心や相違点を強調する傾向は小さくなっていった。

冷静で美しい北の若い女性の視点と想像力の中で、温かみのある浅黒いハンサムなスペイン人は、地中海の神秘的特徴 (エキゾチック、男性的、情熱的、情緒的、セクシーさ) をすべて併せもっていた (本書第4章参照)。観光客は、休日を衆人環視の中で過ごし、短期間または長期間にわたり、多くの異文化的関係を経験した。休日に自分の視野と経験を広げることは、「束縛を受けない」「自由」という理念の一部であった。彼らの日常の行動、夜な夜なの行動、消費の仕方、ライフスタイルは、ほとんどのマジョルカ人にとってまったく異質のものだった。外国人たちにとって、それは楽しみを追求する時間であるが、労働力と社会生活を提供するスペイン人男性は、すぐさま外国人の行動様式を理解した。それでも観光客の自由放任主義的な姿勢は、現地人の生活に見られる道徳的規制や経済生活とはまったくのコントラストをなしていた。現地人と外国人の境界は、なお注意深く維持されていた。地元の女の子はカフェやディスコに馴染みはなく、外国人男性が現地の女性と接触する機会は、女性の年齢を問わずまったくなかった。

その結果、マジョルカで生じた異文化結婚は、ほとんどがスペイン人男性と外国人女性の結婚である。六〇年代の結婚は、スペイン人のウエイター、タクシー運転手、観光バスの運転手、整備工、ナイトクラブのボーイ、芸人（言い換えれば、観光客と日常的に接触していた人々）と、ヨーロッパ先進諸国の女性たちの間で成立した。女性がカトリック教徒でない場合は、非カトリック地域のジブラルタルへ行くか、彼女の母国へ行って結婚をした。結婚すれば、スペイン国籍は自動的に与えられる。結婚により幅広い経験とチャンス獲得の展望を開くことができるからであり、階級、国籍、地位、知識、経験が異なることは問題ではなかった。

ほとんどのカップルのリンガ・フランカ（共通語）は英語だったが、時の経過とともに、また住む場所によって、各人が相手の言語を学んでいった。これらのカップルは、仕事がたくさんあるうちはマジョルカに定住するのが普通だったが、互いの祖国を行ったり来たりすることもあった。彼らは、家族の圧力から逃れて賃貸アパートに住み、毎晩、他の異文化カップルと学習したり、交流したりしたが、子どもの誕生によって、こうした生活習慣は変化することが多かった。多くの女性たちは、夜間は観光産業で働き、昼間は親類のいない小さな子どもたちと、家ではほとんど、あるいはまったく役に立たない夫を抱え、家にこもる自分にがく然とするのだった。相当数のスカンジナビア人女性が母国へ戻った。小さい子どもを抱えて生活していたほうが国からの支援、親からの支援を受けやすいことに気づいた彼女たちは、マジョルカ人の夫のもとには戻らないと決心した。外国人の嫁に馴染んでいた舅、姑は、見捨てられたと感じ、それだから「同族と結婚する」ようにあれほど忠告したのにと息子に愚痴をいった。このことは、「子どもを外国人と結婚させるのは子どもを失うようなものだ」というマジョルカの諺が正しいことを示している。彼らは、よそ者の魅力は悪魔と同じであり、魅力的で人を惹きつけるが、最後には人を傷つけると信じていた。

マジョルカの北西沿岸に位置するディア村は、多くの外国人芸術家、作家が訪れたこと、二〇世紀の初めに国外追放者が住み着いたことで知られている。このように外国人と長い間接触しているにもかかわらず、一九六五年に至るまで、この村で起きた異文化結婚はわずか三組だった。あるドイツ人男性は地元の漁師の娘に求愛した。六年後、彼女は遂に彼を受け入れ、彼女の家も二人の結婚を許した。二人は一九六〇年に結婚し、彼女の実家は娘がドイツに渡ることをしぶしぶ認めた。隣りのカブレラ島から来た村の女性教師は、ジブラルタルに住むドイツ系アメリカ人の芸術家と密かに結婚した。世界各地を転々とした後、このカップルはマジョルカ島に戻って定住した。女性がマジョルカを好んだのは、大家族と長年の友人に囲まれていた記憶があったからである。これらの異文化結婚の男性たちも、母国語を使って働くチャンスがたくさんあるマジョルカで生活することを選んだ。三番目のカップルは、イギリス人のロバート・グレーブスの娘ルシアで、オックスフォード大学を卒業後、カタロニア人の音楽家と結婚し、ディア村で生活した。現在二人は別居し、彼女はロンドン、夫はマドリードに住んでいる。

結婚して、マジョルカの田舎の一家または大家族に入ったよそ者が受け入れられやすいかどうかは、新しい家庭の運営の仕方に、適応する能力があるかにかかっている。言葉の理解力は、時として、振舞い、気楽な性格、適応能力ほど重要ではなかった。多くの外国人女性は、姑の説明は止むところがなく、嫁がまごつくと、わかったふりをするまでどんどん声が大きくなっていくと指摘している。外国人男性の場合は、言葉より行動で理解されることが多かったので、女性にくらべると楽だった。男性たちは、修理などの雑用を分担したり、一緒にカフェへ出かけたりした。しかし、外国人女性は、井戸端会議に花を咲かせる女性たちに囲まれ、カタロニア語で意思の疎通が図れないことにいらだった。六〇年代のマジョルカの田舎で、家庭内の時間と楽しみは限られていた。多くの家には水道がなく、薪を使って料理をしていた。水は井戸から汲んでこなければならない。衣類は近くの小川で洗濯する。今回、私はディア村に移り住んだが、それは非常にシンプルな生活環境に適応するという挑戦的な体験だった。つねに水道、調理器具、暖房が完備した家に住んでいた若い外国人女性は、新しい技能を一から身につけなければならなかった。

現地人と外国人の異文化結婚では、ほとんどの場合、婚家に入った者が社会的または経済的に上位の場合、義父母は文化の違いを簡単に受け入れた。しかし、いくつかの事例では、息子たちが外国人女性と結婚することを拒否し、親子の縁を切ったり、勘当したりする親もいた。私が遭遇したこうした事例においては、孫の誕生をきっかけに家族の絆が戻っている。

一九七五年〜一九九六年——地域のアイデンティティとよそ者の再評価

一九七五年にフランコが死去する直前、スペインの司教たちは、カトリック教会と国家の分離を決定した（一九七三年）。それ以降は、届出だけの結婚が許されるようになり、他宗派の教会も儀式を執り行えるようになった。スペイン人以外の異民族のカップルが、現地の市役所に長年の結婚を届け出たため、以後、町や村の結婚件数は急増した。長年一緒に住み、子どもを現地の学校に通わせ、村から家庭として認められていた外国人居住者たちは、非常に複雑な書類に記入して市役所へ行き、治安官の面前で結婚した。治安官はフランシスコと呼ばれていた地元の大工である。これは、自分たちが隣人の生活様式に与えた影響を示すはっきりした兆候だと現地人は考えた。外国人たちは、みずからの結婚と子どもたちの結婚を、社会の視線の中で適法としたのだった。

七〇年代末から八〇年代初頭にかけて、新しい形の社会民主主義、そして一七の自治区を誕生させた憲法が施行された。地域のアイデンティティを再発見し、再解釈し、改革したことは、人々を再び内向的にし、他とは異なる点を求め、地域の自治という新しい命題に向けて前進を助ける者と妨げる者を区別するようになった。言語は社会的結束と集団的アイデンティティの重要な触媒となり、カタロニア語またはマジョルカ語を話さない者は、よそ者として一括された。母国語スペイン語は公用語としてのカタロニア語に組み込まれた。かつては共同体の重要な財産だったイギリス人、フランス人、アメリカ人、ドイツ人は、他の国の居住者も共によそ者となったことから、地域アイデンティティに西側の価値観を強制するものとして批判された。

地域のアイデンティティ意識がこのように高揚したことは、現地の学校が島で初めて、第一言語をカタロニア語に変更したとき、まさに純正スペイン語の評価を下げたことは明らかである。一部の父兄からは、多様な背景をもつ大勢の生徒が学校に集まることで騒動が起こるのではないかと懸念の声が出た。それまで、学校の決定に外国人の父兄が関与することは尊重されていたが、この問題については、「変更が納得できなければ学校をやめろ」といわれた。学校には三五人の児童がいた。うち約三分の一が異文化結婚の家庭の子であった。これらの結婚は次のような組合せである。

女性側／男性側
ディア村出身者／ウェールズ人
ディア村出身者／ドイツ人
イタリア人／オランダ人
イギリス人／アメリカ人
アメリカ人／ドイツ人
スペイン人／イギリス人

異文化夫婦の場合、父母の母国語がそれぞれ異なっているため、一部の夫婦にとっては第三の言語といえる言語（英語）でコミュニケーションをとり、父母のいずれかの母国語または英語かスペイン語で子どもたちに話しかけた。多くの場合、子どもたちは、両親には理解できないマジョルカ語をすぐに話すようになった。

地域の言語や結婚、住居パターンに対する認識が復活したことの影響は、一九八五年以降に生じた現地人と外国人四組の結婚に見ることができる。現地女性と結婚した二人のイギリス人男性は、一時的に教えることや旅することを交えながら、言語を学ぶこと、農作業をすること、質素な生活から丸太づくりの家を建てること、過剰な近代技術を避けることなど、自分たちが本当のマジョルカ文化にできるかぎり順応しようとした。彼らは過去を美化していたが、義父は、村を出て、子どもによい暮らしをさせるためどれだけ一生懸命働いたかを、やさしく正直に冗談を交えて話した。しかし、義父の目にはお気楽に映った婿たちは、義父たちが捨てようとした骨折り仕事を積極的に引き受けた。だが村で育っていない外国人のほとんどは、本当の意味で村を理解していなかった。しかし、伝統的な石段のつくり方をマスターした外国人男性も何人かはいた。彼は、現地人が維持する気力をもてないような石垣を意識的に修復した。

美化され、もはや厳密には純粋なイメージをもてなくなった現地の男性や、現地人と島の関係を再現しようとした一部の外国人の夫とは対照的に、現地女性は、より独立した役割を前提とし、結婚まで両親や家族の監視のもとに彼女たちを家に閉じ込めた旧来の基準を改めようと努めた。ある現地女性は、父親がドイツ人のボーイフレンドの訪問を拒否したため、家を出て、彼の家に転がり込んだ。一週間後、彼女の行動が村で評判になったことに困り果てた両親は、彼女に家へ戻るよう懇願し、彼の訪問を歓迎し、二人の婚約について話し合った。二人は翌年結婚した。数年後、薄青色の目をした、ブロンドの双子の女の子が生まれたことを一家はとても誇りに思い、二人が仕事に出たときには、祖父母が子どもたちの面倒を見る姿がしばしば見られた。

一九八〇年代になると、スペインの政治情勢は、地方政府への権力の委譲に方向転換し、良い暮らしをする糧をもつヨーロッパ人たちは、村や町で歓迎された。一九八〇年代の繁栄は、ディア村の新しい訪問者や村人たちにも顕著に現われた。デュッセルドルフ、パリ、ロンドン、アメリカから来たポップミュージシャン、実業家、にわか成金は、過去にディア村を訪れたよそ者とはタイプが違っていた。ブランド物の服、足まわりのよいスポーツカー、金離れのよさは、地元の若者たちを感動させた。一六歳から三五歳の村人の四〇パーセントは、こうした豊かな人々にサービスを提供するホテル、レストラン、ブティックで働いていた。こうした緊密な接触は、村の生活、村人の野望、収入、生活費、社会関係に大きな影響をおよぼした。

ディア村の若者たちは、現地人であろうと、外国人長期在留者の子どもであろうと、これらの訪問者と彼らの活動を直接目の当たりにした。音楽、ファッション、レジャー、社会生活における若者たちの興味は共通していた。彼らは、ホテルで一緒に働き、一緒に活動を計画し、互いの企画をサポートし合った。一九九〇年に、あるマジョルカ人女性がスウェーデン人の請負業者と結婚した。彼は彼女に家とBMWを買ってやり、彼女は彼のビジネスを管理している。取引はすべて彼女の名前で行う。彼女は最高の伴侶を得たと感じており、今を生きる他の現地女性と同様に、ビジネス、政治、日常生活に、いっそう積極的に参加するようになった。今日の女性たちは、マジョルカ人として、そして女性としてのアイデンティティを意識し、それまでの卓越した優位性を通じて自立意識を身に付けた。異文化結婚は、こうして村の中の変容する価値観に応じて評価されるようになった。他の人が問題とする相違より、自分たちの間の類似点が重要であると考える者もいた。

異文化結婚の子どもたちの対応は、異文化結婚に対するさまざまな反応を反映している。これらの子どもたちの中には、文化遺産、そしてアイデンティティという点で何となく引け目を感じ、自分とその両親を完全に理解するには外国人である両親の母国に戻るしかないと考え、両親の母国に戻りたいという者がいた。一方、現地生活に非常に溶け込み、マジョルカの人々との関係を形成し、村で仕事を見つけ、時期がきたら永住する家を見つけたいと考える者もいた。

現在、異文化結婚と理解されている結婚は、過去の異文化結婚とはまったく違う。たとえば、私の二人の娘は隣町出身の男性と結婚した。娘たちは、自分の結婚に異文化結婚という烙印が押されることを嫌った。娘とその夫たちは、自分たちは同じ文化圏に属するといって譲らなかった。彼らはマジョルカに生まれ、完全に多国語を話す人であり、村人全員のことを何でも知っていて、自分たちが完全に慣れ親しんだ世界で快適に暮らしている。

彼らの両親が外国人であること、そして自分たちもイギリスに長い間留学していたことは、彼らの帰属意識に影響を与えていない。彼らと村の友人は一緒に働き、付き合い、いろいろな場所へ旅をし、ウインタースポーツを楽しみ、今日のマジョルカで催される多文化的活動に参加している。

自分たちがエストランヘェルであることに気づくことが多いイギリス系マジョルカ人、ドイツ系マジョルカ人、スウェーデン系マジョルカ人の夫婦とは異なり、村で育った外国人の子どもたちは、自分たちを現地人と認識した。それが近所や役人にとってメリットになり、すべてが円滑に運んでいるときには、彼らは現地人と見なされた。彼らは塀にまたがり、時に一方に傾くが、どちらかの側に完全に下りることはないのだと私は思う。しかし、二つの隣村出身の両親をもつ子どもたちでさえ、「二つのキャンプに片足を突っ込んだ」といわれる。現地の家の間には、土地の所有権、教育、一家の社会的地位と政治的地位、雇用形態その他、多数の条件にもとづく階層が存在する。これらの条件は、多かれ少なかれ村の一員であることを村人たちに感じさせる。多くの環境条件が、各人の帰属意識やある人間を一員と認める共同体意識に影響をおよぼすことは明らかである（Waldren 1996）。結婚の概念について語るとき、私たちは誰の言葉を使っているのか、自分たちの言葉なのか、相手の言葉なのか、使いやすいから使うのか、聞いたり文字を見たりしただけでわかるから使うのか考える必要があると思われる。私たちは、これらの言葉が基本的に状況によって変化すると考えなければならないだろう。カテゴリーは重要だが、継続的関係のあり方に常時入り込む必要はない。

重要なのは、マジョルカでは何世紀にもわたり閉鎖的な婚姻形態をとりつづけた後、異文化結婚が受け入れられるようになったという点である。彼らは、これを実現するため、必要な手段を取り入れた。だがその過程は緩慢であり、双方の側にそれぞれの意欲と自信を必要とした。その原因は、現地人が社会的アイデンティティの観念をもつようになったこと、より広い強力な関係をつくり出すようになったからであると私は指摘したい。一九九六年頃には、したがうべき社会的圧力はそれほど厳格ではなくなり、個性や社会的アイデンティティの概念はより私的なものになった。若者たちは、家族が過去に恐れた相違点より、類似点を認めるようになった。だからといって、彼らは伝統的文化を捨てたわけではない。若者たちは、現在のニーズに合わせて、伝統的文化を解釈し直したのである。彼らは、新しい「価値が共有される世界」をつくり出した（Cohen 1982：2)。

スペイン人は、過去二〇年間に急速な発展と変化を経験した。こうした発展と変化は、宗教的にも国際的にも文化的多元性を育んだ。伝統は、現在の要求に合わせて翻訳され、しばしばつくり直された。私は、マジョルカの小さな村の例をあげ、内外の出来事が変化の過程に与える影響を説明しようと試みた。まず、信仰、地位、血縁の類似性、違いを恐れる気持ち、調和のとれた結婚から始まり、その後、差異やよそ者に対する強い興味が生まれた。これは、新しい活動の時代であり、結婚の地平が広がった時代であった。そして、私たちは最後に、あるいは新たなスタートラインに立って、異文化結婚にたどり着いた。

註

（1）一九〇〇年には、スペインの労働人口の六五パーセントが農業に従事していた。一九三〇年になると、農業従事者の比率は四六パーセントに減少した。農村部、半農村部（人口一万人未満）とも同様の比率である。一九〇〇年、一九三〇年の識字率はそれぞれ四一パーセント、六八パーセントであった（Alvarez 1995：82)。このことは教会学校が担うべき世界であり、政治の領域ではなかった。

（2）スペイン国民は二三歳になると全員が地域の一員としての資格を与えられた。ただし、議会では、世帯主である男性が一家の代表と見なされた。義理の親と同居する男性は、村の行事に積極的に参加できるようになるまで何年も待たされることが多かった。夫に先立たれ、息子がいない場合は女性が世帯主になった。

（3）大公はバイセクシャルだったという噂がある。男女を問わず、大公と関係をもった者には必ず気前のよい贈物が与えられたという。また、女性が妊娠した場合、大公は結婚を手配し、カップルに住む場所を与えたといわれる。

第3章　機会、選択、環境

——異文化結婚における女性の研究

ジェーン・カティブ-チャヒディ、ロザンナ・ヒル、リニー・パットン

はじめに

われわれの関心は、「誰が異文化結婚するのか」という、異文化結婚に見られる配偶者選択に関するものである。本章では、そのような配偶者の選択についての予備的調査で得られた成果の一部を報告する。(1)リッケンとテレゲンが示唆するように（Lykkenn & Tellegen 1993）、偶然の出会いやロマンティックな愛はあってほしいことだが、本当にありうることなのかと問う者が多い。配偶者の選択というものは、ある決められた基準にもとづいて、意識的にあるいは無意識的になされるものなのだろうか。似た者同士が結婚する傾向があるという、関係性の規範が同類交配にあるなら（Rubin 1970, 1973）、なぜある者は、みずからの社会集団の外にいる人たちを配偶者として選択するのだろうか。そのような人たちは、家族的背景、人生経験、人格、それらの結び付きのあり方で、共通した特徴を有しているのだろうか。あるいは近代生活において、旅行の範囲が国境を越えて拡大する傾向があるように、人々の結婚は距離を反映しただけのものなのであろうか。

配偶者の選択は、結婚研究の中で、最も論じられたテーマの一つである（Adams 1979; Surra 1990; Atwood 1993; Buss 1994)。しかしながら、コットレルが異文化結婚全般についての研究で述べているように、異文化結婚のようなタイプの結婚に見られる配偶者選択に関する研究は少ない。戦争花嫁あるいは植民地結婚といった第二次大戦後の研究は、国境を越えて異文化結婚に興味深い洞察を与えているが（Spickard 1989：123-58)、これらの研究の多くは、異文化結婚が出会うであろう問題や、今日見られる結婚とはたいへん異なった状況を強調している（Cottrell 1990：159)。

結婚に関する従来の研究によれば、一国内での人種や民族、宗教を超えた異文化結婚は、国境を越えた異文化結婚と関連性があることを示唆しているが、そのような関係性を当然のように受け入れたくはない。外国人と結婚することは、少なくとも配偶者の一人が移民や再定住に関わっており、自国で他の民族集団のメンバーと結婚することとはかなり異なった現象と見られる。多くの研究者が指摘しているように、われわれは国際的な異文化結婚が、故国を離れて、働いたり、学んだり、旅行したりする人たちの必然の結果だとは受け取れない。少なくとも、そのような結婚を行う者たちが出会った場所が外国であることは必要条件であるが、そのことが結婚するかどうかの十分条件とはならない。外国人と出会い、彼らと結婚する少数者に対して、海外旅行や長期の海外滞在をしているにもかかわらず、大多数の人たちは結婚相手として同国人を好むからである。

本章では、異文化結婚をしている二〇人の女性の事例を取り上げる。彼女たちは自国で未来の外国人の配偶者に会い、結婚を決意した。[2] われわれは彼女たちと彼女たちの夫たちすべてから自伝的な資料を得、そのうち一九人に対してインタビューを行った。インタビューでは形式にとらわれず、詳細に自己を語ってもらった。また結婚する前、彼女たちの生活において成長につながったような経験を話してもらった。また母語が英語であるか、あるいは英語と十分にバイリンガルである一八人の回答者に、パーソナリティ・テストを受けてもらった。

女性たちのプロフィール

二〇人の女性の事例で、他の異文化結婚の研究でも発見されたいくつかの特徴が指摘される。ホワイトとブラウが行った研究では、「結婚して自集団を出る」人たちは高学歴で、専門的な中産階層か労働者階層であり(Whyte 1990; Blau 1977)、また結婚年齢がそれぞれの集団内の平均結婚年齢よりも高く(Surra 1990)、異文化結婚家族出身である(Cottrell 1990)という傾向を明らかにした。また同じような地位の人たちと結婚する傾向があることも指摘された(Blau 1977 : 49; Whyte 1990 : 122)。

われわれが取り上げた事例(3)の女性たちの結婚年齢は、平均して二七歳である。このことは、実際の数字が示す以上に注目すべきことである。結婚年齢が今よりも低かった一九六〇年代と七〇年代、彼女たちの半数が結婚していたことは銘記しておくべきである(Surra 1990 : 845, 一九八八年にアメリカでの結婚平均年齢は二三・六歳)。四人の女性の年齢は夫より二―五歳年上である。結婚年齢は、教育レベルや社会階層と関係があるようだ。

一五人の女性は大学教育を受けており、そのうち四人は博士号を取得している。さらに七人は他の大学院を卒業している。夫も同じような教育レベルであるが、夫より妻のほうの学歴が高かったのは七例である。二〇組のうち三組だけが、夫が妻よりもきわめて高い学歴をもち、専門職に就いている。仕事をもつ女性たちやその夫たちの多くは、専門家や役員などの地位に就いている。

二〇人の女性の年齢構成は二五歳から五五歳で、平均年齢は四四歳である。彼女たちの国籍は九つの国にわたっている。イギリス、アメリカ、トルコ、キプロス、オーストリア、フランス、イラン、スペイン、ロシアである。彼女たちの夫の国籍は、イギリス、アメリカ、フランス、キプロス、トルコ、イラン、ヨルダン、スーダン、インド、イラク、エジプト、リベリアの一二カ国である。

一〇人の女性は両親の国籍や祖父母の出生地から判断して、外国出身の経歴をもつ。少なくとも両親か祖父母の一人が異なった国で生まれれば、子どもたちは人生のある時点で、異なった国の国民となっている（本書第12章参照）。これは五人の夫たちにもあてはまる。七人の女性は、それぞれの国で一世あるいは二世居住者であった。このような背景は異文化結婚との関連性を高くしている。すなわち異文化結婚をしている人たちはしばしば両親も異文化結婚をしていて、移民のサブカルチャーか第三の文化の中で生活しているという、これまでの研究結果と合致している（Cottrell 1990：163）。

再婚者は女性では一人いるが、これまで外国人と結婚したことがある男性は四人いた。このことは既婚の割合が高いことを示しており、異文化結婚に関する過去の研究とは対照的である（たとえば、シンガポールでのKuo Hassan 1976：558, 中国系アメリカ人のLee Sung 1990の研究など）。

一六組のカップルは、宗教と国家の境界を越えて結婚している。そのうち一組の夫婦を含む男女各三人はそれほど熱心な信者ではない。四人はまったく信仰をしていない。しかし、一組の夫婦と一人の女性は、夫の信仰に合わせてイスラーム教に改宗している。これまでの研究では、少数の事例からも確認されていることだが、異文化結婚をする人たちは、強烈な宗教的信念をもたないし、信仰を実践することは少ないと報告されてきた（Resnik 1933; Spickard 1989：131）。しかしながら、ヤマニが本書第9章で述べるように、必ずしもそうした事例ばかりではない。異文化結婚では、宗教がときとして異文化のつながりを統合する一つの手段として機能しうるし、異なった文化と言語をもつ二人を結び付ける働きをする。われわれの事例からも、宗教に関心のない夫婦は、生活している地域の文化とは密接なつながりを見せていないことが指摘できる。

インタビューからわかった他の点は、少なくとも六人の女性が夫の社会経済的環境よりも低い家庭環境の出身であることである。しかし女性たちは、みずからの教育と業績によって、彼女たちの社会的地位を上昇させている。ブラウ（1977：37）は、社会的に上昇する人々は、「ある意味で周縁的な男女」であると述べているが、このことはおそらく、後にわれわれが議論する周縁性の問題と関連するであろう。

なぜこの男なのか――女性たちの物語

女性たちはどのようにして出会ったのか――教育と言語

事例で取り上げられた女性たちは、未来の夫とどのようにして出会ったのであろうか。そこにはいくつかの偶然的な要素が何らかの役割を果たしているようであるが、最も共通した要素は教育である。未来の夫のうち一〇人が高等教育のために、妻の国に滞在しているときに出会っている。それも多くが大学院に在籍しているときである。他の二人の男性は、大学教師として妻の国で働いているときに出会っている。

インタビューをした女性たちのうち一三人は、教育に関連した場で初めて夫に出会っている。七人の女性は大学生のときで、そのうち六人が当時特別研究生であった未来の夫と出会い、結婚している。大学で教鞭をとっていた一人の女性の夫は、彼女の学生であった。三人の女性は、未来の夫が勉学している大学で働いていたとき出会った。一人は図書館で、他の二人は入学課で働いていた。他の女性の事例では、空港での偶然の出会いがきっかけであった。その女性はアメリカの大学を見に行く途中のことであったが、研究のために彼女の国に滞在していた夫は、博士論文を書き上げ、提出するためにアメリカに旅立つところであった。またある女性が未来の夫に出会ったのは、彼が大学で、義父の経営するサンドイッチ販売の仕事をしているときであった。少なくともこのような二人の出会いとその後の関係の継続は、共通の言葉を話せる能力にあったといえる。

最初の魅力――魅惑的なよそ者とは?

女性たちにとって、未来の夫に惹かれるいくつかの要素がある。それらの要素の多くは、女性たちが通常男性に求めているものであり、とりわけ外国人の男が魅惑的であるという観念である。七人の女性が未来の夫に惹かれたのは、彼が「異なっていた」からだと答えている。その相違はさまざまであるけれども、既知の友人の個人的資質と比較して、あるいは自己のパーソナリティと比較して、彼女に欠けていると感じているパーソナリティのある部分を補填するような資質が、未来の夫にはあったことに言及している。ある女性は、嫉妬深かった以前のボーイフレンドと異なり、現在の夫は人柄がよく、「私の家族のように過度に興奮したり、ヒステリックにならない」ので、素晴しかったと述べている。別の女性は、彼女自身がかなり温和なのに対し、彼は「たいへん騒々しく、豪放で、枠に納まらない」男だと、その相違を語っている。このような相違は、文化的な特徴というより、個人的なパーソナリティの相違といえそうだ。しかしある女性は、彼女が「冷たい」と見なしていたイギリス人の男友だちの態度に対して、夫が男女関係のもち方に、文化的に異なった方法をとっていることに惹かれたと語っている。何人かの女性は、田舎の男たちをかなり「退屈」であると見なしているが、そのような感情は、おそらく「魅惑的なよそ者」への夢によって、たまたま刺激を受けたか（本書第4章参照）、あるいはそれほどロマンティックではないが、若い頃の外国生活での積極的な経験や外国人との関係から生じていたのであろう。ただ一人の女性の発言であったが、夫がまず外国人であることに惹かれたと発言している。しかしながら、カナダ系アメリカ人女性は、フランス人の夫の大きな魅力は、彼女が学生のとき一緒に滞在していたインターナショナル・ホテルで、他のフランス人よりむしろ、彼女のような外国人と交流していたことにあると述べていた。

少数の事例においても、長期的な関係を続けるにあたって、条件つきではあるが、そこに相補性の原理があることが認められている（Kerchhoff & Davis 1962）。この考えにしたがえば、人々は基本的な欲求が互いに充足されるような関係を選択し、しばしば明らかに対立したペアーができ上がることがよくある。ある事例では、社会経済的領域で、女性の父親と夫と間にあからさまな相違が見られた。彼女は「私の両親はとても貧しかったので、父の職業とは違った職業をもつ者と結婚することが重要だったのです。しかもすでに仕事をもった誰か。この場合、彼が就こうとしていた職業が大事だったのです。私はいつも貧しさを感じていたくないのです。それは私にとって大切なことでした」と述べている。

一方、配偶者間の類似性も見ることができる。七人の女性は配偶者と共通性が多くあることを強調している。これは一般的な関心の共通性についてである。だが互いを惹きつける積極的な個人的資質がここでもまた重要であることはいうまでもない。六人の女性は夫の知性について賞賛している。一人の女性はヨルダン人の夫について「彼は私より多くのことを知っているし、私の見方を広くさせてくれました。たぶん私は高度な研究をしている彼から一方的に学んだだけにすぎないと思います」と述べている。他の女性は、夫が「知的な関心に溢れ、新しい経験に寛容で、非常に博学で、詩についてもくわしく、科学者だが文学にも関心がある」ことが好きだという。第三の女性も、夫の知性や書く能力、「博学」を賞賛している。

五人の女性は未来の夫の温かさ、ユーモアのセンス、陽気さについて語っている。四人の女性は、容貌の良さをあげ、二人は性的な魅力をあげている（本書第4章参照）。一人は初めて会ったとき、夫に神秘的な印象を抱いたと語っている。それは何を意味しているのかはっきり理解できなかったが、それ以上聞くことはできなかった。

インタビューから見えてくる女性たちの一般的な姿は、異なった集団の人たちと結婚していない女性と同じような個人的資質に魅せられていることである。このことは、女性自身のパーソナリティや置かれている状況が、彼女たちが結婚相手を選択する際の鍵となっていることを示している。

結婚への決断——結婚すること

結婚への決断は、たいていの場合急いではなされない。例外的に知り合ってから一〇年というカップルがいたが、カップルが知り合ってから結婚するまでの平均的期間は三年ほどである。このことは、パートナーが異国にいる女性には、相手をよく知るようになるまでに時間がかかることを意味している。しかしながら、初めて会ったときから結婚に至るまで、ほとんど離れて暮らしていた少なくとも三組の事例がある。未来のイギリス人の夫が五日間だけ旅行者としてやって来たとき知り合ったロシア人女性は、笑いながら、実際「たった三十数時間」一緒にいただけで、彼と親しくなったと述べている。彼らはその後文通で関係を保ち、六カ月後、彼がモスクワに飛び、彼女にプロポーズしている。彼女も受け入れに躊躇はなかった。

多くの女性はプロポーズされたとき、その男性が結婚すべき「適切な男性」だと、実感していたと報告している。二人の間のロマンティックな愛慕は、たいていの場合、あからさまであるかどうかにかかわりなく、結婚に踏み切る主たる動機となっている。彼女たちの情緒的な関係は、結婚の時期に影響を与える他の状況的要因によってさらに強化されたようだ。ある女性にとって、出会った男性は適切な時期に現われた、適切な男性に思えた。彼女は、故国での生活に圧迫感を感じており、嫌気が募っていたときでもあった。「社会的制約がありすぎた。生活が規制のパターンにとらわれていたと感じていた。……これは（彼との）結婚を決断させるものであった。……彼はエキゾティックで、異質で、精力的で、（他の国で）働いていた」と結婚の動機を述べている。

いく人かの女性から、年齢が決断の要因であることも聞いた。それはとくに三七歳になる女性の事例だが、未来の夫と知り合って九カ月のうち、六カ月も外国にいる夫と離れていたが、電話だけで連絡をとり合った。二人は互いに子どもを欲していたこともあり、結婚を望んでいた。結婚の決断がなされたのは、彼女の年齢を考慮したと考えられる。現在五〇代の二人の女性の場合、結婚した二〇歳代後半、年齢が結婚を促がす大きな圧力であったと述べている。彼女たちの友人すべてが二〇代のはじめに結婚しているのに対し、二人が結婚したのは二〇代後半であったからである。一人の女性は二〇代半ばになると、家族から、結婚を急がなくてはという圧力が伝わってきたと報告している。二七歳と二八歳で結婚した二人の中東出身の女性は、彼女たちの文化の中では婚期はすでに過ぎていたので、結婚の決断には、文化的期待がかかっていたことを指摘している。

いくつかの事例で、結婚の決断には至らないが、偶然の要素が結婚の実際の時期を急がせたことがあるようだ。

これは父親の仕事上の挫折に続き、母親の死に遭遇した女性の事例である。この不幸な出来事が、彼女にとって(未来の夫との)関係を永続的なものにしようという衝動につながったようである。また他の二つの事例では、男性が仕事のために故国に帰らなければならなくなったため、彼との別離が迫っていると考え、結婚を決断したという。われわれの事例の中で、最も特異だったのは、結婚への引き金が住宅の事例である。共に働き、それぞれの国で休暇を含め六年も一緒に過ごしていたカップルは、気に入った住宅を見つけ、購入したいと思い、その時点で結婚することを決意した。

全体として、取り上げた女性たちの多くは、結婚について長く関心をもちながら、しかもその準備をしていた。彼女たちは高度な教育を受けており、旅行もしているし、安定した生活を求めていた。おそらく「結婚への志向」があったといえるし(Surra 1990：856)、そうすべき時期が来たという認識がでてきたのであろう。

両親の態度——反発と受容

八人の女性は、必ずしも夫が外国人であるという理由ではなかったが、両親が娘の結婚にかなり反対をしたことを認めている。(4) 異人種結婚の三例において、女性たちは、人種が家族の間で問題となったことはなかったと述べている。しかしながら、二人の女性は、見た目の理由から、彼女たちが選択した相手があからさまに拒否されたと報告している。このうち一組の両親は、娘の将来の夫がムスリムの男性だと知ったとき、実際に娘を勘当した。両親とも娘の夫のすべてを好ましいとは思わなかった。彼は適切な国籍をもってはいないし、ローマ・カトリックの信者でもないし、「最も許せなかったのは黒人であった」ことであった。

二組のユダヤ人カップルの事例では、娘が夫の国に行ってしまうのではないかと心配した両親が、娘の結婚に躊躇する態度を示した。第8章でブレーガーが論じたように、両親が娘の夫の国籍に好感をもてず、しかもユダヤ人に対して差別的な見方をしていると娘は述べている。一人の事例では、この嫌悪は、その女性の両親がもつ左翼的な思想に由来していた。彼女の夫の国では帝国主義的政治体制と反ユダヤ政策の歴史があったからである。もう一人の事例では、（西ヨーロッパに住んでいるセファレディ系のユダヤ人である）両親は、（娘の）夫の出身地である中東地域の人々に対して否定的な固定概念をもっていたようである。

娘の結婚の選択に反対したもう一組の両親は、イギリス人の娘が外国人と結婚することを夢にも思っていなかったし、娘がそうすることに嫌悪していたが、取り立てて反対する他の理由はなかった。だが実際は、二つの理由で反対していた。第一に、娘の父親は義理の息子の職業（作家）を社会的地位が低すぎると見なしていた。第二に、母親は高い学歴を身につけた娘が、結婚を通じて社会的地位を向上してほしいという願望があったという理由である。このイギリス人の女性は、未来の夫が外国人であることに不安はあまりなかったが、母親は「娘と結婚したいと思う誰にでも反対した」だろうと語っている。

少なくとも六人の女性は、結婚する前にすでに両親の一方が亡くなっていたとインタビューで述べている。三人の事例では、こうした出来事がなければ、もっと両親から反対されていただろうと語っている。父親を亡くした中東出身の女性は、父親が生きていたらできそうもない自由を、母親から与えられていた。もう一人のイギリス人女性は、もし母親が生きていたら、反対する母親にとても太刀打ちできなかったし、アフリカ人の夫との結婚生活が続いていたかわからないと述べている。

全体として、少数の女性の報告からも、両親に対して異なった態度が見られる。このような態度の多様性は、娘がよそ者と結婚することはないという両親の確信とは対照的である。

結婚への準備

ロマノ（1988：142）は、異文化結婚をしようとするカップルに、できれば結婚する前に双方の故国を訪ねたり、将来の配偶者の家にしばらく滞在したりして、配偶者の経歴、家族、文化についてできるだけ理解すべきであると助言する。夫に会う前に、二人は仕事の途中で、四人は旅行者として夫の国を訪れていたけれども、調査を受けた女性の多くは、そうしようとはしなかった。インタビューを受けた者のうち、結婚前に夫の家族を知っていた者は二人だけであった。自分の意志で、夫の家族に会うため海外旅行をした女性は一人しかいなかった。(5)

夫の国を訪れたり、彼の家族に会うかどうかは、多くの女性たちにとってそれほど関心があるとは思えなかった。「あなたは私と結婚しようとしているのだ。私の家族とではない」と、一人の女性は未来の夫に告げられたという。これは女性たち自身の一般的な態度であったようだ（本書第6章参照）。同じような冒険的な要素は、カップルが結婚後どこに住むかで明らかにされた。九人は夫が望むところに喜んで行くし、母国を離れたがっていた。他の女性は自分の国にとどまっていたかったが、夫が仕事のために移住しなくてはならない場合は受け入れていた。ある女性はイラン革命の約三年後、初めて会ってから六年目に、イラン人の夫と結婚したが、それでも夫の国に住むことになることに結婚前から懸念していた。

人生経験

本節では、女性たちの子ども時代、青年時代、成人時代初期の経験に注目する。われわれが国境を越えた異文化結婚に関連していると考えた女性たちの報告にもとづき、彼女たちの二つの領域に焦点をあてる。一つは異なった文化をもつ人たちとの有意義かつ肯定的な経験であり、もう一つは育てられた共同体（社会ないし家族）の内部で、女性たちによって報告されている周縁的ともいえる経験についてである。これら二つの経験が、みずからの文化集団から排除され、他の文化出身の人々に同化するという形で、順次作用すると考えられる。言い換えると、異質性は他の文化の中では、これまでの事例において見られたように、肯定的な性質をもつと考えられる。しかし、一度周縁性を経験すると、それは否定的な性格を帯びたものとなる。

外国人との交流経験

一六人の女性は、夫と会う前に、外国人たちとの交流が多くあったと述べている。一〇人は、両親の仕事や自分の仕事ないし勉学のため少なくとも一年、たいていはもっと長期にわたり海外で生活した経験がある。そのためか、彼女たちの中で、生まれ育った国の男性と結婚した者はいなかった。このことは見慣れた者に魅力を感じるより、異質な者に対する魅力のほうが強かったことを示している。

予想した通り、外国と関わりをもった者は、成長段階で、他の国から来た親戚や友人たちと接触していた。そのうえ彼女たちは、異質の人たちと密接な家族的結び付きをつくり出すのに慣れていた。

旅行をしなかった二人も、仕事を通じて多くの外国人に出会っていた。彼女たちは他の国から来た人たちとだけ付き合い、そのほうが気楽だったからと報告している。海外にいる外国人と接触したことのある他の女性も、長期の交換学校訪問や旅行者として海外渡航をした経験が、他の文化や国に対する態度を育むのに役立ったと考えている。

しかしながら、過去の経験が、あらゆる事例に有効な要因となっているわけではない。三人の女性の場合は、他の国からの訪問者との接触は限られていたし、海外旅行をしたこともなかった。そのうち一人は夫が最初に会った外国人であると述べている。

インタビューした女性のほぼ半数は、何人かの外国人のボーイフレンドがいたことを報告している。事例は多くはなかったけれども、よそ者の魅力を示す兆候といえよう。女性に共通した関心や類似性はあるものの、彼女たちは自分たちとは異なった性格の男性との関係を求めたようである。なぜそうなのか。次に彼女たちのパーソナリティの特性や感情について見てみよう。

周縁性の感情

インタビューをした一九人の女性のうち、一六人は、子ども時代、青年時代、大人の初期というかなりの時代にわたり、「他者とは異なっている」「所属していない」「社会的に孤立している」という、周縁性の感情をもったり経験したことを報告している。[(6)] 多くの者は、周縁性の経験と結び付いた悩みを告白している。しかし所属感をもたないが、そのことを不幸だとも思わなかったと述べている女性も三人いた。

このトピックについてわれわれが詳細な報告をするのは、きわめて重要な問題を扱っているからである。多くの女性は、インタビュアーが質問する前から、この問題を取り上げている。何人かの女性は、自分たちが経験した適切な逸話を提供してくれた。

われわれは周縁性の問題を三つのカテゴリーに分けて検討する。第一に、構造的な周縁性と関連したよそ者としての感情（エスニシティ、文化、社会階層など）である。第二は、家族や友人など私的な領域におけるよそ者としての感情である。第三は、意識して選択した周縁性である。これらの感情のカテゴリーは、互いに排除し合うものではない。何人かの女性の物語には、二つ以上のカテゴリーが含まれているが、ここでは、インタビューで判明した主要な周縁性の感情について説明する。

(1) 排除の感情に至る構造的周縁性

九人の女性にとって、社会的、個人的な周縁性の感情は、彼女たちの構造的な周縁性ともいうべきものと結び付く。それはイマムラ（1990）が「客観的周縁性」と呼んだものと一致する。

インタビューを受けた者のうち四人はユダヤ人として生まれ、周縁性の感情はそのことに起因するのを認識しており、ユダヤ人がよそ者としての地位を歴史的にもっていることについて驚きの感情をもってはいない。二人の女性は、彼女たちが置かれてきた状況から、深い孤立と不幸な感情を報告している。一人はイギリスのある町で育てられたが、そこでは彼ら家族が唯一のユダヤ人家庭であり、そこにいる間は反ユダヤ人政策に曝されつづけた。そのうえ、彼女は地域で優勢な文化からも排除されていた。キリスト教徒でない父から、学校のキリスト教の宗教活動に参加することを禁止されていたからである。そのため彼女はクリスマスもユダヤ教のお祭りも「見逃す」ことになってしまった。この女性は、キリスト教を信仰している家族の中で育てられた男性と結婚したので、自分の子どもたちと一緒にクリスマスを実際に祝うことによって、子ども時代に逃してしまった経験を埋め合わせていると報告している。

他の女性は、ユダヤ人との結び付きを強調している。同時に彼女が、優越した文化に対して、どんなに疎外感を感じているのかを語っている。また他の社会的特徴によっても、好ましくない影響を受けている。それは彼女の両親が地域社会にうまく溶け込むことのできない貧しい移民であったことや、二人の妹をもつ家庭内での長女としての地位から生じる孤立感などを意味している。

それにくらべて、他の二人のユダヤ人女性は、生活上よそ者としての地位を認識しており、そのことによる動揺はなかったようだ。そのうちの一人は、彼女が通うキリスト教の学校の中で唯一人のユダヤ人であったので、違和感をもちながら成長した。また多くのユダヤ人が正統派である社会で、自由なユダヤ人家族の中で生活していたためでもある。またたいへん保守的なユダヤ人が卓越する地域で、労働者に投票するような両親がいたし、青年時代は異なったことをすることをむしろ楽しんだような女性であった。

もう一人の女性は、九歳のとき北アフリカから西ヨーロッパに移住した。彼女はフランス人と思っていたが、その後どの国にも属していないことを知った。彼女も、よくユダヤ人以外の外国人と付き合っていたので、家族やユダヤ人社会の中では変わり者だった。面白いことに、この二人の女性は、よそ者であることを不幸とは感じていなかったと報告しているが、正式に他の宗教に転宗してしまった。一人の女性は夫の宗教に入り、もう一人の女性は夫婦とも、地域社会で優越的なイスラーム教に入信した。

次の二つの事例では、周縁性の感情が社会階層と関係があることが明らかにされる。二人の女性は、社会的に認められたいという野心から、娘たちを彼女の同輩たちと付き合せないようにさせていた母親や、そのような母親からどのようにして自立したかを述べている。移民であった母親の一人は、アメリカにやって来た当初、小間使いのように「話し、歩き、装った」という。彼女は、ブルックリンで成長する娘を完全に支配しようとして、近所の誰とも遊ばせなかった。地元に住む労働者階級の子どもたちを、適切な遊び友だちとは見なさなかったからである。その代わり、娘を毎週ミサに出席させた。彼女は、母親によって「着飾った王女」にさせられていたと述べている。その後、彼女は中産階層が多い地域の私立のカトリックの学校に奨学金を得て入学するが、再び学校の友だちから孤立してしまった。友人を訪ねるとき、彼女の家には出迎えの車がなかったからである。

外国生まれの母親をもつもう一人の女性にとって、知的な志向をもつ彼女の家族は、学校の友人たちの家族とは異なっていた。俗物的で、数カ国語を話す母親は、自分たちが住んでいる地域の人たちを好ましくないと考えて、付き合うことを認めなかった。娘は、「母が私の友だちを認めていないと本当に感じた。そのことに気づいてたいへん傷ついた」と述べている。また家族の中で最年長であったため、母親の怒りの矛先が自分に向けられているのではないかと感じていた。さらに「母が亡くなるまで、妹たちが私より安楽に暮らしているように思い、不満をもっていた」ことを覚えている。

さらに次の三人の女性が抱く周縁的な感情は、子どもや青年時代に、異なった文化の中で生きてきた経験と関連している。最初のオーストリアの女性は、彼女の若い頃の経験から、外国人に惹かれると感じていたという。彼女は一〇代の頃、父親の仕事のために、クウェートの国際色のある社会で数年楽しく暮らしたことがあった。違和感を覚えたのは、オーストリアに戻ったときである。「私が唯一よそ者であると感じたのは、オーストリアの学校で最後の年を過ごしたときでした。その頃付き合っていた友人たちは、オーストリア人は少なかったからです」。外国を旅行したり、外国で生活したり、またさまざまな文化的背景をもつ人たちと付き合うというこれまでの経験から、地元に住んでいた同世代の仲間たちとはあまり共通点が見出せなかった。彼女からすると、地域の友人たちは鈍感で、偏狭であるように思えた。そのため彼女の友人は、男友だちの一人を除き、みな外国人であった。

同じようなことが、子どものとき家族とともにカメルーンで何年か楽しい日々を過ごした一人のロシア人の女性にもいえる。彼女は青年時代に、教育のためにソビエトに送り返され、両親と離れて祖母と暮らすことになった。そのとき、彼女は自分の関心と経験が同世代の友人たちとたいへんかけ離れているのを実感した。彼女は、西欧にいるときも、それ以前の東欧にいるときも、デートや化粧など、他の一〇代の友人のような関心はなかった。そのため彼女には友人ができず、孤独に陥り、家族のこと、とりわけ母親が側にいないことをとても寂しく思った。カメルーンでの日々は、別の方法で外国人との結婚を準備していたといえる。彼女とイギリス人の夫が初めて会ったとき、彼らが共有する言語はフランス語であった。彼女のフランス語は子どもの頃、カメルーンにいたとき学んだものである。

このグループに入る第三の女性は、これまで見てきたようないくつかの特徴をもっていた。両親が移民であること、子どものとき短期間にせよ外国暮らしの経験があることなどである。学歴のある彼女の家族は、彼女たちが住んでいた比較的上流で、保守的な社会の中では目立った存在であった。というのは、彼らは教会のメンバーではなく、子どもたちは私立学校には通わず、政治的な主張も近隣の人たちとは異なっていたからである。彼女は周縁的地位にいたが、それに不満をもたない数少ない回答者の一人であった。

(2)　家族的、個人的周縁性

次に示す四人の女性たちの物語は、それぞれの家族の中で置かれた状況によって生み出された周縁性や孤立感を示している。その最も明らかな事例は、スペインで育ち、イギリス人と結婚したスペイン女性の場合である。彼女はみずからの家族から孤立している感情を打ち明けた。また四人の兄弟姉妹の中では最年長で、七歳のときから、休日を除き、両親と離れ、祖母と酔っ払いの代母に育てられた。「あなたは私たちの仲間ではなかった」

と兄弟姉妹たちが後で彼女に述べたという。赤い髪とそばかす顔の容貌は、彼女も美しいと思う姉妹たちとはかけ離れていた。青年時代、ブルジョア的なスペイン社会に圧迫を感じていたこともあり、教育や配偶者の選択において、独裁的な父親に挑戦しようとしていた。女性の伝統的な役割に対する反逆は、とくに中東出身の女性たちが示す態度と共通していた。このスペイン女性は、家族によってよそ者としてのレッテルを貼られた結果、最も早く（事例の中でも最も若い）、しかも最初に出会った外国人と結婚してしまった。

次は、カナダ人の両親をもつアメリカ人女性の事例である。子どもの頃、父親の仕事の都合で、北アメリカ各地を転居して過ごしたが、このことはカナダで小学校生活を送るにあたって、とくに問題とはならなかった。しかし、家族がアメリカに引っ越したとき、すでに関係ができ上がっていた仲間から拒否されたと感じ、孤立感を味わった。学校時代を通じて、彼女は、アメリカ人の若者たちのデート・システムに参加しようとはせず、さらにみずからを孤立させた。彼女が強い愛着を感じていた父親が早く亡くなったことも、家族内で孤立感を深める原因であった。また母親が自分より兄弟たちのほうを好んでいたと感じていたこともある。

周縁性を生み出す家族内の対立は、イギリス人の両親をもつ一人の女性の例にも見られる。彼女の父親はイギリス北部生まれで、生粋の労働者階級出身であった。それに対して、母親は南部生まれで、社会的に野心のある中産階層出身であった。彼女によれば、母親は「みずからを異国の地での文化紹介者」と考えたが、父親は労働者階級独自の地域性を重視していた。また両親の地域的、階級的相違に直接的に結び付いた、社会的、個人的周縁性の感情を経験した。その後、階級内の闘争が演じられている家庭からロンドンへ逃避した。だがそこでも北部出身ということで、よそ者として疎外感を抱いた。それゆえ、ロンドンで付き合った男性は、ほとんどすべて外国人であった。

最後は、たいへん幸せで、安定した子ども時代と青年時代を送ってきた女性についてである。当時父親が男子校の副校長かつ寄宿舎の寮長であったため、「二〇〇人の生徒」と兄弟のように親しくなれたことが嬉しかった。

だが学校を卒業した後の青年期は、隔離と孤立の感情に直面した。というのは、卒業して父親の家に戻ったとき、両親が世話をしていた生徒たちは、「もはや彼女の兄弟ではなくなっていた。……信じられないことであった。……空っぽのわが家に戻ったようだった。たしかに生徒たちは私のことを知らない。二階に行かされた女性のようだ。それは気持ちがいいものではなかった」。ワンルームのアパートに住み、孤独を味わった数年後、同じイギリスの町に住む、気楽さを感じるアフリカ人の大家族と付き合った。「私は群衆の一人のようであった。気がつかなかったが、そこが気に入っていた」。その後、彼女はそこに住むアフリカ人男性と結婚した。

(3) 文化的ジェンダー役割からの逃避

次の三人の女性は、すべて中東の女性であるが、みずからの国、ときとしてみずからの家族の慣習に反逆しているようである。彼女たちは、外国人との結婚を母国におけるジェンダーの役割期待を避けるために利用したと明言している。最初の女性は、宗教と文化の境界を越えて結婚している。他の二人は、中東にある別の国のムスリム男性と結婚した。

最初の女性が抱いた、自己がみずからの社会や家族内で異質であるという感情は、みずからがつくり出した社会的、個人的周縁性として、最も適切な事例である。彼女は異なった存在になりたかったのである。彼女は自分と似ていない、美しい姉に嫉妬して、学問の世界で成功しようとした。またみずからの社会を規制があるものとしてとらえ、また母国の男たちを信用しなかった。その結果、パリの大学院で研究を行うことで、解放されたと感じた。「フランスは私を創った」と彼女は述べている。そこで彼女は、母国の男女のように、みずからの仲間と交流するより、むしろ外国人のフランス人と交流した。

同様に、次の女性も異なった存在になりたいと思っていたようだ。彼女は風変わりな服装をし、母国の多くの女性のように、外に出て付き合うようなことはしなかった。家族の中でも変わり者と見られていたため、両親の規制からもより自由であった。おそらく彼女が一番年下であったことや、両親も「娘と息子のモデル」ともいうべき兄と姉がいたので、それに満足していたようだ。彼女は、他人の考えなど考慮せず、やりたいことは何でもしたし、その結果に苦しんだと述べている。彼女は講師をしている大学で、外国人学生と付き合っていることに批判を受けたが、無視していた。だが男性の講師が同じ批判を受けないことについて、大学当局に抗議した。

第三のトルコ女性も、他者といつも異なっていたことを述べている。他の人たちにはたくさんの友人がいたが、「私はみずからの世界」をもっていた。学校の友人と違い、彼女は男の子には関心がなかった。「私は賢いし、みんなと異なっている。また異なった未来が私に用意されている」と語っていた。他の人たちは服装にこだわったが、彼女は服装には無頓着で、いつも本を読んでいたので、変わり者と見なされていた。読書をこよなく愛するのは、母の影響であり、激励があったからである。彼女の兄も、トルコ人にはめずらしく絵画に凝っていたので、変わり者と見なされていた。

異文化結婚の利点

周縁性が苦痛な経験となっている者にとっても、それが不安とならない者にとっても、外国人は結婚相手としては、より魅力的な相手であるといえよう。前者にとって、みずからの文化、たとえば好きでない家族などと距離を置くことができるという希望を抱かせる。後者にとっては、(結婚によって)さらに周縁性を表現する機会を与えられる。ある女性は、みずからの青年時代について述べているが、リベラルな両親の監視に限界まで挑戦しているようだった。「私は次々に風変わりな男友だちを選んだ。……私は家族と問題を起こすであろう(後に結婚したアフリカ人との)関係を意識していた。私は問題をさらに大きくした。私がこのように素晴らしい男と出会ったこと、それから両親が好まないものすべてを列挙した。たとえばムスリムであること、既婚者で子どもがいることなどを語ることによって。……私は母と同じように反逆児だったのです」

地位にこだわりすぎる両親をもつ女性たちにとって、未来の夫は彼女の国の人たちと同じように評価されることはない。このことは両親、とくに母親が結婚相手に「完璧な人はいない」と考えてくれる場合は、娘たちにとっては安堵することであった（本書第9章参照）。

いくつかの事例で、女性たちは未来の夫もまた、「よそ者」であることに惹かれたと報告している。疎外の状況はしばしばたいへん異なっているけれども、これら女性たちと周縁性の感情を共有していることが、二人のつながりを維持する助けとなっていると感じている。たとえば、ユダヤ教を信仰するイギリス人女性は、アメリカ人の夫が、彼女のように帰属感をもたず、またひどく嫌っていたイギリスの階級システムに属していないことを語った。イギリスの北部で育ち、ロンドンではよそ者であったイギリス人女性にとって、夫も彼女のように「渡り鳥」であった。彼は両親がギリシャとレバノン出身であるため、出生地のエジプトには帰属感がなかったからである。

パーソナリティの特性

インタビューに加えて、一八人の女性にみずからのパーソナリティについて、質問紙に書き込んでもらった。一八番目の女性は、パーソナリティ・テストを受けたが、インタビューを受けるのは辞退した。このテストは、最もよく利用されるパーソナリティ・テストの一つで、パーソナリティの要素分析の研究から得られた基本的な性格特性を測定できるように作成されていた（Anastasi & Urbina 1997）。また、ここで検討するテストは、イギリス人ないし北アメリカ人で、イギリスに何年も生活していた人たちの評価と対比して、評価された。

これらの結果は注意深く扱うべきであることを承知のうえで、その成果について予備的な考察をしたい。われわれの事例は少ないが、正確な事例が得られた。また、女性たちは結婚してから何年もたっていて試験を受けたため、必ずしも結婚時の状況を反映するものではないが、収集されたパーソナリティに関するデータは最近のものである。そのため、これらの発見は、現在の特定な事例に適用できるものとして考えられる。テストの結果は事例で取り上げた女性たちが、より創造的で、慣習にとらわれず、通常よりも情緒的に安定していることを示していた。彼女たちはまた、冒険的であり、他者に対して敏感であった。さらに通常の人たちより実験的であり、自由に物事を考えることができることが判明した。

これらの発見は、インタビューで得られた印象と一致する。たしかに、異なった文化の中から結婚相手を選択することによって、女性たちは、とくに独創性、冒険性、実験性といったような多くの特性を実際に表現している。すでに述べたように、何人かの女性は、誰と結婚すべきかという両親の考えを拒否することで、精神の独立性を示してきた。自分たちがまだ知らない背景や文化をもつ結婚相手を心から受け入れようとする彼女たちの行動は、実験的であり冒険的である。大多数は夫の国か第三の国で生活しているが、何人かは何度も移住する経験をしている。われわれの事例において、女性たちが宗教信仰にあまり関心を示していないことは、女性たちがきわめて自由な思考やリベラルで実験的な性格をもっていることと一致しているようだ。このような事例から、彼女たちのパーソナリティ特性と結婚相手の選択の間に因果関係があることがうかがえる。

結　論

上記のような制約があるにもかかわらず、われわれの研究は、さらに将来も研究するに値するような注目すべき特色がある。調査された女性たちは、ある枠組みの中では互いに類似している。多くは宗教的信仰を重視してはいないが、外国人を結婚相手として選択している。また大多数の女性は、外国人や外国の文化に積極的に身をさらす経験をしてきたし、世界を広く旅行し、またさまざまな地域で生活してきた。ある女性は、子どもの時、青年時代、成人時代の前期に、みずからの社会環境には属さないと感じていた状況に身を置かざるを得ないような人生経験をしてきた。

女性たちはインタビューの中で示された情報に合致するような共通した、あるパーソナリティ特性をもっていた。彼女たちは一般により冒険的であり、自由に発想し、慣習にとらわれず、一般の人たちより情緒的に安定している。パーソナリティと人生経験（態度）との一致は、パーソナリティを見極めたり、結婚に至るまでの時間はさまざまであるが、「ほどよい適合性」を示しているといえる。

コットレル（1973）は、インドの異文化結婚の研究において、異文化結婚がこれまで創られてきた国際的ライフスタイルの拡張であり、継続であると示唆している。たしかに、何人かの被調査者は、結婚前の外国人との付き合いに特定のパターンができており、結婚前に外国人や異文化にさらされる程度は、われわれの調査結果と一致している。しかしながら、インド人のカップルに対するより大がかりな研究と異なり、われわれの多文化研究は、他の要素、とくに周縁性の感情が大きな役割を果たしていることを示唆している。

いくつかの例で、ある女性たちを外国人と付き合うように「仕向けた」のは、周縁性の経験であった。他の事例では、女性たちが外国から故国に戻ったとき、疎外と孤立感をもたらしたのは、国際的なライフスタイルであった。コットレルは事例の一五パーセントで、出身地への反逆、拒否、幻滅が、他の文化出身の人たちと結婚する誘因となったようだと述べている。彼女は四パーセントの人たちが、結婚前には根無し草のようだったと報告している。われわれのデータは、周縁性の感情と結び付いたこれらの要素が高頻度に出現していることを指摘している。われわれがインタビューした一九人の女性のうち一六人が、構造的、社会的、個人的周縁性について言及していた。

しかしながら、コットレルの一九九〇年の異文化結婚に関する研究では、「よそ者と結婚する人たちは、ある程度、心理的に、文化的に、あるいは社会的に周縁的である。（だが）少なくとも、彼女たちが〝行き詰まり状態〃に置かれているわけではない。適応がうまくいかないというわけでもない」ことを示している（Cottrell 1990：163）。このことは、われわれがインタビューした女性たちについても確かにあてはまる。コットレルの研究には、異なった種類の周縁性についての情報は含まれていないが、本研究が将来の研究へのいくつかの方向性を明らかにしようとしたことは意義がある。

最後に、今日アメリカにおける結婚の五五パーセントが離婚に至ると見られている事実があるにもかかわらず、この事例の女性たちは、五年から四〇年、平均して二〇年の間、時間の試練に耐え、結婚生活を継続している。

註

（1）この研究の目的において、国際結婚は異文化結婚でもある。女性の夫たちは彼女たちとは異なった国で生まれ、成長したと理解される。本書の「外国」という用語は、調査された者の国籍によりさまざまな国籍をさす。

（2）調査は一九九二―九三年、ヨーロッパの三カ国で行われた。主に中産階層で、中年で、白人女性を対象とした。それぞれのカップルの国籍、国籍ごとの男女数などの詳細は、調査される者の匿名性を守るために慎重に除外された。調査された主要な変数は、国際的に外国からやって来る人と結婚する女性の数であるので、これらの詳細を省いても、研究を歪めるものではないと思う。読者にとっては、興味をもたれている方もおられると思うが。

（3）調査を受けた一人の女性は、自伝的な資料への書き込みやパーソナリティの測定に参加したが、インタビューは受けなかった。

（4）イマムラは、多くの国から来た外国人女性とナイジェリアの男性との結婚を、両親の七六パーセント（二一人を対象）が反対していることを報告している（Imamura 1986：38）。

（5）イマムラは、彼女の事例の四七・六パーセントが、結婚する前に、価値観の違いに関心をもっていないことを発見した（Imamura 1986：38）。

（6）本章に含むことができなかった、一九二〇年代までの周縁性に関する問いについて、かなりの研究資料がある。Park 1928, Stonequist 1937, Dickie-Clark 1966, Johnston 1976, Spitzer 1989 など。

第4章　異国の異性の魅力
——東ネパールにおける異文化結婚に関するノート(1)

タマラ・コーン

魅惑的な夜
見知らぬ女性を見かける
込み合った部屋の向こうに

どこか心のときめきを感じさせる人だ
そのような気持ちになる人と
再び会いたい

だから彼女のもとに飛んで行く
彼女の心をつかむために
生涯、ずっと彼女のことを思い続けるだけで終わらないために読者の中には、ミュージカル「南太平洋」に出てくるこの詩をご存知の方が多いと思う。知らなくても、この歌詞に込められた感情にはおそらく懐かしい感じを抱かれるかもしれない。文化の境界を越えた「見知らぬ異性」への求婚は、どこか格別に魅力的で、ロマンティックで、挑戦的である。しかし文化の境界はほんとうに越えられるのだろうか。

一九八〇年代の初期、私がまだアメリカで大学生だった頃、博士号取得後研究員をしていたイギリス人、現在の夫アンドリューと出会った。出会ってしばらくして、私の女友だちに、彼の第一印象について、「セクシーなアクセント」「謎めいたところ」「親切さ」「金銭的蓄え」、着る物、食べる物、音楽から書く文章の文体まで、彼の好みから生じるあらゆる自分との差異について話している。その頃彼はちょうど、ガイ・フォークス（一一月一五日のイギリスの宗教的民俗行事、夜祭）の大パーティーを催し、みんなにホールリック（麦芽粉乳からつくる発酵酒）を配ったり、ピムズ（火酒）を振る舞っていたときであった。彼の話には、必ず「プリーズ」と「サンキュウー」がつけられていた。そう、彼の行動はまさに「イギリス紳士」だった。彼は私が初めて知り合ったイギリス人の友人であったという点がきわめて重大である。というのは、彼と知り合ってから、私と彼との間に発見する趣向や行動のあらゆる相違は、私がそれまで本で読んだり、聴いたりした「若いイギリス人男性」というカテゴリーによって納得できたからである。このことは、換言すれば他者は、つねにある程度自己によって構築されるものであることを示しているのかもしれない。

魅力と恋愛への反戦略

本章でネパールの「異文化結婚」を論じるに先立って、私自身が経験した「異文化結婚」の話をしたのには、それなりの理由がある。人類学的分析には、しばしば二重の基準がある。自分の選択や行動の動機は、部族や、「非西欧人」や、「未開の」人々がとる動機とは異なっている、という西欧人の認識である。私の友人は、私がアンドリューの異なる点に惹かれたのは、双方の家族を結合させるような金銭的あるいは社会的な欲求にもとづいているとは主張しなかった。ロマンティックな「恋愛」という概念、ならびに「相手」に抱く審美性とは、そのような魅力を正当化するのに必要なすべてだった（そこには西欧人だけが恋愛をするという思い込みがあるようだ）。

求婚と結婚に関する新機能主義的な記述が、人類学的文献では今なお主流となっており（リビエールは同様の批判をすでに一九七一年にしている）、そこには異文化の異性に対する素朴な性的魅力という視点などはまったく語られていない。実際、ジャンコウィックとフィッシャー（Jankowiak & Fischer 1992：149）は、恋愛結婚に関する人類学的研究では、一般的に（内婚、外婚いずれの場合でも）、「恋愛結婚は欧米文化に固有のものであるという見解が広く流布されており、恋愛結婚など文字通り存在しない」と述べている。だが、エンデルマン（Endelman 1981）は、この見解に唯一の例外を提示している。彼は精神分析学的見地から、世界中の「部族社会」の民族誌から抽出した事例研究を比較、対比することによって、恋愛結婚の普遍性の範囲を示そうと試みている。恋愛に焦点をあてた彼の視点は貴重なものだが、実際に彼が取り扱ったデータは、基本的に、個人の感情やロマンティックな経験に明らかに興味を抱かないような部族社会の研究にもとづいている。彼は、ポリネシア、アメリカ先住民やその他の地域の恋愛詩を検証し、若干の例外的事例をあげてはいるが、その大部分の事例から「西欧人が認識する〝恋愛〟のようなものは、皆無とはいえないが、このような部族的、あるいは伝統的な社会では見られないといわねばなるまい。……また〝恋愛結婚〟に至っては、現実のものとしても、あるいは期待や理想化されたとしても、なおさらまれである」（Endelman 1981：83-4）と結論づけている。

このような結論は、それが引き出される基礎となったデータの種類に強く左右されている。われわれ西欧人の恋愛結婚という考え方は、われわれ自身の歴史の中から生まれ、西欧人の性格や思考に育まれた、特定の指針によってつくり上げられたものである。これに対して、「部族の」人々は結婚の前でも、あるいは結婚した後でも、恋愛を理想化する能力も時間も経済的余裕もないと思わせる、一般的かつ学問的な固定観念がある。それゆえヨーロッパやアメリカ社会以外のところでは、恋愛に関する記述が奇妙にも見当たらないという見解に到達するのは致し方ない。

このような偏見は、ロウゲモントの以下の引用文に明らかに見ることができる。

東洋やプラトンの時代のギリシャでは、愛というものは、当時のたんなる楽しみや肉体的享楽にすぎないと考えられた。また情熱は、その言葉のもつ悲劇的かつ苦痛という意味から、そこではほとんど表出されなかったばかりでなく、当時のモラルでは蔑視され、病気あるいは熱狂として取り扱われていた。プルタークは、「情熱は狂気だと考える者がいる」と述べている。それとは逆に西洋では、一二世紀になって侮蔑の対象となったのは結婚であり、賞賛されたのは情熱であった。情熱は非常識であり、その犠牲者に苦悩を与え、世界にも自己にも混乱をもたらすからである（1940：71-2）。

この引用文で、われわれは道徳性と秩序／反秩序の関係が、「西洋」と「東洋」における恋愛と結婚にどのように見られるのかがわかる。また「われわれ」と「異国のよそ者」との間の固定的な二分法を見ることができる。人は無意味なことを気楽にすることができるし、また、まさにこの無意味な混乱の中にこそ、偉大なる審美性を見出すのである。東洋人の思考は、西欧人が想像するはるか彼方にあり、人類学者による東洋の研究には、秩序と道徳性にどっぷりと浸かったものがある。

人類学的記述の中に「恋愛」が見られないのは、これまでの人類学者は社会的結合の規範や意味ある形式ばかりを求めて、結婚のような社会的制度、とりわけ異文化結婚（Yalman 1962）を問題にしなかったからである。

ブルデューは、個人が結婚というゲームの支配者となるために選択をし、戦略的に行動していくことを認めている（Bourdieu 1990：59-65）。彼の使用するゲームという隠喩は興味深いが、結婚への動機として、戦略を強調しすぎることは、審美的なきらめき、愛情、とりわけ文化の境界を越えたところに生まれる熱烈な愛情という、ロマンティックで完全に反戦略的なものを考慮に入れる余地をなくしている。

東ネパールにおける異文化結婚

東ネパールの部族の人々の間では、比較的最近、ヒンドゥー化の動きに触発されて「見合い結婚」という偽装をつくろっている場合でも、今なお恋愛結婚は重要なものと見なされている。実際に文化的、言語的境界を越えた求愛は普通に見られることで、相手の魅力と神秘性とは好き合った者同士を動機づけ、結婚にまで至らしめる。私がこの魅力（もちろん、私にとっては間接的だが）(2)について気づいたことを語る前に、私が調査した人々の居住地とその社会的環境について若干の説明をすることが必要であろう。

タマホクは、東ネパールのコシ丘陵地のサンクワサバ南部地区にある村落である。私と夫は一九八九年から一九九〇年にかけての二一カ月間、調査のためにこの地に滞在した。この村の集落群は、九〇〇メートルから二〇〇〇メートルの高度差のある北向きの急斜面上に広く点在している。タマホクの中心地には学校と喫茶店が何軒か集まっているが、ここから車の通る道路が始まる最寄りの町バサンタプルまでは、約四時間かけて数百メートルの坂道を登らなければならない。また、チャインプルというネワール族の尾根にある町までは、北西の方向に九時間も歩かなければならない。

タマホクの住民のほとんどは、タマホクをチベット・ビルマ語族起源である「キランティ」と呼ばれる、一文化言語集団に属する「ヤカ」という民族集団の故郷であると考えている。ヤカ族の人々は、自分たちが近隣の諸部族とは言語的、文化的に異なっていると考えており、最も近いキランティの血縁集団はリンブ族、続いてライ族であると思っている。この地域に住むヤカ族の全人口は、五〇〇〇人から一万人の間にあると推定される。タマホクには一八〇世帯以上のヤカ族が住んでおり、それに他のチベット・ビルマ語族であるグルン族やタマン族、過去二五〇年の間に当地に移住してきたヒンドゥー教徒のダマイ族、カミ族、ブラーマン族、チェットリ族の家々が散在している。(3) われわれが初めてヤカ族(これについては、たとえばHodgson 1858:447; Bista 1987:32, 36等、いくつかの文献に簡単な記述があるが)を探しに出かけたとき、タマホクからマヤ・コーラの谷を越えたところのマディ・ムルカルカと呼ばれる村で何人かのヤカ族を発見した。しかしながら、マディでは、大集落に住むヤカ族のほとんどはヤカ語を話さず、ネパール語だけを話していた。それで、生きたヤカ語を話す人々を探すためにタマホクまで戻ってきた。マディとタマホクの村落間には、かなりのヤカ族同士の結婚が見られる。

何人かの他の研究者も書きとめているように、キランティ人の女性は、自分たちの求愛や結婚相手の選択に大きな支配権をもっている(Jones & Jones 1976:72-3; MacDougal 1971:101; Bista 1987:39)。異民族集団間の結婚や異言語集団間の結婚は頻繁に実施されている。マディや他の村落から、ヤカ語を話さないヤカ族女性が移入してくるだけでなく、リンブ族やライ族の女性も周辺の地域から、タマホクのヤカ語を話す家族へ婚入してきている。逆に、ヤカ族女性の多くが、タマホクから七日以内の歩行距離に住む非ヤカ族男性やヤカ語を話さない男性と結婚している。この種のキランティ語族内の異文化結婚はたいへん好まれている。人類学の分野で発達してきた「境界」「民族集団」そして「よそ者」という概念は、他の言語集団から移入してきた人々が感じる「疎外感」を理解する助けとなると同時に、しばしば異文化結婚の「祝祭的」側面を無視するのに役立っている。

いく人かの研究者は、これらのキランティ内部の結婚(例、Jones & Jones 1976:65)に見出される差異の意味を軽視してきた。研究者の認識方法から見れば、キランティ内の種々の部族は言語的かつ文化的に系統的関連があるが、それでもなお各部族の言語は互いに理解不能であり、ヤカ族も文化的に他の部族とは多くの重要な相違があることに鋭敏に気づいている。このようにキランティ内で、異部族との結婚を経験している女性たちは差異への独自の認識の仕方があるが、「異部族の結婚の相手」を一緒にひとまとめに認識したり、（高カーストと不可触民という異カースト間結婚のような）極端な例外に対する差異に対して、よそ者がつくり上げるいかなる概念用語も彼女らにとってはほとんど意味がない。われわれがタマホクで面談したヤカ族世帯全体の三分の一は、少なくとも一つの異部族と結婚しており、この結婚形式が純粋に最近の現象であることを示唆する証拠はまったくなかった（Kohn 1992）。

これらの異部族との外婚の大多数は、ヤカ族とリンブ族との間で行われ、その次に多いのがヤカ族とライ族の結婚である。ヤカ族の人々の話では、昔はライ族を自分たちよりもカースト階級的にはより下位にあると見なしていたので、その当時はライ族との通婚は避けられていた。しかし現在では、ライ族との通婚もまったく問題がないと認められている。この話は、ヒマラヤ山脈の山麓に居住する多くの民族集団間の関係が、階級組織に関する規則や概念に変化が見られるところでは、いかに交渉可能で、開放的であるかを物語っている（Kohn 1992; Horowitz 1975）。われわれはたぶん、この状況を「制御された異常性」（これは通常、たとえばマルディ・グラス（カーニバルの最終日）の祝祭に見られるような、儀礼的行為を説明するために用意された用語であるが）と呼べるだろう。それというのも、ライ族やリンブ族との部族的境界を越えた通婚が受け入れられる一方で、不可触民や上位ヒンドゥー・カーストと通婚することは一般に認められないからである。グルン族やマガール族は今でも自分たちがヤカ族、リンブ族、ライ族よりもカースト階級で「より上位」にあると考える傾向があるので、同様にグルン族やマガール族などのヤカ族との異カースト間結婚はまれにしか起こっていない。

リンブ族とヤカ族とは互いに異なっているし、双方はライ族とも異なっている。それにもかかわらず、次の例が説明するように、これら三つの民族集団は多くの点において共通した一つの傘の下に置かれている。ヤカ族の強力なシャーマンであるチャンバが、われわれに宗教的伝承（ムントム）にもとづいた話をしてくれたが、その話にはヤカ語、リンブ語、ライ語、そしてネパール語の単語が入り混じっていた。シャロッテ・ハードマンは、ロホルング・ライ族の行動（ニワ）、精神的（サヤ）かつ肉体的（ラワ）の状況を支配する精神的、身体的な実体について記述している（Charlotte Hardman 1981）。ヤカ族もこれらの概念を、くわしくいえばほんの少し変形した型で共有している（このような共通性は、結婚観についても見出すことができる）。

一九九〇年四月のネパールの民主化を求める政治運動の中で、共産党活動家たちは、そのほとんどはブラーマンやチェットリ出身の教養ある遊説政治家であったが、主要な社会的問題であると考えていた事柄について、初めて公衆の面前で演説した。彼らは、学校で開かれた集会で、「抑圧的な」見合い結婚よりも恋愛結婚のほうが望ましいと演説したが、そのとき私のまわりで聴いていたヤカ族やリンブ族、そしてライ族の女性たちは笑って、どのように自分たちが恋愛結婚の伝統をずっと昔から実践してきたかをいっせいにしゃべりだした。数人の女性は、（首都から来た）遊説者たちが地方の聴衆のためにもっと適切な演説をすべきだし、それにはどんな工夫をすべきかと不平さえ漏らしたのである。一人のアカ女性は私のほうを向きヒソヒソ声でいった。「聴いてごらんよ！　私らはいまだに義母の足を洗うなんてことはしたことがないわよ」。たぶんこの国の政治的騒動によって、これらキランティの妻たちはいっそう強く自分たちに共通したアイデンティティを意識させられたことであろう。彼女たちは、この場合には、（言語的、文化的に）非常に異なり、（自分たちのことを）あまり知らない他者に反発するという形で一致団結したが、それ以外の場合にはおそらくこのような団結を見ることはないだろう。

以上の話はすべて、本書の全体を通じて語られる共通のテーマ、つまり「異文化結婚」をどのように定義すべきかということを明らかにしている。

表 4-1　カースト階級制度

ブラーマン
チェットリ
グルン*
マガール*
キランティ*——リンブ，ヤカ，ライ
下位カースト集団
アンタッチャブル（不可触民）

*　チベット・ビルマ語族の諸民族集団は，カースト体系の中では「酒飲カースト」として分類され，その諸民族集団間では頻繁に通婚がなされる．

一つの文化はどこに始まり、もう一つ別の文化がどこで終わるのだろうか？　もし「文化」が「他人の基準に合わせるため知る必要がある事柄」（Goodenough 1981：50）であるならば、たとえば、「人はどの程度多くの事柄を共有する必要があるのか」というだけでなく、誰の見解にもとづいて文化の境界を判定するべきか考えねばなるまい。よそから来た観察者が感知するような差異などは、観察される者にとっては、とるに足らないことかもしれない。本書第2章でジャッキー・ウォルドレンは、このような観点の妥当性を確信させられる実例を示している。つまり、ウォルドレンは、娘たちがマジョルカ人の男性との結婚を「異文化結婚」と認めたがらないことを教えてくれる。観察者の見解と当事者のそれとの間に生じるこのような亀裂は、東ネパールの事例でも認められる。ヤカ族とリンブ族間、あるいはヤカ族とライ族間の異文化結婚は、明らかに外部者の目には見えにくい。ちょうど（ロンドンの黒人街）ブリクストンにおいて、イギリス系カリビアン人夫婦やイギリス系アフリカ人夫婦に関してなされた研究でも見られるように（Benson 1981）、見知らぬ人々が異文化結婚をした夫婦をとりたてて注視することはない。ヤカ族とリンブ族の夫婦が、混雑したバサンタプル市場で見知らぬ人ごみの中を歩いている間に、怒った目つきで凝視されたり、好奇心丸出しの眼差しで見られたり、蔑みの声をかけられたりすることはまったくない。にもかかわらず、この異文化結婚をする男女が求愛する際、二人の間には、なんとなくよそ者意識と（言語的、文化的）差異とを互いに感じ合うのである。

　若いヤカ族の女たちが市場で一緒に踊りたいと思う若い男、ヤカ族でない他の民族集団だと識別される男の容貌について話すことを聞けば、このことがよくわかる。タマホクからバサンタプルの市場に向かう道中で聞き取ったことであるが、彼女たちの話のほとんどは、市場で男友だちや将来の夫となる男性と出会って「米ダンス」を一緒に踊るかもしれない期待で、はちきれそうになる。彼女たちは、急な上り坂のところどころにつくられた休憩所で一休みし、櫛で互いの長い黒髪を梳き合いながら、自分たちが好きになる若い男性のことを互いにからかい合うのである。

魅力こそが異文化結婚への階段を上りはじめる第一歩であるが、その魅力とは、(本章の冒頭の詩に見られるように) 混雑した踊りの場を横切って進むときに出くわした男性や、あるいは (タマホクでの場合なら) 山すその坂道で出会った特定の異性に興味と性的魅力を感じることから始まるのだ。では、どんなところが特定の異性に性的魅力を感じさせるのだろうか? 現実に特定の異性に出会う前にどのような噂を聞いているのだろうか? 魅力とは、人が自分にもっていないものに対して抱く憧憬なのか、または、ないものや会えない人に対する飢餓感だろうか (Kristeva 1987 : 159-161)。誘惑の強さを生み出すのは、不安感ないし見知らぬ者への不確実な想像力の中にあるようだ。

金のために

調査協力者のディリ・マヤは、リンブ族の男に感じる魅力について、「リンブ族の夫は、ヤカ族の男よりも妻により多くの金 (gold) をくれる」と語った。この話を受けて友人のプク・マヤは、「そうだよ。リンブの男は何でもすることが大きい。結婚行列 (ロコンディ) だってすごく長い。ヤカ男の結婚行列ならせいぜいに二〇着の結婚衣裳の行列だが、リンブの男なら六〇着の行列になるのよ。しかも、一着あたりの結婚衣裳に縫い込まれた金の量がずっと多いのよ」といった(4)。

このような話から、ヤカ族の女性がリンブ族の男性に求婚したがる動機の大きさが、彼らがもたらす金の量によって測られていることがうかがえる。女性の金への関心は、山村では、金の装身具は家族が全生涯をかけた金銭的蓄えであることから、物質的であることは間違いない。しかし他方では、男が新妻に金を与える行為には、新妻を美しく飾ってやろうと思うロマンティックな期待があるから、彼女らは金に興味を抱くのである。金は（穀物、米、労働力などで測られる）富にも勝る価値が付与されている。金には他者の心や欲望を支配する力があるからこそ、逆境の際、生活の糧となる最後の可能性を秘めた資源ともなるのである。

既婚女性や少女が、自分たちの金を他の人に見せるときには、彼女の手から相手の手に直接手渡すのではなく、装飾品としてみずからの肌、すなわち首や腕や手首や額につけて見せる。金は、貨幣的富よりも高貴な価値をもっているが、金のもつ意味は、それが取り扱われる方法、それが人の身体や感覚に与える影響の中に見出せるといえよう。

金は、ヤカ族の女性が、自分が射止めることができそうな、おそらく、リンブ族の男性に色っぽい目つきを投げかけることを助長させているという点で、本来の意味を拡大させている。同時に、美的感情の助けや、会話、体格、態度、ユーモアなどに見出される文化的差異や、「異国らしさ」が誘発するくすぐったいような高揚感がなかったら、ヤカ族の女性はそんな目つきでリンブ族の男性に迫ることはなかったであろう。（フランスの社会学者）ボードリヤールは、欲望とは「必要によってのみ生み出される。欲望が完全に求めている者のためにだけにあり、際限なく充足されるものであるならば、欲望はその想像性を喪失し、その結果現実のものとなる」と書いている（Baudrillard 1979：5）。

言葉に惹かれて

タマホクの若いヤカ族の女性たちの多くは、リンブ族の言語の美しさを評価する。「リンブの言葉は美しい。私は少し習ったことがあるので」といって、あるヤカ族の女性は、ヤカ語の単語を列挙し、それと対照するリンブ語の単語を比較してみせてくれた。もう一人のヤカ族の女性は、「リンブ語の音の響きっていいわね」といった。このとき私は、その女性から言語的な美的感覚についてもっと情報を聴き出そうと考え、ヤカ語とリンブ語の違いは識別できるが、どうして両言語が異なって聞こえるのかわからないと問いかけた。だが、彼女は私の話に同意しただけだった。おそらく、その相違は、音色やアクセントの審美性を表現する適切な用語を喪失してしまった英語の場合とは異なるものがあるのだろう。

他集団の言語の美しさは、部分的ながら、その言語ではうまく表現できるが、自分の言語ではできないことの中に感じるものである。言語的な美とは、自分の表現の自由を、そして究極的には、自分の言語（あるいは文化）が潜在的にもっていると信じられる感情の表現を可能にしてくれる。だからあるヤカ族の若い女性は、くすくす笑い、目を輝かせながら、私にこう語ってくれた。「リンブ族は怒りっぽい。それに（私らより）もっと率直だし、もっと卑猥だわ。ヤカ族は卑猥な言葉は悪いことだと考えて、ほんに少数の家族を除いて使わない。リンブ族は卑猥さを悪いこととは思っていないのよ」。すると、もう一人の娘が甲高い声で会話の中に入ってきて、「だけど、いくつかのヤカ語はリンブには非常に無作法だと受け取られているわよ。たとえば、ヤカ語で〝水を注ぐ〟（likma）は、リンブ語ではまったく違った意味になるわ」（娘たちはくすくすと笑いはじめる!）。リンブ語の“likma”は〝開いたところに入る〟を意味し（van Driem 1987：458）、この言葉には明らかに性的含意がある。以上の実例から他の言語がもつ音色や美しさを、その言語に危険さと独特の味わいがあること、また皮肉や激しい気質に満ちていることにも配慮しながら、味わう必要があるという結論を引き出せるだろう。ヤカ族の娘たちの会話にともなうくすくす笑いには、ヤカ族の卑猥な表現に反対するどんな公式見解があろうとも、彼女たちはその卑猥さを、まず自分で体験しようという気持ちがあることを示していると感じた。

家庭のために

最初はヤカ族の女性のリンブ男性への賞賛を意味しているとは受け取れなかった話をここに紹介する。「もちろん、もしリンブ男と一緒になるなら、（私の）実家から思い切り遠いところに住んでいる男と結婚するのが最高よ。結婚したら自分の実家に長い間滞在するためのよい言い訳になるじゃない」。この話には、結婚までの求愛の興奮が消え、結婚生活の現実が垣間見られる。金の量や恋愛や男の魅力にどんなに心奪われても、将来の夫となる男性をどんなに好きになっても、まったく見知らぬ人ばかりの家族がすべて好ましい人であるとは思えない（これはヤカ族の男性と結婚した場合でも同じなのだが）家族の中へ嫁入りせねばならないことを、彼女らは忘れてはいない。異文化の男性への恋心は、自分の故郷の実家にとどまりたいと思う心とは補完的であり、双方向の思いを満たせる可能性はきわめて限定される。皮肉なことに、実家から遠く離れた村に嫁入りすることは、実家に戻る最大限の自由を保証されることになる。だから、女性ができるだけ遠くへ嫁入りすることは、彼女が実家に戻ってきたときには、それだけ長く実家に滞在できることにもなる。

女たちの間で、異文化の男性への「欲望」、すなわち彼の金、彼の言語、彼のアクセントなどが市場に至る小道で語られるので、異カーストや異民族だらけの山岳民族が、食糧やその他の日用雑貨を売買するために交錯する市場に到着するやいなや、「誘惑」が始まると考えてよい。市場は雑多な者が混ざり合い、楽しみが起こる場所なのである。

誘惑

もしわれわれが、ボードリヤールの「誘惑は儀礼的秩序を、性と欲望は自然的秩序を想定する」(1979：21)という一説から話を始めるならば、ヤカ族にとって最高級の儀礼的誘惑は、市場で定期的に開催され、結婚式のような他の社会的集会の場においても開催される「米ダンス」であろう。

米ダンスとは、さまざまなキランティ集団出身の若い男女二組から一〇組のカップルが、手をつないで円陣をつくり、身体を前後に揺すりながらくり返す踊りである。その踊りには、朗々と喉震わせながら歌う若者たちの愛の歌がともなう。歌は短い音節と長い音節を組み合わせて歌われる。ヤカ族の男女は、同一の氏族（ヤカ語

chon、ネパール語 thar）に属さないかぎり、同じヤカ族の仲間を選んで踊ることがあるが、ヤカ族以外の部族を相手として踊ることもよくある。市場へと歩く道でヤカ族の女たちがダンスへの興奮と熱狂を語り、間もなく出会えるだろう踊りの相手をいろいろと賞賛していた様子とはうって変わって、実際にダンスの円陣に入っていくときの彼女たちの様子は、どこか痛々しいような雰囲気に包まれていた。そして、身体が揺れ、歌が始まり、踊りは夜遅くまで続けられるのである。

私はフィールドワークの期間中に多くの集会場をまわって、米ダンスの歌詞をテープやノートに採集した。結婚式では、鈴なりの少女たちが私の腕を引っ張るように競争して次々に新しい歌詞を教えてくれた。何世代もの男女が集まった家の玄関のポーチでも歌ってくれたし、数人の女友だちが次の米ダンスを控えて、私の「義姉妹」の部屋に集まって、練習用に何曲か歌ってくれたこともあった。しかし、私は一度も実際の米ダンスの場で歌われているものを採集したことがなかった。実際に米ダンスが行われている会場では、私がテープレコーダーやメモ用紙を持ち込んで踊りを邪魔するのを許さないような、真剣な雰囲気があったからである。だから私が採集した米ダンスの歌詞は、（「公的」空間という意味で）ダンス場の外で個人的な歌唱再演の場から採集されたものばかりである。それはあたかも混雑したパーティー会場の片隅で恋人たちが愛をささやき、語り合うのをテープレコーダーで録音したものと同様であるといえよう。結果として、私が報告できるのは地域的に限定されたレパートリーの数例の歌詞、しかもそれらが実際の米ダンスで歌われたかどうかも定かでないものである。私はとりわけヤカ語で歌われる歌詞の採集に励んでみた。これらの歌詞の例は、そこに表現される詩的感情を探るのには適切であろう。

Chokchoki lomi lanung sori
Abaiba yungchi kanung sori

（星が出て、月が寄り添った、さぁあなた、私の傍にいらっしゃい！）

Tukurukgo ki'ma ribinungsari
Chmgalu'ma beisbare
（髪をすき、赤いリボンで結び、さぁあなた、私と一緒に歌いましょう。）

Machi go chama dunabe
Tamago leksa aningga ten kunabe
（葉皿のご飯を召し上がれ、私の粗末な村にもおこしあれ。）

Cama ga cama taharbe
Ningda go wa 'iaga hola saharbe
（葉皿でご飯を混ぜるあなた、あなたは確か町育ち。）

（私を含む）ヤカ語を話さない人々には、これらの断片的な韻文に隠されているすべての音節の、感情、皮肉を理解することは期待できないが、最初の二つの節にロマンティックな求愛が表現されていることは明快である。それに続く第三節には自己卑下か、町での暮らしに期待されるような洗練された生活ができない村での生活の困難さが表現されている。この主題はヤカ族との話の中でも頻繁に登場する（Russell 1992 参照）。最後の節では、町の生活への不安が言及されているようである。最後の二つの節では、村や町の生活の特徴が否定的に表現されているにもかかわらず、異なった土地から来た人々が出会って一緒にダンスをするようになるという関係が述べられている。これは異なった男女の関係性についての議論に適切な話題である。

私自身ヤカ語の歌詞を採集することに興味をもっていたが、私が話しかけた少女たちの話から、ヤカ語の歌詞は好まれず、実際にはほとんど歌われないことを知った。そのうちの一人は、「若者たちは米ダンスの歌詞を、ほとんどネパール語で歌うのよ。でも私らのおじいさんたちはほとんどリンブ語で歌ったらしいわ。だからリンブ語を現在の私たちよりずっと多く知っているのよ」と述べている。またもう一人の少女は、「リンブ族の人々は子どもたちに米ダンスを教えているし、両親と子どもが一緒にダンスができるの。私たちヤカ族の若者は友だちからしか教えてもらえないし、両親と一緒にダンスなどしたことはないわ」。少女たちの言葉から推測されることは、今日、学習パターンや伝統の変化が進行していることである。

どのようにして、また誰のために歌詞がつくられるのかという点について考えなくてはなるまい。もちろん、みんなで一緒に歌うためには相互に理解可能な言語でつくられる必要があるが！　米ダンスの歌詞の重要な特徴は、その自由さにあろう。古い歌詞にはいく世代も歌いつづけられているものもあるが、新しい歌詞は踊りの現場で楽しく即興でつくられる。詩の簡潔さゆえに、誰からでも歌詞を拾い上げ歌をつないで、ダンスを続けることができる。ネパール語は、この国の共通語として、今日、異部族間の求愛で最も頻繁に使用されている。もし求愛がヤカ族とリンブ族の間で起こるなら、ヤカ族の若者がリンブ語（より主要な人口集団内で話されている）を理解することは、リンブ族の若者がヤカ語を理解するよりも普通のことである。「ヤカ語の歌詞は米ダンスでは頻繁には歌われない。その発音があまりにも耳障りだから」と、ある女性が私に教えてくれた。私はなぜヤカ族の歌詞がリンブ語の歌詞よりも少ないかをよく聴かされた。ヤカ族の民話の誕生についても数回聴かされたことがある（Kohn 1992：28-29)。ヤカ語が耳障りに感じられるからか、過去の民話のせいか、それともヤカ語を話さない他の人々に理解される必要があるからか、理由は定かでないが、米ダンスの歌の歌詞としてヤカ語は最も人気がない。私は、「ネパール語で歌われているが、考え方そのものはヤカ語」(Kohn 1994：16）といわれたことにとりわけ興味をもっている。すなわち、ある感情や思考が表現されていることがもっと重大なことであり、どの言語で語られているかということはあまり問題ではない。言い換えれば、誘惑の本当の言語は、語彙や文法のレベルより思考や感情の中にあるといえよう。ボードリヤール（1979：8）はそのことを「……誘惑は象徴の世界を支配するが、権力は現実世界を征服しているにしかすぎない」と表現している。

本章でこれまで検討してきた米ダンスの歌詞の例から、またそれに対する魅力や好みに関する女たちの数々の意見から、ヤカ族の人々は自分たちとリンブ族との間の文化的、言語的、気質的差異に十分に気づいていること、それにヤカ族の女たちが語る言葉の多くに、異文化の異性の性的魅力を認めていることを了解しておきたい。彼女らの言葉は、物質的あるいは実践的な興味、つまり、ある種の異文化結婚ではより多くの金を、大規模な結婚式を、そして実家に訪問する頻繁な機会についても物語っている。異文化の異性に感じる魅力の自発性と神秘性に、さらに実用性と機能が結び付いていることが理解できる。

人類学者、とりわけヒンドゥー社会の結婚に関心を抱く研究者の中には、本章に見るような結婚形態を問題があると見なす傾向があるようだ。恋愛や陶酔に関する記述や分析は、一般的にヒンドゥー社会に関しては、人類学の文献や結婚に焦点をあてた文献の中には見られない。そこでは恋愛感情が結婚制度や結婚に至る過程との関連で議論されたことがないからである。この傾向は、家族間の社会的相互作用に関する人類学的記述（たとえば、Trawick's 'The Ideology of Love in a Tamil Family', 1990：37-63）の特徴かもしれないが、結婚過程に関してはそのような記述は見られない。ほとんどの社会において「結婚と個人的感情とは結び付きはなく、結婚は見合いによってなされる」（Macfarlane 1987：142）というマクファーレンの意見は、偏見と経験の乏しさを露呈している。フルゼッティによるベンガルにおける結婚の研究は、愛情（prem）とは結婚生活を継続する過程から生まれるという見解をとっているが、愛情が結婚そのものを生み出す力の一つであるという見方はしていない。

愛情（prem）とは、……恋愛結婚の唯一の基盤となるものである。町に住む人々は、恋愛結婚をした夫婦を（結婚式に金をかけない）ケチで不道徳者であり、愛情という幻想と永続性のない感情に出発の基礎を置いている結婚生活は、いずれ必ず失敗に帰すると見なしている。ヒンドゥー教にもとづいた結婚は、夫婦が好き嫌い、愛情、憎しみのいずれを互いに抱いていようとも、そんなことにはとらわれずに、行われるものである。……ベンガル人は、愛情は夫婦の結び付きの一部分であり、そして愛情は夫と妻の関係の中で時間をかけてゆっくりと、大きく育むものであるという考えを強調している。ベンガル人の結婚には愛情が欠けているのではないが、愛情が結婚に結び付く主要な理由にはならないのである（Fruzzetti 1982：12)。

しかしながら、恋愛結婚がベンガルやその他のヒンドゥー社会にも存在するという事実は、見合結婚のみがヒンドゥー世界での公的な制度であるかどうかは別にして、愛情と結婚とが結び付く経験的事実をもっと注意深く見てみる必要があろう。とはいえ、魅力や恋愛や誘惑と愛情の研究が、結婚研究の枠組みの中に組み入れられなければ、深刻なジレンマが生じることは避けられない。金銭／家族／連帯あるいは魅力／恋愛／誘惑のどちらが優先するのか？　古風な、しかも今なお顕在する機能や構造へ関心をもつことによって、結婚の動機を階層化するように思える。そのような思考から脱却するためには、結婚というものをもっと総体的に、かつ現実的に把握する必要があろう。

魅力と連帯の二極化――ヤカ族の結婚事例

ヤカ族による異部族の異性に対する求愛は、しばしば結婚にまで至る。たとえヒンドゥー的伝統により、両親に「お見合い」の形式をうまく整えられた結婚でも、内実は市場で初めて出会い、一緒にダンスをした相手との結婚である場合が多い。多くの結婚は、「恋愛結婚」であるといわれているが、少数の事例に「略奪結婚」という形式をとるものがある。このような結婚は、同一部族集団内でも、異部族集団間でも起こっている。

審美的魅力と並んで、異文化結婚を生み出す動機もある。結婚は同一氏族内の異性間では禁じられており、理想的には、七世代昔までたどっても同氏族にならない子孫が望ましいとされる。人口の少ないヤカ族にとって、この理想的な制約にしたがえば、同じ部族内で適切な結婚相手を見つけるのがきわめて困難になるので、他の部族の異性との結婚が望ましいことになる（Caplanのベラスプルにおける異カースト結婚、1975：139)。

年若い花嫁にとって、花婿の家族がいかに協力的かつ友好的であったとしても、花婿の家族の中で暮らす結婚生活の初期は、例外なく寂しくて困難なものであるらしい（Bennett 1983：180-6には、ヒンドゥー教徒の上級カーストの花嫁が婚家で経験する日々が語られている)。一般的に、家族のメンバーは、花嫁を家族の会話の中に招き入れ、さまざまな指示を与えることによって、彼女が早く家族の中に溶け込めるように努力する。ヤカ語を話す民族集団以外の集団から来た花嫁であれば、家族は、彼女がいる前では、彼女にも他の家族にも、共通語であるネパール語を使って話しかけるように気をつかっている。このことは、食事が準備され、薪が集められ、田畑が耕作されるなど、花嫁のすべき仕事がちゃんとなされるために、彼女と十分なコミュニケーションがとれねばならないという純粋な必要性から、ある程度なされるのである。

花嫁が婚家の中でずっと長い間暮らすようになってから、そしてもし彼女がヤカ語を覚える能力を見せはじめると、家族の他のメンバーはだんだんと彼女にヤカ語で話しかけるようになる。やがて文字通りすべての家族が、台所の火のまわりを囲んで交わすヤカ語での会話が彼女のところにまでまわってくると、彼女はそれにネパール語で答えたり、あるいはさらに何年か経つと、ヤカ語で答えるようになる。

タマホクの人々は、八年から一〇年の年月が、嫁入りしてきた異文化の花嫁がヤカ語を習得するには必要だと考えている。しかしながら、異文化の花嫁が何年経っても流暢なヤカ語を習得する能力がないことがわかっても、それを理由に彼女を離縁したりせずに、ヤカ語とネパール語を混合した非常に複雑な言語的混交方式で、彼女を会話に巻き込んだり、彼女に家事を遂行させるためのやり取りをするのである（Kohn 1992)。

異文化の花嫁が婚家に統合される過程はつねに段階的なものであるが、この統合過程のスピードが、ある点で、ヤカ社会に嫁入りした他部族からの花嫁のほうが、他の部族に嫁入りしたヤカ族出身の花嫁よりも早いということを示唆する証拠がある。ヤカ族の男性と結婚した女性は、夫の氏族の名前を名乗るが、リンブ族の男性と結婚した女性は、最後の婚資（花婿側から花嫁側への贈り物）が払い込まれるまで、結婚前の氏族の名前を名乗ることが許される。リンブ族の習慣（Jones & Jones 1976：64）によれば、この支払いが終了するのに一〇年から一五年の期間を要するという。ヤカ族では、この婚資（ネパール語 bhataha）の最終の払い込み期間が相対的に短く、一般的には花嫁が初産をするまでとなっている。

最後の婚資の払い込みが完了すると、花嫁の実家の家族は、彼女の葬式を実施する責任がなくなる。ヤカ族の伝統では、この時、嫁の葬式をする責任が彼女の夫の家族に移されることになるのである。東ネパールの山岳諸民族の間では、すべての人生儀礼のうち重要な、葬式のやり方に一番大きな相違が見られる。異文化結婚に関する議論の中で、嫁入りした花嫁が死んだ場合、婚家の家族メンバーとして取り扱われるかどうかの点がとりわけ重要になる。

夫方居住社会での異文化結婚について語るとき、異文化の花嫁が嫁入り先のしきたりを受け入れるのを見ることはなかなか興味深い。しかしながら、この異文化の花嫁たちは嫁入り先に何らかの異文化性をもち込んでしまうこともある。彼女らが不本意にももち込む異文化の中で最も重要なものの一つは、彼女らが生まれた実家から連れてくる精霊（ヤカ語で cyang）である。われわれの隣人の一人はライ族の女性と結婚しているが、その妻の祖母が嫁入り時にライ族の精霊、「アタニ（Atani）」を彼の家にもち込んだのである。多くのヤカ族の家には、「ラハレ（Lahare）」と呼ばれる、リンブ族出身の花嫁が嫁入り時に連れてくる精霊を住まわせているが、この精霊は扶養するのに金がかかることで名高い。三年から六年ごとに一度、「ラハレ」への供犠として、一頭の水牛と一頭の羊、一六羽の鶏を殺して捧げなければならない。私は数人のヤカ族の未婚男子から、彼らの将来の妻となる女性がどんな種類の精霊を彼らの家に連れてくることになるのか、たいへん関心があると聞かされたことがある。ある種の精霊は特別に費用がかかるようだし、このことが彼らの結婚相手の選択に影響することもあるからだ（Kohn 1992）。

異文化結婚の形式に変化が、時の経過とともに起こっていることは、明白である。この変化は、ネパール語の使用により、長期的に（ライ族の異文化結婚が最近増加傾向にあること、そして異文化の花嫁の嫁ぎ先への嫁入りがネパール語の使用により容易になったことからも例証される）見られるし、同様に、異文化結婚をした夫婦の生活の中にも認められる。何年かして花嫁は夫の世界に統合されるのであるが、花嫁は同時に婚家のものとは異なった、自分の実家とつながる独自のアイデンティティを維持する。自分の故郷の言語や自分だけがもち運びできる精霊の世界などを保有している。すなわち、タマホクでヤカ族の男性に嫁入りして、ヤカ族の子どもを生んだことがある非ヤカ族出身の老女たちは、私との会話で、恋愛感情のこもった言語はもはやタマホクの土地には聞かれないと語った。彼女たちは今やこの土地での労働と生存に日々追いかけられ、異文化の異性に求婚した往時の心を失くしてしまって久しいからであろう。

私はこれまで「異文化結婚」で生まれた子どもたちの調査をしたことがないが、そのような子どもたちがどのように自分自身を、また自分の周囲の他者を認識するようになるかを調べることは興味深いだろう。ヤカ語を話す社会の子どもたちはバイリンガルでヤカ語とネパール語の両方を話すが、母親がヤカ族の子どもは、他の言語集団から嫁いできた母親の子どもや、言語を習うのに父親や他の親族や友だちに頼らねばならない子どもとくらべると、言語習得が早いし、より流暢な話し方をするように思える。異文化結婚で生まれた子どもたちに向けられた明らかなスティグマは見当たらない。ヤカ族らしさとは、あらゆる民族集団を結合したものから成り立っている。このことは、ストラザンの「生まれは同質性を、結婚は差異性を味方にする」（Strathern 1982 : 93）という考えを見事に例証しているといえよう。

本章で私は、東ネパールのヤカ族の人々にとって、異文化結婚がいかに一般的に好まれているかを素描してみた。異文化結婚を生み出す要因として、とりわけ審美的魅力の重要性について議論してきた。そこで私は、東ネパールにおける求婚は民族集団からまったく解放された自由なものではない点を再度強調しておきたい。本章で触れた異なる民族集団のまわりには、誰もが危険を冒して越えたがらないカースト境界線が存在する。しかし、外部的にはともあれ、局地的にはよく知られた、これらの容認できる境界線の中にも重要な文化的差異が存在するのである。今やどの読者も、異文化の異性の魅力がすべての文化の境界を乗り越えて浸透していくことを認めることだろう。「ある魅惑的な夜」に出くわした「見知らぬ人」から、私自身のイギリス人らしさとの恋愛遊戯へ、あるいはヤカ族の女生徒が市場へと、そのような挑戦が見られる。

註

(1) 本章の草稿を読んで有益なコメントを下さったルイザ・エルヴィラ・ベローンデ氏、ジョアンナ・パフークザルネッカ氏、アンドリュー・ラッセル氏ならびに女性通文化比較研究所の所員の方々に感謝申し上げたい。この章のある部分は、結婚に関する私自身の以前の出版物(Kohn 1992)と重複し、それに加筆していることもお断りしておきたい。

(2) 間接的な経験に関して、私は他のところ(Kohn 1994 : 25)でも論じている。

(3) カースト制度の中では、ダマイ(伝統的に洋裁師)とカミ(伝統的な鍛冶屋)はともに「アンタッチャブル」(不可触民)であるとされてきた。チェットリとブラーマンは、カースト階級制度の最上級に位置づけられている。チベット・ビルマ語族の諸部族は、ネパール国家によって、ある程度、「ヒンドゥー化」されてきている。チベット・ビルマ語族の諸部族は、カースト階級制度では以上の上位階層と下位階層との中間に位置づけされているが、彼らは他のカースト集団群と同一視されることはない。

(4) ロコンディ(ネパール語で lokondi)とは、花嫁と一緒に花婿の村まで結婚行列をする花嫁の女友だちや親戚の一団である。

第5章　人種化された境界を越えて
――現代ガイアナにおける「アフリカ系」と「インド系」の異人種結婚(1)

柴田佳子

はじめに

「異人種結婚」は、ガイアナにおいてもカリブ海全体においても目新しい現象ではない。この異人種結婚には、同棲、地元では慣習法にもとづく関係、すなわち「リヴホーム」「シャックアップ」として知られている関係、またかなり安定した「訪問」という関係も含まれる。カリブ海社会は、かなりダイナミックな数多くの異民族の混交とその結果としての多様性の生成、つまり混血、文化融合、ユニークなクレオール文化が形成された社会として知られている。しかしながら、これらのカリブ海社会を注視すると、それぞれの事例が異なっていることが明確になってくる。

ガイアナにおける異人種間の関係は、何年も前から熱い議論を呼ぶ論題となってきたが、アカデミックな研究はあまりなされてこなかった。異人種結婚は、異人種間の関係の最も扱いにくい領域の代表と思える。これはじつに多くの問題と関連しているが、大半の人々の意見は、実際の経験よりもステレオタイプに影響されている。

ガイアナでは、異人種結婚、とりわけ「アフリカ系」と「インド系」の結婚は、いまだかなり論争を巻き起こす的となっているし、一般的には回避するのがよいとされている（柴田 1993）。

多人種、多民族からなる国ガイアナは、しばしば「六民族の国」といわれる（Swan 1957）。これらは次のような大まかな社会的地位のヒエラルヒーに位置づけられる。ヨーロッパ系白人（おもにオランダおよびイギリス出身）、ポルトガル系（ガイアナに関する著述ではこのように異なる民族として区分される）、アフリカ系、東インド系、[2]中国系、アメリンディアン系[3]（先住民）。しかし、これらのカテゴリーは必ずしもそれぞれの経済的地位を反映[4]しているわけではない。国勢調査では、通常「六民族」に入れられない残余のカテゴリーとして「混血」もあげられている。これらのカテゴリーは人種的差異を明示しているように見えるが、実際は政治的、文化的構築物であることを示している。これらのカテゴリーは、政治経済および宗教的利益と関連する傾向にある。実際の身体的差異は、文化変容や「混血」児を生み出してきた異人種間の性関係によって曖昧にされてきた。にもかかわらず、人々はそのカテゴリーのいずれかに自己を結び付けようとする。一つのカテゴリーのメンバーであることが基本であり、同時に複数のカテゴリーに入ろうとするのは厄介なこととされている。[5]多くの人々は身体的にも文化的にも混交された背景をもつために、自分がどのカテゴリーに属したいのかについては、意識して選ばねばならない。その曖昧さがすぐさま不安と対立を引き起こすかもしれない。異人種結婚はたえず当該家族にとってアイデンティティの問題を投げかけ、政治的、経済的生活の基盤である社会的区分の土台をゆるがすのである。

ガイアナは、二つの主要グループである「アフリカ系」と「インド系」の、ときには非常に暴力的になる人種的対立の歴史で悪名高い（Glasgow 1970 参照）。当然このために、彼らの結婚など、最も親密な関係の形成を抑制することになった。ここでの「アフリカ系」とはアフロ・ガイアナ人あるいは黒人のことで、一六二一年から移入された奴隷と、（一八三四年の奴隷制度廃止以降は）近隣の西インド諸島およびアフリカからの年期契約労働者の子孫である。「インド系」とはインド亜大陸からの労働者の子孫のことである。カリブ海域では「東インド人」と呼ばれることが多く、またガイアナではよくインド系ガイアナ人と呼ばれる。これは彼らと先住民の「アメリンディアン」の呼称の混乱を避けるためであった。本章では、先住民のアメリンディアンというよりも東インド人の意味で、「インド系」を使用する。インド人は一八三八年から一九一七年にかけて年期奉公制度のもとで移入されたが、それ以降もしばらくは、わずかであるがガイアナに流入しつづけた（Daly 1974）。

一九九一年（九月から一〇月）および一九九二年（八月から一〇月）のフィールドワークで、異人種結婚に成功した者、そうでない者、双方の男女にインタビューを行った。広範囲にわたる人々の中から四八名と濃密なインタビューをしたが、そのうち三〇名は女性だった。その他大勢の人たちと、結婚や他の問題について、正式のインタビューとは別に話し合った。インタビューした人の大半はジョージタウン都市圏とその近郊に住んでいた人たちである。その他は、地理的、社会経済的、それに文化的にもじつにさまざまな区分に属した人たちだった。

本章においては、フィールドワークのデータを使用し、アフリカ系とインド系との結婚によって起こった困難な問題の諸相を明らかにする。とりわけ女性の視点を強調して明確に論じたい。異人種結婚では、決まって男性よりもむしろ女性のほうが批判、嫌がらせ、そして虐待の対象になっていたからである。まず、アフリカ系とインド系の人たちとの対立を概観する。次に、一般に流布する民族／人種的ステレオタイプのイメージとともに、現代のガイアナにおける結婚の規準を取り上げる。第三に、インタビューした既婚女性の典型として、ある事例研究を提示する。最後に、この事例研究が示す共通の問題のいくつかを要約することにしたい。

異人種間対立の概観

一九八〇年の国勢調査（表5-1）によれば、ガイアナの七六〇〇万人弱の人口のうち、アフリカ系とインド系が合計でおよそ八二パーセントを占めている。(6) ガイアナではその他の少数民族は緩衝的な働きをなしえないので、この二つの「ライバル」グループが社会の主要メンバーであり、双方の間の人種ラインにそった激しい対立感が支配しており、カリブ海域ではユニークな社会となっている。[7]

アフリカ系とインド系の関係は、主としてプランテーション経済、植民地主義、政治的利害などが歴史的に相互作用して形成されたものである。ガイアナはおもに奴隷制度を基盤とした、砂糖プランテーションの植民地として発展してきた。奴隷制度廃止後、プランテーション経済を維持するために、年期奉公制度のもとに大半の労働力を補充したのである。徴募された年期労働者の出身地は、アフリカ（大半はシエラレオネ）、西インド諸島、アメリカ合衆国、ポルトガル領のマデイラ諸島、アゾレス諸島、カボ・ヴェルデ、マルタ、中国、そして英領インドであった。その数と労働コストの点から、インド系は最も重要だった。一般的にいって、元奴隷たちは、とくに町や都市での仕事を求めて、初期の段階からプランテーションを離れていた。新しい年期奉公人は奴隷制度時代同様の劣悪な生活状況の下で、元奴隷よりも低賃金で働くことにもなったのである。

表 5-1　民族人口　(1980 年, 単位 %)

インド系	51.38
アフリカ系	30.49
混　血	11.04
アメリンディアン	5.20
ポルトガル系	0.004
中国系	0.003
その他*	1.20

＊「その他」にはポルトガル系以外のヨーロッパ系，またシリアおよびレバノンなど中近東諸国出身の市民が含まれる．

カーストや母国での重要な地位に関係なく、インド系は農園労働者として最下層を占めるようになった。元奴隷は年期奉公人である「クーリー」に優越感をもちだした。彼らインド系の地位も、その文化的要因に関しても、自分たちより劣っているものとして。たとえば、「クーリー」の言葉は奇妙で、自分たちのものと相容れない、彼らの宗教も「異教」である、と見なした。元奴隷の大多数はそれぞれすでに文化変容を経験し、同化し、実際、支配層の根源であるヨーロッパ系白人文化に近い、アフロ・クレオール文化を形成していた。このため、彼らは有色人の新移民よりは優越だと考えたのである。一方、インド系は、アフリカ系を元奴隷にすぎないと見なした。元奴隷は自文化の正当性を失っており、その「非文明的」生活様式ゆえに、インド系よりも劣っていると考えたのだ。白人支配層はアフリカ系の慣習を抑圧したが、一方、（農園で配分された労働を妨げないかぎり）インド系の慣習には手をつけなかった。彼らが団結し、プランテーションおよび植民地社会への叛乱や抵抗を起こす機会をなくすための、イギリス人の巧妙な「分断支配」政策によって、アフリカ系とインド系相互の偏見と無知は維持されたのである（Smith 1962; Moore 1987 参照）。

植民地時代、人種と肌の色にもとづく社会的ヒエラルヒーは注意深く維持されていた。その結果、容貌と肌の色がヨーロッパ系白人に近づけば近づくほど、一躍、社会的地位が上昇する。とりわけ結婚（とくに女性の場合）や雇用においてである。しかし、この身体の特徴にもとづく社会階級はかなり堅固だったので、地位向上には限界があった。結婚のケースでは、子どもは両親のうち肌の黒いほう、より下の階級のほうのカテゴリーに入ることが多かった。このため、そのような人々の間に、非公式の混血もしくは曖昧な「クレオール」文化のアイデンティティが増大したのである（ナショナリスト運動の勃興によって、彼らはアフリカ系でもインド系でもなく、ガイアナ人であると思いやすくなった。だが実際に、日常生活の諸相と人種化された諸要素を切り離すことは非常に困難なことだった）。有色人のカテゴリーの中では、社会的、経済的にみずからより高い地位にあるか、また白人であるパートナーとの結婚（地位と表現型から見ての上昇婚）は非常に高く評価されている。それはまたしばしば、すべてをかけた野心のゴールになるのである。

他方、アフリカ系とインド系の結婚には期待される部分もある。両者は搾取された労働者としての同種の利害を共有するからである（実際、結婚相手が非常に限定されているプランテーションなどで起こった）。だが、コミュニティとしては、双方は対立を続けている。経済的な、さらに重要な政治権力と文化的承認のライバルだからである。

現代の政治は、そうした消しがたい人種的、民族的アイデンティティと対立とに結び付いている（Despres 1967, 1975; Williams 1991 参照）。主要政党は主に「人種」に応じた支持者を集めてきた。その度合いが大きかったため、政治上の企ては人種的言説を通していとも簡単に操作できた。人民進歩党（ＰＰＰ）の支持者のほとんどはインド系だ。野党の人民民族会議（ＰＮＣ）はアフリカ系が優勢である。双方は熾烈なライバルであるが、じつはともに独立に向けて人民を動員したＰＰＰが母体であった。ＰＰＰは脱植民地化への過程で、一九五五年に分裂する。かたくなにマルクス・レーニン主義路線の共産主義をめざした故チェディ・ジェイガン[8]と、元大統領で独裁者として、また頑迷なアフリカニスト、「ナショナリスト」として悪名高い故リンデン・フォーブス・バーナムとのイデオロギーの相違がおもな原因だった。両者の意見の相違は、急速に人種間の緊張をもたらした。分裂後二年たって、バーナムはＰＮＣを創設した。それ以来、二政党の抗争は目に見えて悪化しているのである。

内部抗争に加えて、共産主義の脅威が主としてイギリスとアメリカを動かし、この国の民主化の過程が干渉されることになった。一九六二年から一九六四年に起こった、アフリカ系とインド系とのきわめて悪質な人種暴動は、国外からの政治的陰謀によって焚きつけられたと広く信じられている。人々の記憶によれば、この時代がアフリカ系とインド系との間の敵意、反目、そして憎悪を消しがたいものにし、人口のほぼ半数を他国へ移民させることになった。

詐欺、贈賄、暴力を駆使し、さらに警察や治安部隊および公務員層の巧みな操作、およびその他の手段を用いて、大半のインド系を従属させ、彼らを政治権力から遠ざけ、ＰＮＣは権力保持に努めた。彼らは民族問題にも「公正な」方針を示すために、インド系の富裕層と同盟を結ぶことを忘れなかった。しかし、一九九二年の総選挙、つまり二五年間で初めての「自由で公正」な選挙で、市民運動と連帯したＰＰＰは、民主主義と人権を求める支持者の波にのり、堂々と権力の座についた。ＰＰＰ／市民連合は広範な反ＰＮＣキャンペーンを実施し、首相にはアフリカ系コミュニティから選ぶと公約したのである。

こうした人種的差異による政治の二極化は、人々の間に明確な人種偏見を増大させてしまった。事実、多くのインド系は前ＰＮＣ政権下で強烈に脅されていると感じることがしばしばあった。このような状況は、異人種結婚へと人々を導くことをほとんど妨げてしまったのである。

現代の結婚の規準

教育がある若者層はとりわけ、イギリスとアメリカの文化的規準および生活様式に惹かれてきたが（Gopal 1992 参照）、基本的な結婚観は今でも、長く維持されてきた民族と宗教をともにする者との内婚である。とくにアフリカ系とインド系の間では、それらの境界線を越えるのはタブーであった。この点についてインド系は非常に厳しかった。今日の結婚についてたずねられると、ほとんどのガイアナ人、とりわけインド系でも、笑って、「ガイアナでは自由に、誰とでも結婚している。私たちはすでに混血だから」というだろう。しかし、そう答えた人でも、声をひそめて、「私たちはみずからの人種を守り、みずからの血を誇るべきだ。あの混血たちは程度が低い」などと内心を明らかにすることが多い。インド系の親は、もし子どもがアフリカ系のパートナーを選んだら強く反対し干渉する傾向にある。親は、もし子ども（とくに娘）がそのような結婚を望んでいるそぶりを見せると、完全に家や家族との関係を絶ち、子どもを家から追い出してしまうこともある。しかし、若いカップルはあきらめられないとなると、駆け落ちする場合もある。インタビューした異人種結婚をしている人（とくに女性）のほぼ七〇パーセントが、そのような結婚ゆえの苦しみを語った。

結婚はいうにおよばず、社会的に親密な関係さえ妨げてきた、インド系とアフリカ系との間に横たわる相互不信と憎悪を和らげるような変化はほとんど起こらなかった。とくに、ジョージタウン都市圏と近郊や大きな町の人たちなら、最近の「調和のとれた」状況を強調し、また交婚カップルや家族が目に見えて増加しているというかもしれない。だが、わずかな交婚の増加は偏見の減少を意味してはいない。実際、異人種婚の増加が地元での偏見と反目に拍車をかけることもある。それは人種的バリケードの中の新たな弱点を際立たせるものと考えられる。おそらく改善される必要のある、最近の教育と雇用機会に見られるものである。

偏見はないというそぶりを見せ、人種を問わず誰とでも結婚する意思があるにもかかわらず、アフリカ系とインド系は双方とも今でも同じ人種内の結婚が最善であると考えている。その理由は多いが、次のように要約できるだろう。身体的差異は、おそらく重要な宗教的帰属も含む、社会的、文化的体系の差異の標識であり、このことがまったく異なる二つの生活と価値体系を形成してきたのである（本書第6章参照）。

ガイアナにおけるアフリカ系文化のルーツは、西アフリカおよび中央アフリカのさまざまな民族文化にある（Smith 1953, 1956 参照）。しかし、奴隷船に乗った瞬間から文化変容が始まり、その結果、擬制的親族ネットワーク形成に見られるような、かなりの文化的クレオール化が行われたのである（Jayawardena 1962）。インド人年期奉公労働者の大半は、北インド（ウッタル・プラデシュ州およびその周辺）出身で、カルカッタ、タミル南部、マドラス経由でやって来た。文化変容は、やはり乗船とともに起こった。一八六五年から一九一七年までの彼らの宗教は、ヒンドゥー教八三・六パーセント、イスラーム教一六・三パーセント、キリスト教〇・一パーセントという比率である[9]。ジャヤワルデナの研究によれば、ヒンドゥー教徒の八〇パーセント以上が低カースト層に属していた（Jayawardena 1966）[10]。その大半は混交したボジュプリ語（ヒンディー語の方言）を話していたが、やがて主人の言語である英語を習得する必要が生じて、それと混交したクレオール語がプランテーション社会での共通語となった。アフリカ系、インド系双方にとって共通していたことは、その機能を変えることなく、起源地からの文化の総体をそのまま移植しようとしても、不可能であることがわかったことであった。そのために彼らがガイアナで「伝統」という場合は、母国の文化を再解釈し、再編成してできたクレオール化された混合物をさすことになる。このクレオール化の過程は、概してアフリカ系とインド系それぞれのコミュニティで独自になされてきたのであるが、それでもなお相互観察と相互影響にもとづいたある程度の両者の文化混淆が起こった。しかし、双方のコミュニティは独自性と他文化とは相容れない点を強調しようとしてきた。その過程は多くのステレオタイプを、少なくとも性にまつわるものを豊富に生み出していくことになったのである。

アフリカ系とインド系に見られる現在の人種的ステレオタイプ

インド系女性の一般的なイメージは、彼女らにとってかなり好ましいものである。しかし、その大半は従属的な家庭内の役割に関連したものだ。家庭を固守し、結婚までは処女であることが多い、美人、従順、控えめ、質素、勤勉、未来の発展を絶えず思考している、というようなものである。彼女たちは、つつましく男に守ってやりたいと思わせる、夫や「伝統」と見なすものに十分に敬意を表わす、といわれている。貞節で献身的、家庭第一であり、夫や家族のためには進んでみずからを「犠牲にする」、家事の切り盛りの上手なよき主婦であると見なされているのである。

しかし、否定的イメージは以上の肯定的なものから生まれてきた。たとえば、従属的すぎる、あるいは従順すぎる、といったものである。とはいえ、ほとんどのガイアナ男性は好んでマッチョの役割を演じたがるので、相手を選ぶということからすると、こうしたイメージは否定的には見なされないのだ。さらに悪意に満ちたイメージもある。インド系女性は処女と偽っているが、実際には娼婦だ、というものである。実際、アフリカ系とインド系の多くの男性は、一般に「上品」で「貞淑」というインド系女性の「良き」イメージを笑って受けつけず、「娘のことを何も知らないのは親だけさ！　学校に通う女の子だってカバンに衣服を忍ばせ、着替えると男をあさり、金をかせぐのさ」というのだ。[11] このような世評は立証しがたいが、一般的な男性の意見によれば、現在の娼婦の八〇パーセント以上がインド系であり、このようなことはほぼ二〇年前にはほとんど見られなかったという。[12]

インド系男性にも、先述の肯定的なイメージがいくつかあるといわれている。たとえば、美男、勤勉、質素、長期的な思考、活発、家族のために犠牲となるすべを心得ている、親族と文化的伝統に敬意を払う、といったことに力点がおかれる。男性優位と相対的に富裕であること（とくに蓄えがあること、貴金属類や土地を所有していること）がほとんどつねに引き合いに出される。だが、こうしたイメージも容易に次のような否定的なものと関連づけられる。けち、信頼できない、嘘つき、嫉妬深い、復讐心にたける、威張り散らす、短気、残酷、悲観的、人種差別主義者、女たらし、女性差別主義者、といったものである。

こうしたイメージの大半は、当然のことながら非インド系がつくり出したものだ。だが、私がインタビューした、アフリカ系のパートナーをもつインド系女性のほとんどすべてが、インド系男性に対してじつに否定的な見解を共有していた。とりわけ、彼らのアフリカ系に対する苦々しい偏見や、ときには公然と口にする偏狭な人種差別に対してである。彼女たちは、「混じっていない」「生粋」のインド人がガイアナで一番の人種差別主義者であると告白した。インド系女性たちは、自分の母親たちがインド系の夫たちからこうむった惨めさを目の当たりにしたことを簡単には忘れられないのだ。こうした記憶がおもな動機となり、親友やパートナーとしてはインド系男性を避け、非インド系男性を選ぶことになる。近隣の非インド系男性の中で最も近づきやすいのが、アフリカ系あるいはインド系とその他の民族との混血、とくに「ダグラ」と呼ばれる人たちだ。

アフリカ系女性に対する他民族グループのイメージは否定的なものになりがちであった。彼女たちは道徳的にも性的にも危険であるという、インド系女性の役割の中でも道徳的な理想を逸脱し脅威であると見なされてきた。アフリカ系女性は醜いだけでなく、淫らで、ふしだら、程度が低すぎる、気楽すぎる、絶えず男やセックス、あるいは衣服のことを考えているものとして批判される。彼女たちが男性に従属的でないのは、独立心が強いこと、威張りすぎること、「戦闘的」（アグレッシヴの意）であることに体現されている。彼女たちは、自制心がない、騒々しい、不寛容、無慈悲で不謹慎、すぐに暴力をふるう、冷淡、概して野蛮であると非難される。さらに金づかいが荒く、将来の計画がまったくないともいわれる。もちろん、これらのイメージのいくつかによって、彼女たちは結婚ではなく性的快楽、一般には「スポーティング」[13]といわれているものを求める、冒険心のあるインド系男性を惹きつけることができるのだ。概してインド系男性は支配されることや面目を失うことを恐れて、長期的な愛情関係はご法度と考えてきた。同時に、この種のステレオタイプがインド系女性に誇りを与え、自身の文化に敬意を払わせ、他民族、とくにアフリカ系に対しては猜疑心や警戒心を抱かせるようになった。これは広範な社会と向き合うことが少ない、人生に対して保守的な姿勢である。彼女たちは容易に優越感を増長させ、アフリカ系女性を侮蔑する。これは性的能力と独立心があり男性を支配できる、と考えられているアフリカ系女性への強い嫉妬心からくるものである。しばしば口にされる以下のことに注目するのは興味深いことだ。インド系女性がアフリカ系男性と外出するとしたら、彼女は「インド系全体」の名誉を汚すことになる。一方、インド系男性がアフリカ系女性を選んだとしたら、それはたんに個人的問題だけではなく、「一般的にアフリカ系を文明化する」ことになるのである、というものである。

アフリカ系男性に対するステレオタイプのほとんどは、やはり非常に否定的で侮蔑的である。アフリカ系女性に対してのステレオタイプに加えて、信頼性のなさ、一般的に犯罪とさえいえる程度までの（文化に根ざした）規律の欠如が強調される。さらに、彼らはたんなる嗜好によって、ときには下卑た刹那的感情によって生活しており、宗教や「まともで礼儀正しい」行為に向けるべき関心をほとんど、あるいはまったくもたずに、自分に都合のいいときに行動する、といわれているのである。彼らは適切さを欠いた楽天家であるのみならず、軟弱で怠惰なうぬぼれやであり、女たらしで性差別主義者で残忍であるともいわれている。彼らの行為は社会的に非難されるべきものであるのみならず、アルコール中毒症、窃盗そしてドラッグ取引を行っていると見なされているために、犯罪的脅威ともなっているのだ。要約すれば、彼らは「良き」インド系男性の行動とは反対の、社会問題の一因を体現していることになる。

しかしながら、近隣で、学校あるいは職場で、アフリカ系男性をよく知っているインド系女性の多くは、そのようなイメージはまったくの誤解であると見ている場合が多い。こういう女性たちは、インド系よりアフリカ系の男性からかなりましに扱われていると、口をそろえていう。彼女たちが「アルコール中毒」「怠け者」「暴力的」「ギャンブラー」「非常な女ったらし」「性差別主義者」「人種差別主義者」などと批判するのは、アフリカ系よりもインド系男性のほうである。現代のアフリカ系男性に対する肯定的なイメージの典型は、女性の場合と同様に以下のようなものである。「性的に強い能力がある」(インド系は「興奮しやすく感情を爆発させやすい/性的にいってしまう」、そのために、「女性はアフリカ系男性からのほうがはるかに長い快楽を得ることになる」とされる)「より開放的である」「自立している」「より思いやりがある」そして「ばかげた行為を許さない」。

アフリカ系女性たちは、インド系男性を「教養のない」「常に自分のことだけを望み自分のやりたいように行動する」「しばしば悪態をつく」「すぐに殺そうとものを手にする」また性的能力が劣っている、と見なして恐れることが多い。アフリカ系女性をガールフレンドや級友、あるいは職場の親しい同僚としているインド系男性は、彼女たちに備わった美しさ、価値観、独立心、そして困難な状況を巧みに切り抜けるすべを評価する。彼らの賞賛は本当に心からのものである。

以上の顕著な人種的ステレオタイプは、年期奉公労働者の導入以来、ほぼ不変といってよく、異人種間の結婚を回避する大きな力となった(本書第8章参照)。しかし、変化を促す影響力もある。結婚や性関係に対するイメージや態度は、近代化と現代の欧米文化の急速な浸透に影響を受けてきた。宗教、教育、雇用の変化によって、人々は、かつては一般的にしかいえなかったことが、より身近な観察と、より直接的な個人的接触とにもとづいた見解をたやすくもてるようになった。その結果、それぞれの民族集団のメンバーにとって、出会いの機会がはるかに増加し、パートナーを選ぶ際の伝統的束縛はある程度緩やかになってきた。とはいえ、この挑戦は反動を引き起こした。それゆえ、とりわけ政治的拮抗が人種的な関係の維持に向かうため、伝統的な偏見が本当に崩壊したというにはまだ早すぎるのである。

境界を越え、衝突を生みながら――パールの事例

異人種結婚に関連した問題として、一人の女性が挑戦し対処しなければならなかった難問のいくつかの実例を、一九九二年に私が行ったインタビューにもとづき紹介しよう。登場する個人の名前はすべて仮名である。

ミセス・パール・シンは三七歳で、みずからを（インド人との混血）「ダグラ」というより黒人と呼んだ。一九七四年、彼女は一歳上のインド人、クリシュナと結婚した。当初、家族とともにジョージタウン近郊のかなり混淆した（人種的および社会的、経済的の点から）コミュニティで暮らしていた。最近、ジョージタウン近くのイーストコースト・デメララに移った。そこは前の地域より中産階級が多かった。彼女は保険会社の外交員、ホテル経営者の秘書などをしてきた。愛情に満ちた、積極的、社交的な性格だった。人生に対して確固たる姿勢をもつが、強情ではない自分を誇りにしていた。

彼女の父方の祖父は、農村の砂糖農園で管理人をやっていた豊かなインド人だった。彼は同じコミュニティにある学校のアフリカ系女性の校長に恋をしてしまう。しかし当時は、そのような結婚はまったく受け入れられず不可能なことであった。二人の秘めた関係も長くは続かなかった。その校長が妊娠したのである。彼女は男の子を産むと、アフリカの慣習にしたがって九日間「分娩室」に入れられた。外出を許されたちょうどその日に、彼女は人里離れた貯水池で溺死したのである。男の子は母方の祖父母に引き取られた。しかし、祖父母はその子を育てるよりも捨てることにしたのだった。その子は祖父母の家のアフリカ系メイドによって発見された。おそらく三〇代くらいだったこのメイドは、不幸にも自分の三人の子どもをすべて失っていた。末の子がなくなったのは、つい最近のことだった。彼女はその男の子を引き取ることにした。まだ自分の母乳で育てられたからだ。その子がパールの父親なのである。祖父は、のちにインド系の女性と結婚した。パールの父親を引き取るようにと

た。その後、彼はときおり息子と接触することがあったが、その子の近い親族は、誰一人として養育にかかわろうとはしなかった。

この混血「ダグラ」の青年がパールの母、ラクシュミと結婚することになる。ラクシュミの祖父母はマドラス出身でヒンドゥー教徒だった。ラクシュミがパールの父親と出会ったときには、すでに未亡人となっていたときである。彼女の最初の夫は中国人のミスター・チンである。だが、ミスター・チンはラクシュミと出会う前にすでに誰かと結婚していたために、簡単に離婚できないでいた。しばらくしてラクシュミとミスター・チンは聖公会で正式に結婚する。それから四年後、彼は腸チフスでなくなった。あとには「異なる」身体形質をもつ四人の子どもが残された。

パールはラクシュミの五人目の子どもであるが、ラクシュミの二度目の結婚での最初の子どもだった。そのためにパールにはアフリカ系とインド系の「血」が流れており、さらにいくぶん中国文化の影響も受けている。彼女は、通常は自分を黒人あるいはアフリカ系であるという。自分の「混血」性を十分意識しており、ときにはそれを強調するが、それは家族の中で最も肌が黒いからである。

以上に概観したように、祖父母の世代から異人種間の性関係が始まり、彼女の両親の世代（母方と父方双方）には、家族はすでに人種的混交があったことになる。パールは中国系インド人である片親の異なる兄弟姉妹と一緒に育てられ、まわりには混血の叔母や叔父がいた。彼女は、両親が兄弟姉妹をすべて平等に扱っていたことを覚えている。彼女は自分が結婚するまで、親族の間での人種的偏見を体験したことや目撃したことは一度もなかった。

一七歳になった彼女は働きはじめた。そして、エホバの証人の「王国会館」で「純粋」のインド人青年クリシュナ・シンと出会った。彼女が「王国会館」へ通いだしてからも、両親からは本格的な干渉は少しも受けなかった。彼女の父は頑迷なヒンドゥー教徒ではなかったし、母も聖公会とかかわっていたからだ（ラクシュミがヒンドゥー教から聖公会へ改宗したのか、それとも、まだヒンドゥー教会の籍をもちながら、自分の結婚を合法的なものにする手段として教会を利用することになったのか、パールは語らなかった）。

二人は結婚したかったが、両家から反対にあった。とりわけラクシュミの態度から、パールは人種問題が絡んでいることを嗅ぎ取れた。「ダグラ」である父は、どちらかといえば中立であったのだが。クリシュナの両親にとっては、息子が黒人である娘と結婚するなどまったくの論外であった。彼の両親は二人の関係がそれ以上進展しないようにするため、地元のパンディット（ヒンドゥー教の司祭）やオビアマン（アフリカの伝統的呪術を用いるカウンセラーあるいは治療師）に相談した。また、ヒンドゥー的な取り組みを他にもいろいろ試みたが、すべて無駄に終わった。さらに、息子にヒンドゥー教のある娘と見合いさせようともしたが、クリシュナはその娘に会うことをきっぱりと断った。

二人は献身的なキリスト教徒であったために、求婚期間は純粋にプラトニックだった。それでも、二人が一緒に外出すると、いつも冷やかされたことをパールは覚えている。彼女の叔母が付き添うという条件においてなら、映画を観に行くこともできた。しかし、館内では手を握り合うことさえためらった。パールが彼を家に招き、ベランダでおしゃべりをするだけでも、ラクシュミがいつも監視しにきて、「もう時間よ！」というのだった。彼が帰るとラクシュミは、「近所に聞こえるじゃない、恥をお知り」と大声で戒めたものだ。

両親の同意がなかったので登記所での結婚となったが、教会のメンバーからは金銭面も含めてかなりの援助を得た。二人はささやかな披露宴を開いた。当初、二人が一緒に暮らせる小さな住居をもつまでは、仕事を終えると親元へ寝に帰らねばならなかった。最低限の家庭用品しかなかったゼロからの出発だったが、新婚生活は幸せだった。

パールの姑パールヴァティは、はじめから彼女にとても不親切だったが、人前で彼女を威圧することは避けていた。しかし、陰では彼女を非難していた。パールは義理の家族、親族の無情さにもかかわらず、陽気でいるように最善をつくした。

最初の子どもが生まれた。まっすぐな髪と白い肌のインド系の顔立ちであった。パールヴァティはとても興奮して赤ちゃんを手元におきたがったが、彼女は断った。パールヴァティは「愛想のいい顔」を相変わらず見せてはいたが、彼女への悪口をやめることは決してなかった。パールヴァティは食事をつくってくれるようになったが、パールの食べ物にはえたいの知れない「何か」を入れるのだった。しかし、クリシュナがいつもどういうわけか彼女の皿を自分のものと代えたので、パールヴァティは大いに驚き、また失望したものだ。不思議なことに、食べ物に入れられた何かは、彼には効き目がなかった。

パールが入院していたある日のこと、彼女はまた食べ物を受け取ることになった。それは奇妙な味がした。突然、彼女は体が非常に熱くなって、窓へ向かおうとしたとたん、廊下で意識を失ってしまった。のちに、パールヴァティが食べ物に何かを混入した、とクリシュナの兄が打ち明けてくれた。パールヴァティはこのほかにも、彼女を悩ませることをたびたび行うのだった。パールはインド系と結婚したアフリカ系の女性たちから同じような話を聞いた。彼女たちも毒をもられたり、その他の嫌がらせを受けたそうだ。

もう一つ恐ろしい話がある。パールの末っ子の不可解な死に関するものだ。その子は、彼女の子どもの中で最も肌が黒かった。クリシュナの姉がその子の面倒をよく見てくれていたのだが、その子が死んだあと、クリシュナに恐ろしい話を打ち明けたのだ。その子は一歳九カ月でなくなったが、一年以上続いた下痢で苦しんでいた。原因は医学的にも解明できないものだった。クリシュナの家族が定期的に飲み物を与えていて、それが原因だったようだ。パールヴァティが、その子は死ぬべきだといっていた、とクリシュナに姉がいった。これはカリ・マイ・プジャと関係があるかもしれない、とパールは思った。それは地元のマドラス出身者が始めた、犠牲を捧げるカルトである。カリ・マイでは何らかの目的で、依頼人は生贄の提供を要求される。息子が生贄になったかどうか、パールには確信できなかった。しかし、息子の葬儀にパールヴァティが来なかったことや、その他の挙動から、パールヴァティが息子を殺したのではないかと思った。悲しいことだが、クリシュナ自身も自分の母親を疑いはじめたのである。だが確たる証拠がないために、二人は公然と非難もできなかった。また、この件について少しでも疑っている、というそぶりさえ見せることはできなかったのである。

以上のほかにも、パールと義理の親族の間にはいくつかの問題が今でもある。だが、幸いにも、息子の死後はそう深刻になるほどのことはなかった。パールの肌が「黒い」という理由だけで、さまざまな干渉が、とりわけ義理の親からあったが、彼女はその話を一笑できるのだった。彼女は人生への確固たる姿勢を崩さないように努めた。それはキリスト教信仰によるものであった。信仰を共有できないと異人種結婚は不可能だった、と彼女は語った。生きていくうえでも、公私ともにうまくやるうえでも、同じ宗教を信じることの大切さをパールは確信していた。そのおかげで矛盾や争いを解決でき、人々に耐え忍ぶ勇気と力を与えることができ、くり返し起こる不快な出来事や迫害に立ち向かいつづけることができるのだと感じていた。

ともにキリスト教を信仰しているおかげで、これまでの結婚生活をうまく乗り切ってきたこと、夫婦間のトラブルが決して起こらなかったことをパールは強調した。しかしながら、クリシュナとの文化的差異を感じていることは認めている。クリシュナや彼の文化的価値と対立するよりも、彼が満足感をもてるように自分が合わせることにした。彼女には文化的相違はそれほど重要なことではなかったが、クリシュナには重要なように思えたからである。

たとえば、二人が通りを歩いているときに、たまたま彼女の男友だちに出会ったとする。当然、彼女は彼らに陽気に応答し、立ち止まってしゃべり出すこともよくある。ときには彼らと手を握りさえする。彼女にとって、これは自分の個性であり、また黒人や混血の仲間たちの間では友人同士の表現なのだ。だが、クリシュナがしばらく黙り込んでしまうことに気づきはじめた。クリシュナの意思に反することになったが、ついに彼はこう打ち明けたのである。彼女の大らかさに気が動転した、嫉妬ではないが、あの行動は「正しい」ものではない、妻として不適切だ、と力説したのである。すぐに彼女は、インド人の妻の誓いと、ヒンドゥー教の結婚式での儀礼カニヤダンにおける司祭の説教の重要性を思い出した。これらはヒンドゥー教徒にとって非常に重要なのである。スミスとジャヤワルデナが一九五八年に述べたことは、根本的には変わっていないのだった。いまでもヒンドゥー教徒の妻は、夫に忠実にしたがい、夫の家族に仕えることが望まれる。外出前に夫の許可をもらうこと、公の場所では夫の家族のメンバーが付き添うこと（Smith & Jayawardena 1958）は、もはや義務とは見なされていないのであるが。クリシュナとは異なり、インド系の母と文化的にはインド系に見える混血の父ではあるが、パールはインド系のように育てられなかったことを意識することが多くなった。クリシュナにとって、結婚相手のジェンダー役割の理想は、ヒンドゥー教徒的なもの（この場合のヒンドゥー教徒は、より「正統派」のサナタン・ダルマ派であり、「改革派」あるいは「近代化された」アーリア・セマージ派ではない）あるいはインド系のもの（ガイアナの他のいかなる民族、人種とも正反対のもの）であり、キリスト教的なものではない。したがって、クリシュナがパールに望むのは、彼に対して素直、従順、忠実であり、とくに他の男性には積極的で社交的であってはならない。そこでパールは男友だちに以前のような挨拶をやめることにした。すると夫の心安らかな満足感を感じるようになったのである。

彼女は異人種間の結婚、とりわけアフリカ系とインド系の結婚を奨励すべきだと考えている。混血たちは人種のステレオタイプ化に対して偏見が少ないし、人間を個人として見ようと努力するからだ。彼女は自分たちの子どもが異人種の相手を選んでも反対はしないだろう。彼女の意見では、宗派が同じなら結婚はうまくいく。これはキリスト教の場合で、ヒンドゥー教やイスラーム教については確信がない。彼女は、共通の道徳的価値観をもつことの重要性を強調した。これによって人種的、文化的差異を乗り越え、よりたやすく折り合い、和解できるからである。

経験された諸問題

パールの話には、他の異人種結婚をした夫婦に共通すると思われる諸相や問題の特徴が現われている。第一に、夫婦の多くは自身の意思と愛情、そして敬愛をもとに関係を結ぶが、これが親たちをうろたえさせることになる場合が多い。大半のインド系の親は今でも、強制的ではないが、子どもを、とくに娘を見合い結婚させようとしている。みずからのカースト、ヴァルナと社会一般の威信に最も関心をよせるブラーフマンでさえ、理想的な候補が見つけにくいために、カースト内婚が激減している。これは年期奉公制がしかれてからクレオール化が進んだためである。しかし、最も正統的で保守的なヒンドゥー教徒は、同宗派と同人種内でという最低限の基準を保ち、ヴァルナ内婚（さらに村外婚）に固執しつづけている。この目的のために、子どもの意見は聞かれることはあっても、見合い結婚が好まれているのである（Smith 1959a; Rauf 1974 参照)。

異なる宗教グループとの出会い、とくに他民族との出会いは、ガイアナでのインド系であることの意識を高める働きをした。他民族、とりわけアフリカ系との相互作用によって、インド系のアイデンティティが明確な形をとることになった。このアイデンティティという表現も、そうした相互作用によって変わってきた。宗教的、宗派的な同族婚は、みずからのエスニシティを維持するために強く推奨されてきた。他方、他人種、他民族に囲まれていることや世俗社会や祝祭での彼らとの接触によって、異人種／民族との相互影響が増大した。当然、これがより親密な関係に発展していくかもしれなかった。長年にわたり、もしインド系が社会のはしごを登りたいと思ったら、非常に低い地位、プランテーションおよび農作業の恥辱から逃れたくなったら、彼らの忌み嫌う手段をとらねばならなかった。それには政府による学校教育、キリスト教への改宗、そしてある種の、とくに公の場での職（公務員や教員など）を得ること、あるいは弁護士や医者、薬剤師などの専門職に就くことが含まれる。

その結果、今まで容認されてきた慣習とのつながりを断とうとする、相対的に進歩的で柔軟かつ現実的な若者たちには機会が増大したのだった。それにもかかわらず、異人種間の結婚はかなり蔑視される問題でありつづけている。一方では、もしインド系同士のカップルなら、自由意思と恋愛にもとづく他宗教や他宗派との結婚でも大目に見られるようになった。

パールの場合は、通常異人種結婚にともなう多くの難問があったにもかかわらず、双方に同じ宗教への厚い信仰があったために、二人の絆はゆるぎないものとなった。異人種婚夫婦の中でも、同宗教、同宗派の場合が、その他よりも成功の度合い、安定感、幸福感が高いようだ。ある信仰を共有する交婚夫婦の中では、同じ教会か宗教行事で配偶者と出会う場合が多い。しかし、宗教や宗派の境界を越えた人々は、同じ人種的背景をもつか、もしくは自身が混血である場合が多いのである。

パールの家族にはすでに「混血」のメンバーがいた。そのために両親から結婚を強く反対されなかったと、パールは考えている。混血の家族のメンバーがまわりにいる場合、とくに同じ世帯もしくは親族に混血がいる場合、とりわけ幼い頃に人種偏見を経験しないかぎりは、異人種結婚を妨げるものはより少ないようである。「純粋」インド系の親は、他のいかなる人種、民族グループよりも子どもの結婚に関心を示す。もしインド系がアフリカ系を選んだとしたら、その夫婦と子孫は社会階層の底に沈んでしまうといわれる。結婚後さえも、そうしたカップルの関係に横やりを入れる一般的な方法は以下のようなものである。食べ物に毒を混入する、あるいは身体を傷つける、冷遇する、虐待する、そして追い払うのいずれかである。性的嫌がらせや暴行、誘拐あるいは死の脅威を体験する場合もある。義理の親族との関係は、とくに最初のうちは過酷なものになりがちだ。それもきわめて巧妙に、きわめて効果的に危害を加えられるので、夫婦の対立のおもな原因となることが多い。しかし私がインタビューした人すべては、こうした試練を乗り越えてきた。強くて開放的な個性をなんとかして育むか強化し、みずからにおいても、あるいは結婚生活においても、独立心と自信、そして誇りを保とうとしてきたからである。

異人種結婚をした女性の多くは働きに出た経験があった。専門職に就くかある種のスペシャリストになる、あるいは事務員として働くのいずれかである。より広い社会に出て行くことによって、さまざまな状況でさまざまな人に出会う機会が増えることになり、また未来のパートナーの範囲も広まることは確かである。自分自身の収入を得ることで経済的独立心がもて、親の影響を受けずに自分の一生を決めることができやすくなった。ある程度まで経済的に自立していると、個人的自由感と誇り、そして自信がもてるようになり、それが問題解決に役立つことは確かである。異人種婚の夫婦の多くが、個人と文化におけるギャップに敏感なようである。しかし、幸せな結婚生活をおくっている人たちはより差異を評価し容認したがっていた。彼らは押し黙る、あるいは感情を隠すよりも、率直さを重要視しているように思えた。

既婚の男性よりも女性に、批判の大半が向けられる（本書第8章参照）。共通した意見によれば、とくに規範の境界線を越えようとすると、男性よりも女性が過酷ないじめに遭うことをたいていの人が認めている。インタビューをした者の多数が、近隣からの、あるいは義理の親族からの敵意を、暴力さえ受けたことを語った。インド系の夫をもつアフリカ系の妻は、インド系の妻よりも、義理の親族との対立を克服する、あるいは少なくとも義理の親族と折り合うのに時間がかかる。インド系の妻はアフリカ系あるいは混血の義理の親族から、はるかにいい待遇を受けているからである。それぞれの場合において、妻のほうが問題を回避するためのうまい方法をあみ出さなくてはならない。これに加えて、彼女たちが問題を解決するさいには、同じ人種の内婚の場合より、パートナーからの支援と協力を得られるのである。数多くの困難に直面することによって、これらの女性の精神と信仰心が強まってくる。しばらくの間、人種的な屈辱感を耐え忍ぶと、ようやく彼女たちは干渉を受けることも少なくなり、評判も高まるのである。

居住地の選択もまた解決の難しい問題である。異人種結婚夫婦の多くは、どちらかといえば都市に、人種がかなり入り混じったコミュニティに住んでいる。そのほうが人種の混交により寛容だからだ。アフリカ系よりもインド系が優勢なコミュニティでは、人種的住み分け、人種的偏見と緊張の度合いが高い。[15] それが、異人種結婚夫婦のみならず、二人の「ダグラ」の子どもたちにとっても耐えがたいものになれば、一家はそのコミュニティを離れ、もっと混交度の高いコミュニティに落ち着こうとする。

彼女たちはすべて、人種関係と人生一般に対しての価値観と姿勢が変わったことを認めた。幾人かはアフリカ系とその文化に対するインド系の偏狭さや無知をなじり軽蔑した。アフリカ系のパートナーを選んだインド系女性の中には、そのために後でその一家からもコミュニティからも追放された者もいた。この経験が、不承ながらもみずからのインド系文化の伝統と価値観を遠ざけ、アフリカ系のコミュニティに近づかせるのだ。アフリカ系が優勢なコミュニティにとどまり、友好的な関係を発展させればさせるほど、彼女たちはアフリカ系からますます容認され評価されるようだ。やがては彼女たちもアフリカ系の生活様式と価値を評価しはじめるか、あるいは文化的問題について非常に現実的に、そして世故にたけるようになるのである。

最近、人々が異人種結婚と「混血」の子どもたちの増加を力説しはじめている。村や町の、そして都市の特定地域の多くで人種の混交が増えて、そのうちのいくつかは「統合された」と形容されることさえあるのだ。しかし異人種結婚した者たちは、今でも話の種になるか、蔑視的な言葉の標的になりがちである。アフリカ系とインド系との結婚はいまだ数多くの議論を呼び、蔑まれている。その他のかたちの結婚も必ずや何らかの困難はつきものなのだが、許容度は高まってきているのである。

ここで重要だと考えられることがある。異人種結婚をして幾多の難問を切り抜けてきた人たちは、人種偏見のない態度が大切であると努めて強調する。しかし、そうせざるをえなかったという事実が、いまだ人々が人種偏見に強くとりつかれていることを物語っているのだ。これはまたジェンダーの問題とも密接に関連している。異人種結婚を行った男女は、もはや人種に多くの関心をもたず、また「社会的地位のない人間」と思われることにも、もう恐れはしないのである。その結果、彼らは人種的ステレオタイプと偏見をもったジェンダーのイメージとは無縁だ。これは疑問の余地がない徴候なのだ。さらに、彼らの多くは人種間の掛け橋の役割を果たすこと、対立と根拠のない偏見およびステレオタイプを軽減することを意識しているのである。

註

(1) 本章はガイアナでのフィールドワークにもとづいた(一九九一年九月から一〇月の約一〇日間、一九九二年八月から一〇月までの一〇週間におよぶ)ものである。文部省(当時)の助成金(科学研究費補助金―海外学術調査)を得て、前山隆博士の指導で行われたプロジェクトによる。この調査による成果の論文の口頭発表は以下の通りである。大阪学院大学での黒人研究の会の月例会(一九九三年)、オックスフォード大学での異なる数種のセミナー、および一九九四年のオックスフォードでのカリブ研究学会年次大会(柴田 n. d. 1, n. d. 2, n. d. 3)。

(2) 現在、ガイアナでは、「アフリカ人」「アフリカ系」「黒人」「ニグロ」と呼び、それほど頻繁ではないが同等の意味で「アフロクレオール」および「クレオール」と呼ばれることもある。「ニグロ」は必ずしも蔑視的意味合いをもたない。それは、この語をしばしば耳にし、また「人種」的背景にかかわらず、さまざまな人が使用していたことからも判断できる。「黒人意識運動」と「アフリカ文化遺産」というイデオロギーに触れた人たちだけが、「ニグロ」の呼称を避ける。「アフリカ人」自身は、自分を呼ぶ際に「ニグロ」を用いてきた。だが一九六二年、ナイポールは「ニグロ」という語の使用について、アフリカ系が憤慨していることに注目している(Naipaul 1963 : 99)。

(3) この地一帯はコロンブス以降、「西インド」と命名されたことから、新大陸の先住民という意味でアメリカ・インディアン、それを縮小した表現で「アメリンディアン」と呼ばれている。

(4) 一般にこうした大雑把な分類がなされているが、それぞれのカテゴリーに、とくにアフリカ系とインド系には経済格差や階層差があることを考慮しなければならない。旧移民である中国系の高齢者の多くは新移民とは区別され、かなりクレオール化している。もはやアフリカ系、インド系、中国系という順序でヒエラルヒーの中に分類されないのである。

(5) 混血ではあっても、大多数の人はこの六つのカテゴリーのいずれかに自己同一化しがちである。明らかにこの六つに自己同一化できない人、あるいは「明らかな混血」のみが、みずからを「混血」と呼ぶ場合が多い。たとえば、混血の家系の第一世代、その身体的特徴がいくつかの人種の混交であることが明らかな人たちである。しかし、そういった人でもコンテクストに応じて異なるカテゴリーに自己同一化している。

(6) 混血のカテゴリーを選択するのは、おもにアフリカ人の「血」が入っている人たち（「カラード」と呼ばれ、とくに一九六〇年代初期以前には「ムラト」、すなわちアフリカ人と白人の子孫と呼ばれた人たち）である。これらを含めてインド系およびアフリカ系は、総人口の九二パーセント以上を占める。

(7) トリニダードとスリナムにも、インド系とアフリカ系の二極化が見られるが、ガイアナほど明確な分裂はない。

(8) ジェイガンは一九九七年に死亡し、その妻ジャネット・ジェイガンが、一九九八年一月に大統領に選ばれた。

(9) Smith (1959b). 一九六〇年では、ヒンドゥー教七〇・三パーセント、イスラーム教一六・三パーセント、キリスト教一・一パーセントである。

(10) 彼は、人口の二・一パーセントがブラーフマン、九・一パーセントがクシャトリヤと公式に登録されていると述べている。だが、この数字はもっと低いかもしれない。年期奉公での未知の混乱した生活によって、インド人の多くは本来のカーストよりもむしろ高いカースト名とヴァルナ名を主張できたからだ。Bassier 1993 : 61; Nath 1970; Jayawardena 1963 参照。

(11) 人種にかかわらず、男から飲み物をおごってもらった娘たちは、返礼として、その男に性的サービスを提供することが期待されていたといわれる。

(12) 一〇代の娘たちは、とくに下層階級の間では、売春で現金の臨時収入を得るように、夜遅くまで街頭に立つことを親から「勧められる」、もしくは「命令される」こともあるといわれる。中流階級の女性でさえ、大きな船が入港すると、白人の船員と出会い、彼らを家に招き、「特別なもてなし」をする機会を待ち焦がれているといわれる。娼婦の多くは、家庭が崩壊したか結婚生活に破れたかのいずれかである。婚前交渉および婚外交渉にあるものは、「恥さらし」「性に飢えた」などといわれ、村八分に遭う。

(13) 若いヒンドゥー教の司祭でさえ、意味ありげな笑みを浮かべ、ふさわしい相手と結婚するまでは、この種の「遊興」を母からも期待されている、と私に語った。

(14) 私がフィールドワークの最中に観察したことだが、現在のヒンドゥーの婚礼でも、司祭からのこれらの教えは非常に重要な役割を儀礼の中で果たしている。

(15) 柴田 (n.d.3) では、ダグラの混血のアイデンティティ問題を取り上げている。

第6章 異文化結婚の政治学
——ガーナ人とアフリカ系アメリカ人の事例の検証

イヴェティ・アレックス-アセンソー、A・B・アセンソー

はじめに

アメリカにおいて、アフリカ系アメリカ人とアフリカ大陸から来たアフリカ人たちとの間の結婚に関する学術的研究は驚くほど不足している。この課題に関して一般的な資料も不足している。このことはアメリカの異文化結婚研究の多くが、一時的に滞在するアフリカ人とアフリカ系アメリカ人の結婚関係を無視してきたためである(Larsson 1965：1-201; Johnson & Warren 1994：17-24)。それに対して、異文化結婚の研究出版物には、伝統的にユダヤ教徒とキリスト教徒の結婚や、白人と黒人やアジア人、アメリカ先住民、ヒスパニックとの結婚に焦点をあててきたものが多い（Johnson & Warren 1994：25-80)。

アフリカ人とアフリカ系アメリカ人カップルに関する研究資料の全般的な欠如は、しばしば文化の問題より、肌の色を重視するアメリカの人種に関する政治学とその論議に帰せられるかもしれない（Wilson 1987：109-24; Hill & Jones 1993)。しかしながら、アフリカ人とアフリカ系アメリカ人の結婚は決して新しいものではない。若

くて結婚可能なアフリカ人男女は、質の高い教育を求めて、いわゆる（ギリシャ神話に見られた）伝説的な「金の羊毛」を求めて、一八〇〇年代半ばよりアメリカに到来しはじめた（Williams 1980 : 232-233; Vaz 1986 : 12)。彼らの結婚の最大かつ最初のブームは、アフリカでの解放運動とアメリカの市民権運動が盛り上がった一九六〇年代である。彼らにとって、互いの文化的社会的背景の相違に対して、きわめて挑戦的に見える結婚であったにもかかわらず、そのブームは起こったのである。それゆえ多くの結婚の専門家が強調したように、大陸出身のアフリカ人とデアスポラないしアフリカ系アメリカ人の間の結婚を含むすべての結婚を、一連の調整ないし、「最も個人的レベルでの二人の人生の出会い」として見なすというのが最も妥当であろう（Norment 1982 : 100)。

確かに研究者は、特定の異文化結婚に影響を与えるマクロな、あるいはミクロな政治力学については熟知していない。それゆえここで行われたような実験的研究は、明らかにアメリカにおけるアフリカ人とアフリカ系アメリカ人の間の結婚に関するマクロとミクロの政治学の影響を検証することで、大きなギャップを埋めることを意図している。本章は、とくにアフリカ系アメリカ人とガーナ人の婚姻関係に重点をおきながら、人種の政治学、国際関係の政治学、それにアフリカ人とアフリカ系アメリカ人の結婚関係に見られる文化的相違の政治学の影響について述べようとするものである。

人種のマクロ政治学

異文化結婚の文献に広く見られる概念に、他者ないし「よそ者」という概念があり、異なった文化的背景をもつ結婚相手に言及する際によく用いられる。アメリカに移住してきたアフリカ人は、人種の政治学が優越しているアメリカの状況の中で、ある点で（結婚相手として有望な）アフリカ系アメリカ人と文化的に異なっているが、同じような肌の色のために、（アフリカ系アメリカ人とは）文化的に「よそ者」であるとは見なされない。

この人種の政治学は、アフリカ人とアフリカ系アメリカ人の婚姻関係に決定的かつ抑圧的な役割を果たしている。またそれ以上に、そのような結婚の多くは、人々によって、とくに政治指導者によって、第一にアメリカに入国するための便宜的な結婚としてとらえられている。それゆえ、チュア・エオアンが「結び目の強化——偽装結婚に対する新しい法律による締め付け」という報告で論じたように、この種の結婚には疑いの目が向けられている（Chua-Eoan 1986：35）。たとえば、一九八〇年代半ば、保守的なレーガン政権はすばやく規制を強化し、新しいいわゆる条件つきの合法的な永久居住権を創設し、結婚に関するアメリカ移民法を改正した。そこではアメリカ市民と結婚するどの外国人も、結婚によって居住権を獲得する以前に、その婚姻関係が「正当」であるかを証明するために二年間待機しなければならない（本書第8章参照）。この新しい厳格な移民法は、『連邦規則の体系』という連邦の文書に収められている（US Government 1995：290-303）。

明らかに奴隷の時代から復興の時代に至るまで、実際、市民権運動を通じて、かつてはニグロとか黒人系アメリカ人として知られていたアフリカ系アメリカ人の生活は著しい進歩を見せてきた。たとえば、市民権運動後、中産階層の地位を獲得したり、重要な政治的職務に選出されたり、任命されたりする者の数が増大した。それにもかかわらず、残念なことに、アフリカ系アメリカ人は依然としてアメリカ社会で「よそ者」の地位に置かれている（Farley & Allen 1987：20-25; Hacker 1992：67-199）。一九三〇年代に、W・E・B・デュボアは、伝説的な『黒人民衆の魂』という彼の最初の本を出版したが、そこで彼はアフリカ系アメリカ人、すなわちニグロたちのよそ者としての存在をとりわけ嘆いた。またアメリカ社会ですべての関係を定義するとき、人種や皮膚の色が不幸な坩堝と化している状況を説得力をもって論じた（DuBois 1961：16）。一九九六年のことだが、サム・フルウッドは、『夢からの目覚め』という作品で、そのような状況を再確認した。その本の中で彼は、黒人たちがアメリカの人種的、経済的主流の中に同化するという神話を罵倒した。アフリカ系アメリカ人は、彼らの出生国アメリカではまだとるに足らない存在であることを明らかにしたのである（DuBois 1961：16-17; Fullwood 1996）。

結果として、よそ者性の問題は、より大きなアメリカ社会における（民族の）調整や受容と関連しており、それはアメリカに移住するすべてのアフリカ人にとって、肌の色の呪縛や境界による束縛とつながっている。この不幸な状態は、民族的背景や国籍に関係なく、アメリカの黒人すべてに影響を与えている。その結果、よそ者性が問題である異文化結婚に否定的な影響をおよぼしているが、アフリカ人とアフリカ系アメリカ人のカップルには、すでによそ者としての地位を共有しているため問題とならないかもしれない。むしろ、このようなよそ者として排除されている共同体験は、基本的には結合力になるとしばしば考えられている。アフリカ人とアフリカ系アメリカ人を引き寄せ、結果として両者を結び付けることになる。さらに、共有された政治的立場だけでなく、心理学的に結び付くことによって、ロマンティックな関係や結婚に至る社会的ネットワークの形成をもたらした。チュア・エオアン（1986：35）は、西インド諸島出身の黒人が、アフリカ系アメリカ人との結婚において、同じようなよそ者としての存在に苦しんでいることをくわしく論じている。

事実、一九六〇年代と七〇年代のアメリカにおいて、黒人に対する人種差別が彼らに積極的な集団的アイデンティティを求めさせ、さらに同じような状態に置かれた植民地のアフリカ人と観念的な結び付きを強めた。このように政治的な一体感は強調されたが、文化的な差異は重視されないままであった。一九八〇年代半ばに始まったアメリカの市民権運動や、ガーナ（かつての黄金海岸）やナイジェリア、ケニヤなどに見られたアフリカの活発な植民地解放運動は、明らかに文化的多様性をあいまいにするものであった。このことは、デュボア（アメリカ）、パドモアやジェームス（カリブ海）、エンクルマ（ガーナ）、ケンヤタ（ケニヤ）、ニェレレ（タンザニア）などの精力的な黒人指導者によって展開された運動が、ディアスポラの黒人たちと母国のアフリカ人を、汎アフリカニストの運動や黒人意識の旗の下に結集させようとしたことにつながっている（Assensoh 1989; Van Deburg 1992）。実際、多くのアフリカ人とアフリカ系アメリカ人の結婚は、当時汎アフリカニズムの名称と精神のもとに、これらの集団の団結を求める努力の過程で行われた。一方、ノルメントは、アメリカの黒人女性が一時に複数の配偶者をもつ慣習である複婚から生じる、文化的、個人的問題についてあまり認識していなかったと述べている（Norment 1982：100）。

アメリカにおいて、犯罪や刑務所や矯正施設に送られる割合が人種的に驚くほど不均衡であるという研究は、アフリカ人の男性とアフリカ系アメリカ人の間の異文化結婚についての議論に重要な意味があることを示唆している（Wilson 1987：63-92）。この研究は、きわめて多数の黒人男性が白人男性よりも刑の処罰を受けていることが、黒人男女間の結婚の割合に変更をもたらし、黒人男性を結婚相手としたい黒人女性が少なくなっている傾向について明らかにしている。一方、学歴があり、良い職業に就いた中産階層の黒人女性の急激な増加に対して、結婚可能なアフリカ系アメリカ人男性の数は減少しつづけているため、教育を受け、成功を収めたアフリカ人男性への需要が明らかに高くなっているのである。このような現象は、アフリカ系アメリカ人の女性が、大陸からやって来たアフリカ人同胞がもつ文化的慣行を文化的、個人的問題として意識していないために、ノルメントの主張にもかかわらず起こっている。それらの文化的慣行とは、男性が四人まで妻をもつことができるというイスラームの慣行ないし多くのアフリカ文化の中で見られる一夫多妻の制度をさしている（Norment 1982：100）。

国際関係のマクロ政治学

アフリカ人とアフリカ系アメリカ人の間の異文化結婚も、いくつかの点で、その時代のアメリカといくつかのアフリカ諸国の外交政策や国際関係の影響を受けている。またそれぞれの国々の国内政治の影響も受ける。第一に、アメリカの移民政策が、教育、雇用、政治的難民などの理由でアメリカに入国を許可されるアフリカ国籍をもつ者の総数を厳しく規制している。たとえば、一九二四年の移民条例は、非白人移民の数を厳格に制限した。それは一九六五年まで正式には改正されなかったパロディである。その後のいわゆるビザのくじ引きを含む、より自由になった移民政策は、アフリカの市民に発給されるビザの数を増大させるのに役立った。だがアメリカ経済への移民のマイナス効果として考えられている外国人への恐怖と一体化した、薬物取引の疑惑やザイールにおけるエボラ・ウイルスの流行病のようなアフリカが抱える今日の課題は、アメリカが入国を許可するアフリカ人の数をさらに制限するものとなっている。

一九八六年一〇月、事態はさらに悪化し、アメリカの議会がたんにアメリカ市民になるために結婚する人たちへの対策として、さらに厳しい規制のついた外国人結婚法を通過させた（Chua-Eoan 1986：35）。保守的なレーガン政権によって施行された新たな一九八六年の外国人結婚法は、アメリカ市民と外国人配偶者の結婚当事者双方に、（結婚の）証拠を提出することを課している。このようにして、双方のパートナーは、「永久居住権」の共同申請書を提出するために、地域の入管事務所に出向かざるをえなくなる。かつては、アメリカ市民だけが、彼らの配偶者に代わって個々に応募することができた。だが今度は、申請書を共同で提出し、申請料を両者が支払わなければならない。そうすることによって、新しい外国の配偶者に「暫定的な法的永久居住権」が与えられる。偽装ないし違法な手段によって得られたことが判明すれば、二年以内にこれまでの地位は取り消される。さらに、二人が暫定的地位から永久居住の地位へと変更を求めるためには、新しい申請書を共同で提出しなければならず、さらに二年待たねばならない。外国人の配偶者に移住者の地位を正規に与えるのを助けるために偽装結婚をするなら、カップルはその後一緒にいることはないだろうし、二回目の申請を共同ですることはないであろう。ここまですれば入国管理の抜け穴を通り抜けることはないと考えたのが、この規制の根本的理由である。

またアフリカの国々の政治的風潮が、教育や雇用の機会や、結婚相手を求めて、アメリカに移住する人たちの数を決定することになる。母国における経済的窮乏、民族的対立、市民戦争、技術的発展の欠如は、しばしばより受け入れ幅の広い、より利益のある地平線を求めて、アフリカ人をアメリカに大量に移住させるきっかけとなっていることが知られている。事実、多くのアフリカ人とアフリカ系アメリカ人のカップルは、より高度の学歴を求めて、大学で学ぶ過程で出会った（Norment 1982：100）。それゆえ国際関係の政治学は、アメリカにいるアフリカ系アメリカ人へのアフリカ人の供給やアフリカ人への要望に影響を与えるのできわめて重要である。

前述のマクロな政治学の力は、アフリカ人とアフリカ系アメリカ人の異文化結婚を全体として推進してきたが、文化のミクロな政治学は、これらの結び付きを弱体化させる影響力をもっている。

文化のミクロ政治学

政治学は妥協の芸術であるというのが公理である。もしそうなら、異文化結婚の政治学は妥協という健康な一服をうまく配合するものだ。異文化結婚をした二人は、解決したり、耐えなければならない課題に加えて、文化と民族の相違、結婚の定義に関する異なった認識、そしてステレオタイプの対応を甘受しなければならない。前述の問題すべては、どのような異文化結婚であろうと、とくに両者が真に妥協しようとしないならば、アフリカ人とアフリカ系アメリカ人の間の結婚関係を崩壊させるような力がある。

二人の生活の多くの側面において、大きな妥協が求められる。ガーナ人カップル一般に対して、クリスティン・オポン博士は、財産からの収入およびその管理と分配はすべての夫と妻が処理しなければならない中心的な課題であることを強調している。それはガーナ人の男女の結婚における意思決定のプロセスの一部をなす。そのプロセスは、その二人にとっても、彼らに養われている者にとっても重要なことである。オポンは、行為と期待は著しく多様であるとも述べている（Oppong 1981：85）。みずからがガーナ人であるオポンは、アフリカ系アメリカ人である妻との三年間におよぶ結婚生活の経験から、「扶養者」という用語は、ガーナにおいて、核家族と、より大きな拡大家族の双方をさすと述べている。この拡大家族は父方と母方の双方に広がり、また前の結婚で生まれた子どもたち、相続で受けついだ子どもたち（夫は亡くなった親戚の財産と家族を相続する）、母や父や兄弟姉妹、さらに親戚をも含む。このように結婚はカップルの結び付き以上の大きなつながりをつくり出す。

しかしながら、ガーナ人がアフリカ系アメリカ人との結婚を選択するとき、カップルとしてあらゆる意思決定に共同で行動することを期待されるので、二人に前述の課題が降りかかってくる。二人は助け合い、結婚があらゆるレベルでうまくいっていることを示さなければならない。たとえば、パートナーがともにガーナ出身であり、同じアカン族[1]に属している典型的なガーナ人の結婚の場合、生活資金は個々に獲得され、収入も個々に管理され、一種の隔離された結婚形態で生活すると、オポンは説明する（Oppong 1981 : 85）。しかしながら、ガーナ人とアフリカ系アメリカ人の結婚では、とくにアメリカでは、すべてが二人の協力によってなされる。たとえば、収入は連合体としてのカップルに平等に属する。この点で、カップルは結婚の結び付きに関してアメリカ人の考え方にしたがっている。しかしガーナのルールではないが、ガーナの家族成員は、経済的な安定から彼らがもつ子どもの数に至るまで、カップルの生活に対して本音の言い分があると感じている。

確かに、文化はアメリカ社会の理解の仕方に方向づけをする重大な役割を果たす。とくにアフリカ人とアフリカ系アメリカ人の婚姻関係にも重要な影響を与える。アメリカのテンプル大学のモレフィ・ケテ・アサンテによって、「アフリカ人なるものを自己存在の中心に置くという最も徹底した哲学」と定義されているアフリカ中心主義の教義に関する一連の著作は、文化的、社会的差異をあいまいなものにしている（Asante 1987 : 125）。事実アサンテは、アフリカ人ないしアフリカ系アメリカ人の文化的、社会的生活や行動様式、汎アフリカ主義ないし黒人主義という二つの視点からすべてを見る見方を、アフリカ中心主義と見なしている。しかしながら、しばしば現存する重要な文化的相違を強調しすぎることなく、文化の共通性をも重視している（Asante 1987）。これらの相違は、（1）自己の文化と共通文化の対立、（2）拡大家族のつながりを基礎にした結婚の定義と二人の個人の結び付きを重視する結婚の定義の対立、（3）アフリカ人とアフリカ系アメリカ人が互いに抱くかもしれない敵対するイメージや固定観念の対立を含んでいる。

事実、アメリカ人やヨーロッパ人たちは、ガーナ人とアフリカ系アメリカ人の結婚において、いくつかのアフリカの文化的慣習が新しい異文化家族の崩壊、混乱、機能不全などをもたらしていると感じている（Landis & Landis 1977：13）。これには、ある義理の母親と父親が、男の子が生まれるまで子どもをつくるように主張する状況や、親戚がアフリカから手紙で、息子や娘に祖国の地母神や祖先を讃えて、それらを崇拝し、ブドウ酒を注ぎつづけるように要求することなどに見られる。このような要求に悩むカップルを何人か知っているが、われわれがカップルとして個人的にまだ経験していないことがさらにもっと多くあるかもしれない。そのうえ、二人がさらに互いに知り合うようになるにつれ、二人の間に信頼感が醸成される。けれども、外部から見る人たちは、徐々に理解するようになるか、あるいは疑いをもちつづけるかもしれない。たとえば、複婚的関係は昔からアフリカには存在していたので、最後にはガーナの男性は必ず別の妻をもち、ガーナ人とアフリカ系アメリカ人の関係を破壊してしまうに違いないというのである。このような事例ばかりでないことは明らかである。結婚をしている多くの人たちは、アメリカ社会のあらゆるプレッシャーやステレオタイプに耐えてきており、それゆえここまで生存してきたのである（Vaz 1986：5）。

ステレオタイプ、受容、そして個人的幸福

オポンが行ったと同様の、中産階層のガーナ人の結婚についてなされた初期の研究でアセンソーは、ガーナ人の妻がいかにしばしば従属的な役割を果たしているかを強調した（Assensoh 1986）。こうした状況は、今日のガーナ人とアフリカ系アメリカ人の間の結婚においても再現され固定観念となっていると、アメリカ人やヨーロッパ人の一部は疑いの目で見ている。たとえば、アセンソーは、数年前まで、ガーナ人の妻たちが自分の銀行口座を開設できず、また夫の承認なしにはパスポートや運転免許証をとれないことを明らかにした（Assensoh 1986：

55-8)。しかしながらオポンは、故国のガーナ人妻たちがもつ男女の力関係は変化する傾向にあると述べている。たとえば、今日「ガーナの女性はとても独立を好んでいます。彼女たちは夫との共同名義の銀行口座をもちたがりません」という趣旨の不平を弁護士であるガーナ人の夫が述べている（Oppong 1981：95）。彼の研究は、ガーナ人が結婚関係において成熟してきたこと、さらに男女ともに独立心をもち、アメリカやヨーロッパから来た者に干渉しないことが当然のこととなってきた事実をはっきりと強調している。

さらに政治学者は、問題が定義される方法はそれを解決しうる方法を規定するものだと論じてきた（Ripley 1985：93–130）。同様に、結婚が定義され認識される方法は、役割、関係、境界として何が受け入れられるかを決定する。事実、多くのアフリカ人とアフリカ系アメリカ人によって認識された結婚の定義には、しばしば相違があることが研究によって明らかになってきた。たとえば、拡大親族組織が存在する多くの西アフリカの文化において、結婚は二つの拡大家族の結び付きをつくるものとして見られている。それゆえ拡大家族が婚姻関係の重要な中心部分として存在する。それに対して、アフリカ系アメリカ人の結婚についての認識の仕方は、結婚は二人の個人の連合というものである。その結果、多くのプロテスタントの結婚式での結婚の誓いには、聖書に規定されたように、個人に対して「すべての他者よりも配偶者のみに寄り添う」ように求められる。このようにしてみると、拡大家族は西アフリカ、とりわけガーナの結婚についての観念や婚姻関係の中核をなすと考えられる。だが、アフリカ系アメリカ人の結婚の概念では、階層に関わりなく、拡大家族は、カップルを中心的とした関係の領域外にあるものとして一般に考えられている。確かに、現地のガーナ人の婚姻関係の場合と違って、拡大家族の結び付きはとくにカップルがアメリカに住んでいるとき、ガーナ人とアフリカ系アメリカ人の婚姻関係の規範とはなっていない（Oppong 1981：21, 98）。

好ましい親族や対立する親族への異なった期待や、彼らに対する異なった態度、また彼らに対する義務の性格は、とくに結婚が意思決定や資産や育児に関連するので、さまざまな対立する状況を容易につくり出すきっかけとなる。それゆえ、これから結婚するガーナ人とアフリカ系アメリカ人のカップルは、結婚する前にそのような相違を除去する必要がある。事実、ガーナ人とアフリカ系アメリカ人の結婚状況と同様に、新しいカップルにたいへん余裕があれば、拡大家族のメンバーに助けが必要なときはいつでも助けてくれるという程度まで歩み寄っている。しかしながら、正式な義務となっていないので、とても柔軟に対応できる。それに対してオポンは、中産階層のアフリカ人の結婚研究で、「両親を助けたり、兄弟や姉妹を助けたり、姉妹の子どもを教育することは義務として認識されている」と述べている（Oppong 1981：85）。だがアメリカにおける結婚はしばしば夫妻の共同作業と見なされる。そこでは妻と夫は、結婚や核家族について共同で意思決定をしている。

ガーナを中心に西アフリカの国々では、結婚に関する意思決定行為は領土にたとえられる。そこではそれぞれの男ないし夫がなかば帝王と見なされ、妻からの援助も同意もなしに一方的に所帯を支配しうるという固定観念が、ヨーロッパやアメリカでは広まっている。しかしながら、われわれのアフリカ人とアフリカ系アメリカ人の結婚に関する研究では、さまざまな理由ですべてのアフリカ人男性が妻に服従を期待しているわけではないことを明らかにした。そのような家族では、配偶者の役割についての対立は少なかった。たとえば、宗教的な背景や優れた教育訓練、ヨーロッパやアメリカからの影響によって、多くのアフリカ出身の男たちはいわゆる男女の役割についての伝統的な考えを慎むようになってきた。その結果、これらの男たちのうちには、たいへん有能な料理人であり、父であり、主夫である者もいる。しかしながら、期待に反して明らかになったことは、アフリカ系アメリカ人と結婚した多くのアフリカ人女性が、結婚において、男性優越の父権的概念や家庭での女性の特別な役割を再受容するようになってきたことである。それゆえ、アフリカ系アメリカ人男性は、両性の平等を信じているアフリカ系アメリカ人よりも、つねにアフリカ人女性のほうを好むというようになった。事実、ノルメントは、彼の研究の中で、「アフリカ人女性は、アフリカ系アメリカ人の夫によって、典型的なアメリカ人女性より、より協力的であり、傲慢でない」という点を確認している（Norment 1982：103）。

集団的に維持されている固定観念や民族中心主義もまた、アフリカ人とアフリカ系アメリカ人の婚姻関係に有害な影響を与えることがある。一方、アフリカ系アメリカ人によって保持されている、アフリカ人についての否定的、肯定的な固定観念も多数ある。それは「ジャングル内の小屋や木々に住む非文明人」から、「エリート」で「日和見主義」で「超優秀」で「軽蔑すべき」人間で「驚嘆すべき陰謀家」というものまである（Gibson 1984：160，本書第4、5章参照）。アフリカ人男性がアフリカ系アメリカ人女性と関係をもつために嘘をついたり、誇張して彼女たちを陥れてきたことがあったので、彼らが「策謀家」であるという固定観念が流布された。たとえば、アフリカ人の農民の息子が王室の家族の出身であると主張し、アフリカ系アメリカ人の女性が、そのような嘘や誇張にのってしまったことがあったからである（Moikobou 1981：173）。

他方、アフリカ人もまた、アフリカ系アメリカ人に対して否定的な固定観念をもっている。これらの例には、「怠け者」「不道徳」「物質主義」というものから、「自己中心的」「犯罪を犯しやすい」というものまである（Gibson 1984：160）。もちろん必ずしもガーナ人ではないが、あるアフリカ人はアフリカ系アメリカ人よりも優れていると主張する。後者が奴隷制の過去を背負っているからだという。ウィリアムズはずっと昔、アメリカの大学のキャンパスで、一人の学生が「われわれは自由な人間だ。自由になった人間ではない」とこのことを強調していることを引用している（Willimas 1980：234）。このような不幸な主張や論争は、アメリカにいるアフリカ人とアフリカ系アメリカ人の間の異文化結婚を育み、奨励することにつながらない。最後に、それゆえアフリカ人のアフリカ系アメリカ人配偶者は、結婚生活がうまく続くかぎりこれらの固定観念やさまざまな押し付けを克服することを期待される。

さらに、多くの白人アメリカ人は、アフリカ系アメリカ人がアフリカ大陸から来た同胞たちの成功から学び、彼らの行動をモデルにすべきであると考えている。というのは、アフリカ人がアフリカ系アメリカ人より、もっと勤勉に働くと見られているからである（Gibson 1984：160）。その結果、白人アメリカ人は、いわゆる少数モデルとして、アフリカ人に対して、かなりあいまいではあるが肯定的な見方をしてきた。それはアフリカ系アメリカ人を批判するためであり、彼らに学術的な優秀さ、小規模商業の成功、政府からの施しやプログラムからの独立という、同様な基準を達成させようとするためでもある（Gibson 1984：160）。このモデルは、確かに多くの社会問題の責任をアフリカ系アメリカ人の肩に背負わせるものであり、他の集団や政府がとるべき責任を放棄することでもあった。

同時に、アフリカ人とアフリカ系アメリカ人は、彼らに異文化結婚を促すような理想化された固定観念をもったり、ときとして外国のよそ者に対して非現実的期待を抱くことがある。そこには相手に対して実現しえないロマンティックなイメージを抱くからかもしれない。たとえば、多くのアフリカ系アメリカ人女性は、アフリカ人男性をエキゾチックな魅力があると見なしている（本書第4章ではエキゾチックなよそ者の魅力が述べられている）。ある者はアメリカにやって来るすべてのアフリカ人は、豊かで社会的地位を確立しているという神話をもっている。異なったよそ者に対するこのような空想化は、アフリカ系アメリカ人女性が仲間の男性よりアフリカ人の男性のほうをより適切な友人であり、より安定した、また抜け目がなく、成熟していると見なしてきた、彼女たちの生活史から生まれた逸話の中に見られる。他方、アフリカ人男性は、性的な自由や恋愛の技巧、経済的可能性などの点で、アフリカ系アメリカ人女性に惹かれるとしばしば主張している。

固定観念はアフリカ人とアフリカ系アメリカ人の間の親密な関係の発展を阻害するが、配偶者の家族や友人たちの間で、民族中心的な個人的な表現も特定の婚姻関係に有害である。アフリカ人女性と友情について語る際、現在アフリカ人男性と結婚している多くのアフリカ系アメリカ人女性は、アフリカ人女性から、つねに憤りや反感を強く感じるという意見がある。これらの否定的な感情は、たいていは未婚の、あるいは離婚したアフリカ人女性が、いわゆる良い結婚ができる男性が可能性のある配偶者として、彼女たちのまわりにはもう存在しないということを知って苦しんでいる事実や、これらの男たちが外国のアフリカ系アメリカ人と結婚してしまっている事実から生じている。侮辱的なことは、男たちが彼らの選択に満足しているようにさえ見えることである。アフリカ人の男性と結婚したアフリカ系アメリカ人女性に対して、アフリカ人女性は、憎悪をきわめて控え目に示す者もいるが、たいへん露骨に表現する者もいる。このような民族中心主義は、アフリカ人とアフリカ系アメリカ人の婚姻関係に対する、アフリカ人女性の徹底した軽蔑と明白な憎悪の公的な言明に見られる。また結婚への干渉だけでなく、彼らの広い社会的ネットワークを侵犯する傾向が見られる。彼女たちは、とくにアメリカ人が肌の色と人種へ関心があることから、むしろみずから抑えてきた民族的文化的相違の問題を強調する。しかしながら、多くのアフリカ系アメリカ人の配偶者にとって元気づけられることは、ガーナ人の（あるいはアフリカ人の）夫と一緒にアフリカを訪問するときはいつでも、母国の両親や親戚はガーナに典型的な（多くの他のアフリカ文化にも見られる）温かい、分け隔てのないホスピタリティで歓待することである。このような状況において、アメリカ系ガーナ人ないしアフリカ人女性（しばしば離婚し、必死に夫を探している女性たち）が表わす、民族中心的で、苦々しいほどの非友好的な態度はもはや問題ではない。

全体として、この実験的な研究は、アメリカに住むアフリカ人とアフリカ系アメリカ人の間の異文化結婚を、孤立して、真空の中で研究するべきでなく、それは現実に存在するという主張を補強しようとした。むしろ、このような真正な結び付きを理解するためには、今後の研究は、文脈に即した複眼的な視点を用いたものであるべきであり、そこには人種政治学、国際関係、草の根の文化的実情といった、ミクロかつマクロな政治学的要素を含む、私的かつ公的影響を重視したものでなくてはならない。

第7章　選択の自由か、パンドラの箱か？
――ウガンダにおける法的多元主義と異文化結婚の規制

サンユ・セマフム

はじめに――法的規制と合理的な意思決定

結婚における選択と法

正統な自由主義思想の中心的な考え方の一つに、国民は重要な決定を下す際に、国家によって規定され公認された法律に照らし、その指示にしたがうというものがある。実際、自由主義社会で、政治的かつ法的な教義である法律が目指す理想は、個人の選択と自由がより多く享受できるような社会秩序が存在することである。最終的に、私たちはみずからを保護する法律を有することに、共通の期待と願望を抱いている。それは私たちが対立の状況に置かれているからではなく、私たちの生活を日常的かつ長期的に維持していくことに関心があるからである（Arblaster 1984：Chs 2-3)。

そのような法律が、同時に社会秩序を維持するための唯一かつ必要不可欠な手段でないことも広く知られている。しかし、政策の立案と実施の段階において、また社会的規制と社会変化の状況の中で、法律が中心的役割を果たすという考え方は浸透している。さまざまな問題に関して法改革の運動が起こるのは、法律のもつ力への信仰が多くの庶民によって共有されていることを示している。法律がもつ確固たる力への信仰から引き出される唯一明白な推論は、複数の選択肢を視野に入れながら、重大な選択をするとき、その選択の法的影響を考えることができることである。

結婚相手の選択は、個人の一生の出来事や長期的安定に関して、多くの人々が行う、あるいは行ってきた、最も重要な決断であろう。さらに、配偶者の適正な選択の重要性に加えて、制度としての結婚は一般に、国家や権力者によって、人間社会全体の安全性、安定性、継続性の中核をなすものと見なされている。[1]

結婚が認められたり、規制されたりする状況は多様である。たとえば、法的な伝統をもつヨーロッパやアメリカ、その他の国々では、単婚のみが法律的に正当と認められている。だが多くのアフリカ諸国では、単婚と複婚の双方が認められている。結婚形態が複数あるところでは、選択のあり方は、所属集団への宗教的、人種的、民族的アイデンティティによって決定されるといってよい。このような国々では、結婚の選択の方法にはかなり自由さがあるようだ。それゆえ受け入れる結婚にともなう責務にも、ある程度の選択権がある。実際、現実に存在するある結婚形態を選択する場合、その結婚がもつ制度的な制約も慎重に考慮に入れなければならない。

本章では、法律的に多数ある選択肢が、結婚形態と結婚相手の選択に際して、どのように、またどの程度影響するのか、東アフリカのウガンダで実施された小規模な先行研究の結果を提示する。被調査者は、配偶者の選択の際にどのような事柄が事前に知らされていたのか、また彼女たちが特定の結婚形態を選ぶと、どのような法律的な規制が生じるのか考察する。これらの考察にはより大きな目的がある。それは文化的、法律的に流動化する複雑な社会において、個人的な人間関係に対して、国家がどのような規制を行うのか検証することにある。

結婚慣行のグローバルな多様性

多くの高度産業化社会では、結婚相手の選択はきわめて個人的な事柄であり、公に親族など血縁内の禁じられた範囲、結婚相手の年齢や性、既婚か未婚かなどの条件を除き、国家からの干渉はほとんどないと考えられている。結婚に関する両親の祝福は通常価値あるものと見なされているが、ある年齢を超えると両親の同意も法律的要件ではなくなってくる。[2]

ある文化においては、結婚は当事者同士だけの事柄ではなく、彼らの家族とより広い社会集団を巻き込むものとなる。配偶者の選択に関して、このことの意味することは多様である。結婚が、将来の配偶者をほとんど知らず、家族によって決定されることがある。ある者は家族が推薦する相手を選ぶしかないかもしれない。結婚は性、年齢、親族の範囲といった要素によって、さまざまな制約を受けるようである。[3]

結婚形態はまた、人間関係の法的な側面に重要な相違をもたらしている。その違いとは結婚が単婚か複婚かということに由来する。すなわち、結婚によってつくり出される私的関係が配偶者にとってどのような範囲となるか、あるいはみずからの家族や拡大家族と結び付く範囲はどの程度か、結婚して得た財産に対する妻の権利はどうなるのか、結婚の開始や解消は容易であるかなどの相違が見られる。

ウガンダにおける結婚の規制

文化的多様性

ウガンダの住民は、少なくとも五六の明確に区別された民族集団から構成されている。[4] それぞれの民族集団の文化的相違の程度はさまざまである。[5] たとえば、地理的に遠方に住む牧畜民の社会が、近くに住む農耕民社会よりも類似していることがある。一方、地域の言語が牧畜民と農耕民の間では区別ができないことがある。すなわち重要な文化的相違に対して、言語的には強い類似性が見られるのである。さらに南部と北部や東部と西部の間に、気質に相違があるという固定観念もある。それは結婚相手としての適合性について、集団の観念に影響を与えうるものである。

宗教的差異も重要である。キリスト教徒とイスラーム教徒の間で最も先鋭となる傾向があるが、キリスト教宗派間にも対立が存在する。ときとして、民族的なアイデンティティや帰属感をも超越してしまうものである。(6) 慣習的な民俗宗教も存在しつづけ、キリスト教徒にもイスラーム教徒にも影響を与えつづけている。

ウガンダにおける結婚を規制する法の多元性

植民地化以前、現地のアフリカ人同士の結婚は、それぞれの民族集団の慣習法によって規定されていた。(7) 一九世紀末、イギリスによって樹立された植民地政府は、いくつかの異なったタイプの結婚を合法化した。さまざまな民族集団の慣習法（しばしば複婚）のもとで生み出された制度を、ある程度公認してきたのである。(8) アフリカ人たちはそのような状況のもとで「結婚」を行ってきた。だが、希望する者たちは婚姻法によって規定された単婚を行うこともできた。人種間の結婚も可能となった。イスラーム教徒とヒンドゥー教徒の結婚を認める法律もあった。

独立後の政策も、植民地時代を特徴づけた結婚形態の多元性を維持するものであった。しかし、その多元性に関する法律やその合理性的形式にも変化の様子が見られる。現在の法制度においては四つの婚姻形態が認められているが、それぞれの形態は、財産や富の取得、配偶者や拡大家族の権利と義務、離婚手続、許容される配偶者の数など重要な相違を示している。その四つの婚姻形式とは以下のようなものである。

1　婚姻法における法律的、市民的結婚。キリスト教徒の結婚はこの法律のもとで合法化され、さらに儀式

の一部として結婚証明書へのサインを行う

2　マホメット法によって、結婚と離婚を行うイスラーム教徒の結婚

3　ヒンドゥー法によるヒンドゥー教徒の結婚

4　アフリカ法による結婚と慣習結婚条令一九七三年への登録による慣習結婚

ウガンダでは、五〇かそれ以上の民族集団がそれぞれ異なった結婚に関する規則をもっている。実際、法律は上記の四つだけではなく、民族集団の数だけの結婚形態を認めていることを議論すべきである(9)。実際、それぞれの民族集団によって認められている儀式と慣行を実践することによって合法化された結婚は「慣習結婚」と広く呼ばれている。たとえば、すべての慣習結婚はおそらく複婚と考えられる。そこでは結婚は配偶者だけとの関係というより、それぞれの家族の間の同意の結果である(10)。さらに何らかの財貨の移転ないし交換がそのような結婚の形成に不可欠である(11)。慣習結婚は、植民地時代は二次的な地位しかもたなかったが(12)、独立後の法律では、これが修正された。慣習結婚命令の一九七三年の施行によって、慣習結婚が他の結婚形態と同等な法的な地位にあることが確認されている(13)。

理論上の法と実際の法

現在の結婚制度の目的は、誰もが結婚に関する法律を選択できることである。それゆえ選択された結婚の制度は、結婚が解消されるまで維持されねばならない。Aは慣習法のもとでB、Cと結婚すれば、B、Cとの結婚が続くかぎり、Dと正式な市民法にもとづく結婚はできない。そうすることは現行法に違反することになるからである。

しかしながら、ウガンダにおける結婚慣行を概観すると、結婚制度の区別は立法者が認識しているほどには必

ずしも厳格に守られているわけではない[14]。多くのカップルは、市民法や宗教法のもとで結婚していても、慣習的な結婚慣行の少なくともいくつかを経験している。それゆえ別の相手とその後婚礼を行うことになる。このようなことが可能ならば、さらに多くの結婚をしようとする男が出てくる。しかしそのような結婚も、有効な結婚として共同体内で広く受け入れられている。たとえ法的に無効な重婚であっても、善意のコミュニティの指導者は、深く考えずに複婚の男たちをけしかけ、法を犯すのを手助けしている。それはこれまでの結婚を解消せず、キリスト教徒の妻を娶ることを黙認するのである。法を取り締まる側も、頻繁に法律を露骨に違反することを告発したりすることには気持ちが動かないようである。ある事例では、このような違法行為は、法律への無知さや不理解のためであり、ある場合は意図的に行われた。

婚姻の決定――法的多元主義における異文化結婚

方法論

この研究はより大きな調査の予備的段階をなす。今回は、五人のみずからを明確に語ることのできる、教育を身につけた女性に対して、彼女たちが結婚するにあたって、配偶者との宗教や民族、人種といった相違が、結婚の決断にどのように影響したのかインタビューした。またどのような結婚制度を選択したのか、さらに結婚制度の選択が、彼女たちの結婚の成立や彼女たちとその配偶者の役割についての認識にどのような関係があったのかについても質問した。

選択、決定の妥当性は、決定に関わる要素をどのように合理的に理解していたかが問題である。先行研究で被調査者を選択する際に注意して行ったことは、彼女たちがウガンダの結婚制度をどのように理解していたか、またその選択の意味を理解していたかということである。彼女たちが決断をするとき、後知恵によるよりむしろ、

表 7-1　異文化関係における規制的多元主義
：調査したカップルにおける結婚システムの選択

名前：民族および宗教的帰属	ウガンダ法における結婚のタイプ
アンナ：ガンダ，キリスト教 配偶者 アビイ：ガンダ，イスラーム教	市民*，キリスト教，イスラーム教，ガンダ慣習法
ハニファ：ガンダ，キリスト教（イスラームへ改宗） 配偶者 バドル：ガンダ，イスラーム教	市民*，キリスト教，イスラーム教*，ガンダ慣習法*
エディス：サミア，キリスト教 配偶者 クリス：ガンダ，キリスト教	市民*，キリスト教，ガンダ慣習法，サミア慣習法
グレイス：イテソ，キリスト教 配偶者 デイス：スウェーデン，キリスト教	市民*，キリスト教*，イテソ慣習法
イレーン：キガ，キリスト教 配偶者 フレッド：イテソ，キリスト教	市民*，キリスト教*，イテソ慣習法，キガ慣習法

＊はカップルが結婚の際，選択した法システム

どのくらいまで法的な選択について理解していたのかを質問した。インタビューを受けた女性たちは、みずからも、社会からも異文化的と見なされる関係の中に置かれていた。そのような関係にあった人たちは、結婚を規制する制度、市民的、宗教的、さらに慣習的規制など法的制度において、通常より選択の幅がより広い状態に置かれていた。**表7-1**が示すように、五人の回答者とその相手には、選択の幅があることがわかる（仮名を使用）。

回答者は個別に質問を受けた。質問はインフォーマルで、緩やかに構成されていた。平均して、インタビューは二時間半程度であった。回答者の夫は研究の次の段階で、喜んでインタビューに応じてくれるとのことであった。それは結婚制度の受け入れについてのジェンダーの相違を調査する助けになると考えられる。

五人すべての回答者は、当初からみずからと将来の配偶者との間に文化的相違があることを認識していた。二つの事例では、そのような相

違は関係を始める際の決断の一つの要素になったようだ。グレイスにとって結婚は、「きわめて尊敬すべき」家族から受ける重苦しいばかりの期待に対する反抗行為であった。エディスは亡くなった夫の民族集団の誰とも関係をもたずにすむことを願っていた。他の三人の女性にとって相違は結婚を始める際の決断に重要な要素ではなかった。結婚して相手の元に行くという決断は、彼女たちにとって相違があるからというより、侮辱的にとられないようにすることであった。

配偶者の選択に対する反応

回答者たちは、ある程度、家族の反対を克服しなければならなかったことを報告している。またそのときの彼女たちの地位が自分たちを助けたと感じている。というのは職業人としてあるいは大学生として、教育を受けていない人たちより、(結婚後)もっと独立的な地位を獲得できるという期待があったからである。

家族による結婚への抵抗の度合いは、部分的には女性の(結婚に関する)適格性への評価によって決定されたようだ。年上のイスラーム教徒であるバドルとイスラーム方式で結婚するためカトリックから改宗したハニファは、大学を出て数年たち、活躍するキャリアウーマンであったため、家族や男性から疎まれ、それゆえ結婚しにくい女性と見なされていたと述べている。彼女の家族は彼女の夫の選択に対して強く反対していたが、他の誰よりも彼女と結婚したいという彼女を認めた点ではたいへん現実的であった。

エディスの最初の夫は彼女の家族にたいへん気に入られていたが、早く亡くなってしまった。しばらく彼女は、同じように適格な男性を他に見つけることには積極的ではなかった。背がたいへん高く、ほっそりしていて、肌の色の黒いグレイスは、彼女の民族集団の中ではあまり魅力的とは考えられなかった。彼女の集団では、ぽちゃっと肥っていて、色白の顔立ちの女性が好まれていたからである。それゆえ、その後彼女がよそ者と結婚するという決定に反対する者は少なかった(15)。初婚で家族の義務を果したこともあり、再婚に踏み切ることには反対されなかった。

アンナとイレーンは、彼女たちの家族によって少なくとも普通に結婚できる存在と見られていた。「相応な青年」がすでにイレーンにはいたし、彼女がよそ者と結婚することに家族が同意するとはあまり思えなかった。そのため、家族による同意のとりつけは交渉を通じて実現しなければならなかった。結果として尊敬すべき年長の親戚や家族の友人を説得し、彼らの支持によって家族の抵抗を少なくさせることができた。イレーンにとって、最終的に重要な戦略は、結婚を妨げる現実的な手段はないのだということ、そして彼女が選んだ相手を拒否することで対立を生み出さないことを両親に納得してもらうことだった。この戦略で、両親にフィアンセを知らせることができたし、結局望んだ結果を得ることができた。しかしながら、ハニファの場合、両親は結婚式に参列することを拒否し、参列したのは親戚だけで、それも代表ということでもなく、個人的資格であった。

よそ者との出会い——機会と態度

ここではページ数の関係で、すべての事例を検討できない。考察すべき課題を示すために、結婚の選択のあり方で極端な二例を取り上げる。一つは回答者が一つの結婚法を選択した事例、他方は三つの結婚法を利用した場合である。これら二人のインタビューからの詳細な抜き書きは、この章の後半で取り上げられるが、そこで発見された事柄から一般化できることを概観することから始めてみたい。

五人すべての回答者は、近しい家族の支配や監視から離れて住んでいる間に、夫となるべき人と出会った。このことは従来の環境ではなしえなかった関係が発展しうる機会となった。同様に重要なことは、彼女たち自身の生き方である。それはよりコスモポリタン的な身なりをし、年長の世代や教育程度のいくぶん低い友人や親戚とは異なったライフスタイルを好んだことにある。(16)

そこで結婚形態や配偶者のアイデンティティのあり方が、両者の関係をどのようにつくり出し、またどのように影響を与えているかという女性たちの意見を取り上げる。もし教会で市民結婚をした場合、結婚は単婚で「近代的」なものになり、配偶者もそのことに合意する状況にあった。彼女たちは、配偶者とのさまざまな相違を挑戦的に克服していくこと、またそのことが結婚の順調さを示す重要な指標と見なした。まわりの人たちは彼女たちが失敗することを期待し、二人が間違っていることを証明させようとしていたからである。

ムスリムの男性と結婚した二人のウガンダ女性は、イスラーム法にしたがうかどうかが慎重に検討された。ウガンダでは、歴史的理由から、キリスト教徒とムスリムは互いの相違を否定的に見なす傾向があったからである。(17) 特定の宗教的境界を越えて結婚することは、結婚して集団から外に出ていくものと見なされている。それは以下の二例でも見られるように、カップルは同じ民族集団に属しているが、名目的であれ宗教が異なっていることが問題とされる。

結婚についての回答者の認識

ケース・スタディ1：アンナ（キリスト教女性）とアビイ（ムスリム男性）

アンナは、教会に通ってはいたがとくに熱心ともいえないプロテスタントの家庭で育った。彼女は元ムスリムのアビイと結婚することになるが、イスラーム式の結婚をすることはまったく考えていなかった。幸運なことに、アビイもそのことには反対しなかった。彼らは市民結婚を選択したが、そのとき彼女らは外国で暮らしていたので、故国にいるとき受けるような家族のプレッシャーを受けなくてすんだ。彼らは結婚してから二年ほどしてウガンダに帰国した。

アンナがイスラーム結婚を拒否した理由は以下の通りである。女性が結婚式で何の役割も果たさないこと、夫が複婚を受け入れたり、夫からの一方的な離婚（talak）の可能性があること、また彼女がイスラーム式に結婚していればムスリムの妻になることによる、夫の家族からの期待などがあったからである。市民結婚の利点は、結婚する双方が単婚を続けること、それからの逸脱は違法となることを認識していることである。市民結婚が近代的な結婚を象徴する点で、双方の結婚には法的規制についての大きな相違がある。

これまでアンナは、結婚を妻が家庭において、子どもや夫の世話をするうえで依然として重要な慣習であると考えているが、それは慣習法やイスラーム法によって規制されたものではないとも考えていた。彼女は「彼らの」妻であると考えられるような慣習のもとで、夫の家族や彼らの要求に応じることはできなかった。たとえば、慣習法のもとで結婚した妻は、ムラからやってくる親戚の絶え間ない行列を迎えるために、いつも家にスペースを空けておくことを期待されることに、アンナは耐えられないと思っている。一方、近代的なスタイルで結婚した者は、身近な家族に属していない人たちによって、とくに警戒心をもって見られることがあるかもしれない。だが結婚して八年たつアンナは、彼女の選んだ結婚形態がイスラームや慣習法によって結婚式をあげて結婚していたよりも、彼女にきわめて大きな自由を与えていることを確信している。

アンナとアビイは慣習結婚をすることに必要な何の行為もしていなかった[18]。彼女たちは結婚の考え方に大きな相違があるとは考えなかった。二人はそれぞれの核家族と拡大家族の主要なメンバーの期待に応えていた。また葬式のような参列を期待される機会には、出席して双方の親戚に義理を果たしていた。子どもたちに命名するときには夫の家族のところに出向いたし、氏族名もイスラーム名もつけてもらった。彼女は子どもたちが彼女の家族や友人たちに変わった者としては見られないと思った。

結婚の形態は妻の財産権と重要な関係があった。アンナの考えでは、彼女の結婚形態では夫婦の財産は共同で所有されることが自明のことである。夫婦の家は共同名義だし、事業でも同等の権利をもっていた。アビイはつねに彼の親戚に妻がすべての財産に取り分をもっていること、またどのように使用するかについて発言権をもっていることを告げていた。彼女は男性の財産は氏族の所有であるという伝統的な考えに固執する者たちにとっては、不快であることを知っていた。もし夫が突然亡くなったら、親戚の中には自分の取り分を求めて、これまで取り決められてきたことにしたがわないかもしれない。アンナにとって、それは自分と子どもたちからの盗人行為に等しいものであり、そんなことはさせないつもりである。「私は動かせるものすべてに鍵をかけ、家族に共同名義であるという文書を突き付けるだろう。必要なら、警察を呼ぶだろう」と述べている。もしアビイに先立たれ、紛争になったら、アンナは自分の取り分を求めて法廷に訴えることだろう。

親族との間の相違が表面化する一つの領域は葬式である。イスラームの方式は慣習法やキリスト教の方式と異なっているからである。ウガンダの習慣では、埋葬への参列は双方の家族にとって重要な義務となっているので、双方の相違はそこでは解消される傾向が見られる。他の相違は豚肉や酒類の禁止に関することであるが、これは些細な不便さといえるにすぎない。さらに、彼女の家族は彼女が自分たちの集団から配偶者をもらわなかったことに当初こだわっていたが、彼女の結婚は明らかにうまくいっていたし、アビイに悪いところはなかったので、克服されたと確信している。彼女の評価によれば、広範囲におよぶ文化的相違は、結婚へのストレスというよりエネルギーの源泉であった。

ケース・スタディ2：ハニファ（キリスト教女性）とバドル（ムスリム男性）

ハニファもアンナのように、キリスト教徒であり、ムスリムの男性と結婚した。しかしながら、二人の女性の結婚には大きな相違がある。ハニファの家族は敬虔なカトリックで、拡大家族には一人の尼と司祭がいるほどである。一方、彼女の夫バドルと彼の家族はイスラーム教を信奉している。アンナと異なり、ハニファは夫と出会ったとき、夫よりもかなり若かった。彼はイスラーム法のもとですでに二人の妻をもっており、彼女たちとの間に五人の子どもをもうけていた。事をさらに複雑にしたのは、双方の家族が同じ小さな町に住み、しかも、ともに熱心なムスリムとカトリックのコミュニティの中にいたからである。

バドルはムスリム・コミュニティの中心人物であった。それゆえ彼がキリスト教徒と結婚することは、彼の家族の立場を悪くするので、市民結婚はありえないと考えられた。せめてイスラーム形式の結婚式をしないように調整するしかなかった。だがハニファはイスラーム教に改宗し、イスラーム法のもとで結婚しなければならなくなった。イスラーム名も与えられた。彼女はたやすい決断ではなかったというが、いくつかの点で譲歩しなければならないことは、彼女の取引する立場を強めるものとなった。バドルは、ハニファが彼と関係をもつことで、彼女の家族との関係に緊張感を与えていたことを十分認識していた。彼と結婚し、イスラーム方式で儀式を行うことについて彼女が懸念したことは、アンナの場合と同じである。同じ町に住む双方の家族や友人の期待に背いているからである。彼女が彼から得た代償は、彼が他の妻と離婚し、結婚式は市民的形式ですることであるが、イスラーム的な結婚をすることになった。彼の妻の役割として、これは難しいことではなかった。彼にとっての彼女の魅力の一つは、有能な職業人としてのイメージをもつ彼女の近代性にあったからである。彼も彼女に善良なムスリムの妻としてあるばかりでなく、近代性を継続してほしかったのである。

バドルは、地域でみずからの家族をのけ者にされないようにするため、彼の妻たちを離婚させることはできなかった。むしろ、彼女たちとの関係を解消せずに、彼女らを援助することにした。その結果、（事態は急転し）静かな市民的結婚が大規模なイスラームの結婚式にとって変わった。彼らはまた、同じような信仰をもつ二人が結婚するときに行っていた、重要な慣習的結婚のいくつかの慣行を執り行った(19)。

その際、ハニファは現存するイスラーム結婚の上位に市民結婚を位置づけることは違法であり、法的に価値がないことは熟知していた。しかしながら、彼女が儀式を行う理由は、イスラーム的な儀式や慣習的な儀式だけを行っていたら、彼女が高めてきた期待に背くことになると思ったからである。それはまた彼女の家族の気持ちを慰撫することになった。彼女の意見では、彼女を通常のムスリムの妻以上であってほしいというバドルの考えをも補強するものだった。ハニファにとって、市民結婚は、彼女がムスリムの妻になるにしても、夫を含め他者をすべてを受け入れてはいないことを表明するものであった。

結婚して一三年、結婚の形態に関する相違や妥協が、二人の関係をどのようにつくってきたと彼女は感じているのであろうか。アンナのように、ハニファも相違が彼らの結婚をゆるがしたというより、むしろゆるぎないものとしたと感じている。しかしながら、彼女は家族に対して、結婚がうまくいかないと考えたり、うまくいけば嬉しいと考えたり、そこには大きな賭けがあったことを強調している。また男は失敗しても失うものはないと彼女は感じていたけれど、バドルも同じように結婚に威信をかけていた。双方とも結婚におけるそれぞれの役割に懸命に取り組んでいたのである。彼らの最大の危機は、結婚して三年たったときのことである。そのときバドルには、妻の一人に、みずからの名前を受け継いでもらおうとした子どもがいた。彼らは危機を脱したけれど、彼女はそのようなことをくり返してはならないと思った。

思い起こせば、ハニファは結婚生活をすることはもっとたいへんなことであり、期待しているよりさらに複雑であると感じていた。たとえば、真にムスリムであることを期待されていることを知って、戸惑った。金曜日にはモスクに行かなければならなかった。コミュニティでバドルほどの地位にいれば、ムスリムの女性グループと関わりをもたざるを得なかった。彼女は誰にでも、ムスリム名を使うように求められた。その結果、彼女の三人の子どもたちはムスリムとして育てられている。

他方、彼女は仕事をこれまで同様続けており、つねにバドルの右腕であった。彼女の家族は今はバドルを受け入れ、尊敬している。彼女の結婚も彼女の家族に次第に受け入れられていった。イスラーム的信仰や文化にさらされることで、ムスリムへの無知や偏見にも向き合わなければならなくなった。それにもかかわらず、彼女は夫や子どもたちから「ムスリム」という点で、疎外されていると感じている。どのようにその役割を果たしても、心底からムスリムではないと思った。

ハニファは、二人の間に相違が存在することで、しばしばうまくいくことがあると感じている。たとえば、バドルはハニファにみずからのビジネスの出資者となってもらうために、すべてのビジネス文書を変更してきた。その立場は彼の他の妻たちが手に入れることはできなかった。彼女は、妻たちの中で最初の妻ではなかったが、このことは彼らの結婚を平等なパートナーであると確信させるものであった。他の者は彼が妻に顎で使われていると揶揄した。彼は善良なムスリムとして、妻がしていることに完全な信頼と自信を示すため、人々を当惑させてしまうことがあった。同じ信仰をもつ仲間に、自信や平等性を同様に示したけれど、彼を褒めたたえる者は少なかった。彼のこのような性格から彼を嘲笑することは、彼らの結婚や妻たちへの態度を肯定的にとらえていないことを示している。

ハニファは、またもし未亡人になればよそ者として潜在的に脆弱な立場になってしまうことを考えて、彼女の財産の一部を確保することができた。彼の他の家族の関与があれば、彼女と子どもたちが生存中安全であるかどうかがわからなくなると思っていたからである。バドルはおそらく、彼女を理解し、彼女の恐れを共有していた。離婚や彼の死の際には財産は与えられるため、法律的な解決を求めることはないようである。

結婚の規制と法的多元主義の隠された理論

法律の現実的な規則や意図に関係なく、みずからに適合する複数の結婚制度を受け入れるハニファやバドルには、何が起ったのだろうか。

法的多元主義の理論は、ここで述べるような婚姻法の働きを分析する一つの方法を提示するかもしれない。[20] 法的多元主義では、複数の法的秩序に適合するような行動が社会集団内に生まれる（Griffiths 1986：1–55）。そこでは「弱い意味」での多元主義と、「強い意味」での多元主義が区別されている。前者は国家が規制する多元主義で、後者は「社会科学」的多元主義である。その概念は社会科学の中で一般に理解されているものである。これは集団が国家によって規定された規則以上の規則にしたがうという状況をさすものであり、多くの複雑な社会の特徴である（Griffiths 1986：1–55）。

サリー・フランク・モアーは、彼の代表的な研究において、たとえば家族から労働の場に至るまで、あらゆる社会がさまざまな分野やレベルで組織化されていると結論づけている。より大きな政治体制の中での下位グループは、みずからを規制するために具体的な規則をつくり出す。それはより広い社会秩序の規則と一致したり、あるいは対立したりするかもしれない。法律的には「半自治の社会集団の自己規制」として定義されるものである(Griffiths 1986：38)。社会集団は半自治的であり、法律によって規制されるのを期待している単位ではなく、むしろ自己規制の単位となっている。

(この単位は)内部的に規則や慣習や象徴をつくり出す。……とはいえ、それは取り巻いているより広い世界から提示される規則や決定や他の力に打ち負かされやすい。半自治的な社会集団は、みずから規則をつくり出す能力をもっている。また服従を強いたり、強制したりする手段をももっている。だが同時に、それに影響を与え、規制することのできるより大きな社会的基盤の上に築かれている(Moore 1978：55-6)。

この法的多元主義の理論は、「法」を、社会集団が内部的規則を生み出していく際の標準的な秩序と定義する。人々が属する異なった社会集団から生み出される要求に対立があるため、政府が法律制定を行っても、実際には頻繁に失敗してしまうことがある。また二つの意味をもつ多元主義が広範囲に存在するウガンダで、法律的規範と期待が複雑に併置している結婚システムはどのように機能しているのだろうか。

もし二つの意味をもつ多元主義の一方を受け入れると、異文化間で結婚したカップルは半自治的社会集団のメンバーと見なされ、そこでは相互の相違についての受容と妥協が、(特定な集団の)一般的な秩序となる。(21) いくつかの規則は国家の法律と一致するものであるが、なかにはそれに違反するものもある。だが特定の規則のもとで結婚する人たちに義務を課すことで、その社会集団内には受け入れられる。複婚形態で結婚した男は、明らかにたんなるガールフレンドや妾でなく、妻に正式な地位を与えることを期待されている。バドルのような地位にいるムスリムの男は、先妻を丁重に扱うべきであり、ハニファには市民法で結婚したことを暗示する特別の地位を与えることが期待されている。彼が市民法である国家の法を犯しても、彼らの社会集団に対する義務を果たしていれば、彼らの期待を覆すことにはならない。

国家の法律を犯すことが国家の法の範囲内で起こり、かつそれが確認されることは注目すべきことである。人々が結婚するために選ぶ規則は、公式な規則とは一致しないかもしれないが、完全に新しい、異なった規則というより、明らかにさまざまな国家の認可を受けた規則が混じり合ったものである。形態の類似性はあろうとも、法的効果における相違は明白である。国家の法律にしたがった結婚は、人々に「結婚している」という法的地位を与えるし、また国家が配偶者間や第三者に対して与える権利と義務を生じさせる。一方、国家の法律にしたがわない結婚が、仲間の期待に背いた場合は、非公式な制裁を受ける。一つの社会集団に拒否されることとは別に、合意された規則の重大な違反に仲介者として友人や家族などを巻き込む可能性もある。これらの集団が課すことのできる圧力はインフォーマルであるが、それでも効果がある。友人や家族の支援や尊敬を勝ち得ていくことは、個人の安寧にとって重要であるし、その圧力は人々が属する身近な集団の栄誉を守ろうとする場合増大するからである。(22)

結　論

ここで報告した先行研究は予備的なものであり、ウガンダの人々の事例を適切に代弁するものではない。それゆえ次に述べることは結論というより、観察を一応終了するといったものである。ここで取り上げた事例研究は、法律的かつ社会科学的多元主義の立場から、異文化結婚がどの程度国家の規制的枠組みを考慮に入れて行われているかについて、ある幅があることを示している。一方で法律を多少なりともうまく利用しているアンナの事例から、他方三つの異なったシステムのもとで結婚し、実際、国家の法制度に反しているハニファの事例までさまざまである。他の三つの結婚は、この両極の間のどこかに位置づけられるといえよう。

さまざまな結婚制度が存在することは、全体として規制のあり方にかなりの振幅が見られることである。異文化結婚において、選択の幅がより広いことは結婚の複雑さを反映しているようだ。この研究で発見したことは、彼らがそのような地位にいるとき、女性たちは、男性たちよりみずからの要求や関心に適合するように制度に積極的に関わっているようだ。

人々は（結婚で生まれる）法的地位よりも、最も強くアイデンティティをもつさまざまな社会集団の承認を得ることに関心を抱いているようだ。もしそれぞれの文化的（宗教的を含む）集団による結婚の承認と、法的承認の間で選択を迫られるなら、必ずしも長期的にはそうではないにしろ、少なくとも選択の時点では、前者の集団の支援が大多数の人たちにとって、より重要なものとなるであろう。[23]

国家が法律などの特定な方法で社会をつくり出したり、統制しようとしても、ここで述べるような状況は法律が制定される際に基本的な原則ではなくなっていることを示している。おそらく多文化かつ多様な側面をもつ社会の複雑さを十分考慮していなかったのであろう。実証的な法的手段をとる傾向は、人々や人々の関係を整然とした別個のカテゴリーに区分することにある。ますます多文化化し、変容しつつある社会において、形成され実践される個人的関係は、そうたやすく分類しえない。さらに立法行為は通常の空白を埋めるようには思えない。新しい法律は、必ずしも既定の利害を変更させるには至らない、それゆえ（厳密に実施したいなら）古い規範的秩序を離れようとする人々との戦いとなる。社会的習慣を形成するこのようなプロセスは、変化を達成する手段として、法改革を提唱する人たちによってまだ十分に検討されてきたようには思えない。

ウガンダのような国々では、異文化結婚は古い障壁が崩れるにつれ、もっと頻繁に起こりつづけるであろう。

そのような関係は、文化の不変性というよりむしろ、文化のダイナミズムを刺激するものである。それらを調査することは、立法的、政策的意図とは関係なく、どのように法律の受託者がみずからの要求に合うように法律を解釈し、適合するように選択したかという問題に洞察を加えることができる。そのような状況は、法と社会変化のプロセスをより明確に理解したい人たちに、豊かな研究の基盤を提供しつづけると思われる。

註

（1）現在、結婚制度へのグローバルな関心は、結婚の不安定性と、若者たちの非行を含む社会的機能不全の増大との間に相関関係があることを示すものである。

（2）例として、一九四九−八六年のイングランドとウェールズの結婚条令を参照。これらの条令に加えて、将来のパートナーの国籍は、カップルが一緒に生活するために入管規則に合致する必要があるといった点で、国家の関与を示している。本書第8章も参照。

（3）一つの事例は、一九七三年のウガンダの慣習結婚条令によって課せられた年齢制限である。

（4）これらは、一九九五年ウガンダ共和国憲法第一条に記載されている。

（5）本章で使用されているように、「文化」という言葉は、人々の信仰、価値、規範、行為などの全体をさし、通常、人類学者が使うように広い意味で用いられている。

（6）植民地主義の終焉を迎えた頃出現した主要な政党の二つは、事実それぞれがプロテスタントとカトリック教会と同一視された。

（7）「慣習法」という用語は、用語の背後にある文化的同一性や慣行の大きな複雑さを曖昧にしてしまう。そのうえ植民地時代から続く慣習法が、実際どの程度慣習的であるか、むしろさまざまな利害の産物ではないかという疑問も出ている。Snyder（1981）参照。

（8）これは、イギリス法によって決定された道徳ないし自然的正義の概念に矛盾しない慣行や習慣をさす。その議論はAllot（1970：Chs 5）参照。

（9）「カレマ報告」（1965）は、おそらくさまざまな民族集団の慣習行為について、最も詳細な概観を提示しているといえるだろう。

（10）何人かの識者たちは、これらの結婚を二つの家族の男性成員の間の合意として特徴づけている（Tamale & Okuma-

Wengi 1992）。しかしこれは誤りである。たとえばウガンダでは、花嫁の父方のオバ（ssenga）が将来の婿の適格性を決定する重要な役割を果たしている。結婚の取り決めに対して、氏族の非成員に対立する女性成員の役割を区別することは重要である。Musisi（1993）も参照。

（11）一九七三年のHigh Court Divorce Jurisdiction（高等法廷離婚裁判権判例第8）として報告されているAyiiya v. Ayiiyaの判決はこうした趣旨である。婚資が花嫁の家族から花婿の家族に流れるという一般的な考えに反して、慣行はさまざまである。たとえば、南ウガンダのバキガ族では、花嫁の家族は実質的に花婿側に（婚資）を贈る。彼らの隣人バンヤンコールでは、家族間と二人に贈り物が実際に渡される。

（12）R. v. Amekeyo（1917）の東アフリカ上告法廷の事例を参照。そこでは結婚は「同棲」の一つの形態として特徴づけられている。

（13）結局、Alai v. Uganda（1967）の判決は前で引用した決定と興味深い対比をなす。Semafumu（1991）参照。

（14）これらの観察は、著者によるウガンダの国民法教育への法律実務と関与への五年におよぶ経験にもとづいている。これ以上の議論はSemafumu（1991）参照。他の情報は以下に論じるインタビューにもとづく。

（15）三人の女性すべては、明らかに結婚市場での家族の評価を共有している。しかしながら唯一最初の女性だけが、夫と結婚した彼女の決定に影響を与えたと述べている。みずからを自分の文化集団では比較的魅力的でないと考えることはその人を外部の人と結婚しやすくさせるようだ。本書の第3章を参照。インタビューを受けたすべての人は結婚したかったし、結婚を個人の幸福にとって、また家族やより広い社会集団の中での立場を保つのに重要と見なしている。

（16）実際、彼女たちの考えは、共有した社会経済集団と教育的背景が、共有するエスニシティや宗教よりも、共通した文化をつくり出す程度について、基本的な問いを投げかけるようであった。

（17）イスラームはキリスト教より以前にウガンダにやってきた。一八七〇年代、この二つの宗教は、王国の改宗のために激しく競い合った。それは一八八〇年代には武力闘争にまで達した。さらにこの議論に関心のある方は、Rowe（1988）の257-79、とくに268-73を参照。

（18）慣習結婚はオクワンジュラ（okwanjula）と呼ばれ、女性家族と氏族の主要メンバーに男性を公式に紹介する行為からなる。象徴としての花嫁代償は、結婚前の一連の交換の終了の日に与えられる。その日、男側の代表は、ある慣習的な品（kasuzze katya）を持って現われ、花嫁を手に入れなければならない。この儀式によって、結婚の約束ができ、花嫁は生地を離れることができる。

（19）前註を参照。

(20) 法的多元主義の理論の発展についての全体的な検討には、Merry (1988：869-96) を参照。
(21) ここにおける社会集団は、必ずしも、同じような関係に置かれた他のカップルから構成されるだけではなく、特定のカップルによってなされた取り決めに関与したり、立ち合った集団であり、証人である家族や友人たちや、取り決めの破棄には非難をする人たちからなる。
(22) この種の規則や制裁が、適切に法と呼べるかについては重要な留保がある。残念ながら、ここでさらに議論をするスペースがないので、Tamanaha (1993：192-217) を参照。
(23) 関係の法的承認より社会的承認を重視する長期的な意味は、パートナーが死亡した際に重要となる。財産に対する強制権は、法的な結婚であったかどうかによるからである。

第8章　愛と国家
——ドイツにおける女性、異文化結婚、法

ローズマリー・ブレーガー

純粋な愛の過程

高度に工業化したヨーロッパおよびアメリカ社会を対象とした、婚姻や家族に関する人類学や社会学の研究では、配偶者の選択は本来私的なものであると想定されている。そのため研究者たちは、配偶者の選択に影響をおよぼす社会文化的、心理的要素に着目する傾向にあるが、法的規制やその背後にある人々の固定観念や推測についてはあまり関心を示さない。

だが、実際ドイツでは、他の国々と同様に、国家が婚姻関係に何を期待するか、何を認めるかを定義し、それによって幅広い正式な制限を設け、受け入れられる結婚相手のカテゴリーを定めている。また外国人との結婚に対して、ヨーロッパ法の下で、かなり厳格に市民権の統制を行っている。一般に外国人がドイツ的なものからかけ離れていると思われれば思われるほど、国家の統制はさらに厳格になる。

国家は、配偶者選択の自由という市民権へ、さまざまなかたちで干渉している。それは、たとえば外国人配偶

者の入国制限、一時的な滞在ビザの発給や婚姻許可の引き伸ばしや拒否、ドイツでの長期居住や就労の規制などに見てとれる。また国家はその権威によって、外国人についてのある見解を流布し、彼らに関する否定的な言説の創出に関わり、しかもそれを合法化する。さらにこれらの言説は、担当職員が彼らの自由裁量を行使して、外国人の婚姻申請を審査する際に影響を与える。少なくともこうした言説は、一般的に異文化に対する不安を引き起こしている。

このように国家は、外国人との結婚は望ましくないという言説や政策を示したり、外国人を劣等者と定義している。配偶者自由選択の権利（ヨーロッパ人権協定第一二条と一四条）を不本意ながらも付与した特権とまで見なしているのである。このことに関して、三つの主要な課題がある。第一は市民権の規制であり、第二はそれに関する権利と義務の問題であり、そして第三は、婚姻や家族に関する国家イデオロギーの問題である。これらは新しい市民の再生が国家によって制約され、抑圧されていることを示している。しかもその背後には、過去のドイツで生み出されたさまざまなナショナリズムと絡み合った、国家のあり方を規定する困難な問題が存在している。

本章は、このような法律がもつ意味とその解釈、さらにそれらを取り巻く社会の言説について考察していく。異文化結婚が直面する困難さを認識すると、公的な要因やここからさらに生じる要因によるストレスや緊張を経験し、さらにそれらを克服してきた人たちが、きわめて強靭になっていることが明らかになる。

ここに提示される課題は、私自身の経験、とりわけフィールドワークや学問的、私的関係で私が出会った一八組の異文化結婚カップルの経験、私自身が一八カ月間メンバーであったさまざまな国から来た女性たちによって構成されていたグループや、私が在籍していたドイツの大学の外国人学生会での経験などにもとづいて検討される。

労働者から配偶者へ——ドイツにおける外国人たち

近代ドイツに含まれる地理的な地域には、つねに多くの異なる文化的出自の人々が暮らしてきた。中央ヨーロッパというドイツの地理的位置やヨーロッパ人の移動と交易ルートの複雑さを考慮すると、このことは驚くほどのことではない。さらにドイツでは、一九世紀終わりから一九七〇年代半ばにかけて、実業界と国家が多くの外国人を労働力として積極的に補充してきた経緯がある。たとえば一九世紀の終わりには、多くのポーランド人が、ルール工業地帯の石炭業や鉄鋼業のために、プロシア統治下のポーランドから労働力として徴集された。またドイツは一九五五年以降、イタリア(一九五五年)、スペイン(一九六〇年)、ギリシャ(一九六〇年)、トルコ(一九六八年)、モロッコ(一九六三年)、チュニジア(一九六五年)、そしてユーゴスラビア(一九六八年)と労働力補充の合意書に署名している。とはいえ原油価格の高騰によって景気後退を余儀なくされた一九七三年には、労働力の補充は中止された(Treibel 1990)。当初、労働許可と労働契約は短期的であった。しかし、毎年の労働力の入れ替えは費用がかかった。そこで、実業界が政府に対してロビー活動を行い、その結果、更新が容易になり、長期契約が可能となった。これが、ガストアルバイター(客人労働者)と呼ばれる人の多くがドイツに居残った由縁である。しかしドイツ政府は、今なお移民国家ではないと主張しているため、相当数の外国人住民に、自治体・地方・国家市民権を与える必要はないと見なしている。

こうした経緯から、今日ドイツに暮らしている外国人の大多数は、補充労働者や彼らの家族、あるいは、彼らの中の成功者である。一方、難民認定を受けた人はごく少数であり、経済的エリートである移民——会社幹部や多国籍企業のエリート——はさらに少ない。一九八九年には、全人口の七・五パーセントにあたる四八〇万人が外国人であって、そのうちの約三二パーセントをトルコ人が占めていた。

ドイツでは、ドイツ人以外の人との結婚は、第二次世界大戦後、少しずつだが着実に増加している。異文化結婚の件数は、一九八〇年には、登録された全結婚数のうちの七・七パーセントを、一九八九年には九パーセントを占めるようになった。[1]外国人配偶者となりうる人との接触をもつ機会として、次の二つが考えられる。一つは、移民労働者の子どもたちがドイツの学校へ通い、ドイツ人の友人をつくるようになったこと、もう一つは、とくにヨーロッパ内での観光業の成長にともなって、一九六〇年代以降、ドイツ人が外国人労働者の出身国を含むさまざまな国へ旅行するようになったことである。

以下の統計は、ドイツで届け出られた婚姻のみについてである（Wolf-Almanasreh 1991）が、この中で興味深い点は、フランス、イギリス、アメリカのように（Barbara 1989; Spickard 1989; Crester 1990 参照）、ドイツ人女性の異文化結婚の数が、ドイツ人男性のそれを上まわっている点である。一九六九年から八九年までの間の全異文化結婚件数のうちドイツ人男性と外国人女性の結婚の割合は、三八パーセントにしかすぎない（Wolf-Almanasreh 1991 : 23ff）。フランスにおける異文化結婚の調査からバーバラは、「禁じられた人」と呼ぶ女性たちの異文化結婚は、社会集団が脆弱なほど統制されがちであると主張する（Barbara 1989）。しかし、本章の冒頭でも論じたように、どの民族集団も婚姻に関する選択をすべて統制している。これはマイノリティな民族集団だけでなく、マジョリティ集団も同様で、特殊な集団の出自である人との結婚を選択することを考えていないし、そのような人たちと社会的距離を保っているのである。[2]またこれまでは、日本人や中国人男性たちが結婚のため自国へ戻ることを好んでいた一方で、アメリカにいる日本人女性や中国人女性たちが、社会的地位が非常に低かった二〇世紀初頭から、好んで異文化結婚をしていた事実は説明されてこなかった（Spickard 1989; Lee & Yamanaka 1990; Lee Sung 1990）。

ドイツ人男性と女性は、さまざまな国の外国人を配偶者に選ぶ傾向にある（図8-1）。ウォルフ-アルマナスレー（1991）は、自国の経済状況が変わるとともに、とくに東欧諸国からの越境がより容易になったときに外国

人配偶者の選択が変化を見せた、と論じている。(3)

ドイツ人女性の夫の出身国を見てみると、北アメリカ出身者が最も多く、外国人の夫の一六パーセントを占める。そして、イタリア人、オーストリア人、ユーゴスラビア人、さらにここ一五年はトルコ人がこれに続く。全体的に見ると、中央ヨーロッパ出身の男性が異文化結婚の相手として六一パーセントを占める。一方アジア出身者――なかでもイラン、インド、パキスタン出身者が多い――は一〇パーセント、アフリカ出身者も九パーセントで、中南米出身者はごくわずかである。

十分な規模の統計にもとづくこの研究では、性差による選択パターンが考察されていることから、いまだ調査中ではあるが、以下のような仮定を掲げることができる。かつてアメリカ人男性が好まれたのは、戦争によって荒廃した母国を去る手段であり、その後は、アメリカの生活と自己表現の自由という民衆神話が、多くの若いドイツ人たちに素晴らしい魅力となっていたからだろう。そしてドイツ人女性は、イタリアやトルコの男性を、エキゾチックな固定観念――浅黒い地中海的な外見、女性との交際で若いドイツ人男性がほとんどとらない態度をとることに対する喜び、そして生の喜び――の魅力ゆえに選んだのかもしれない。(4) これらは固定観念ではあるが、その中には、明らかに男女の接触のあり方や求婚行為における真の姿が含まれている。またドイツ人女性の異文化結婚者の約一〇人に一人がアジア地域出身の男性と結婚する理由を推測することは、さらに難しい。彼らの多くは、ドイツの大学で勉強するためにやって来て、ドイツ人女性と出会っている。そのほかは、旅行中に出会ったケースやドイツに暮らす外国人労働者や彼らの子どもたちの場合もある。

ドイツ人男性の異文化結婚は、ドイツ人女性ほど多くはない。彼らが好む外国人配偶者は、ヨーロッパかアジア出身の女性たちである（図8-1）。一九八九年の外国人花嫁の三分の二は、ヨーロッパ、とりわけポーランド、ユーゴスラビア、オーストリア、イタリア出身者であった。ポーランド国境の解放後、ポーランド国籍の花嫁の割合は急増し、一九八七年は一〇パーセント以下だったが、一九八九年には二〇パーセント以上に上昇した。ア

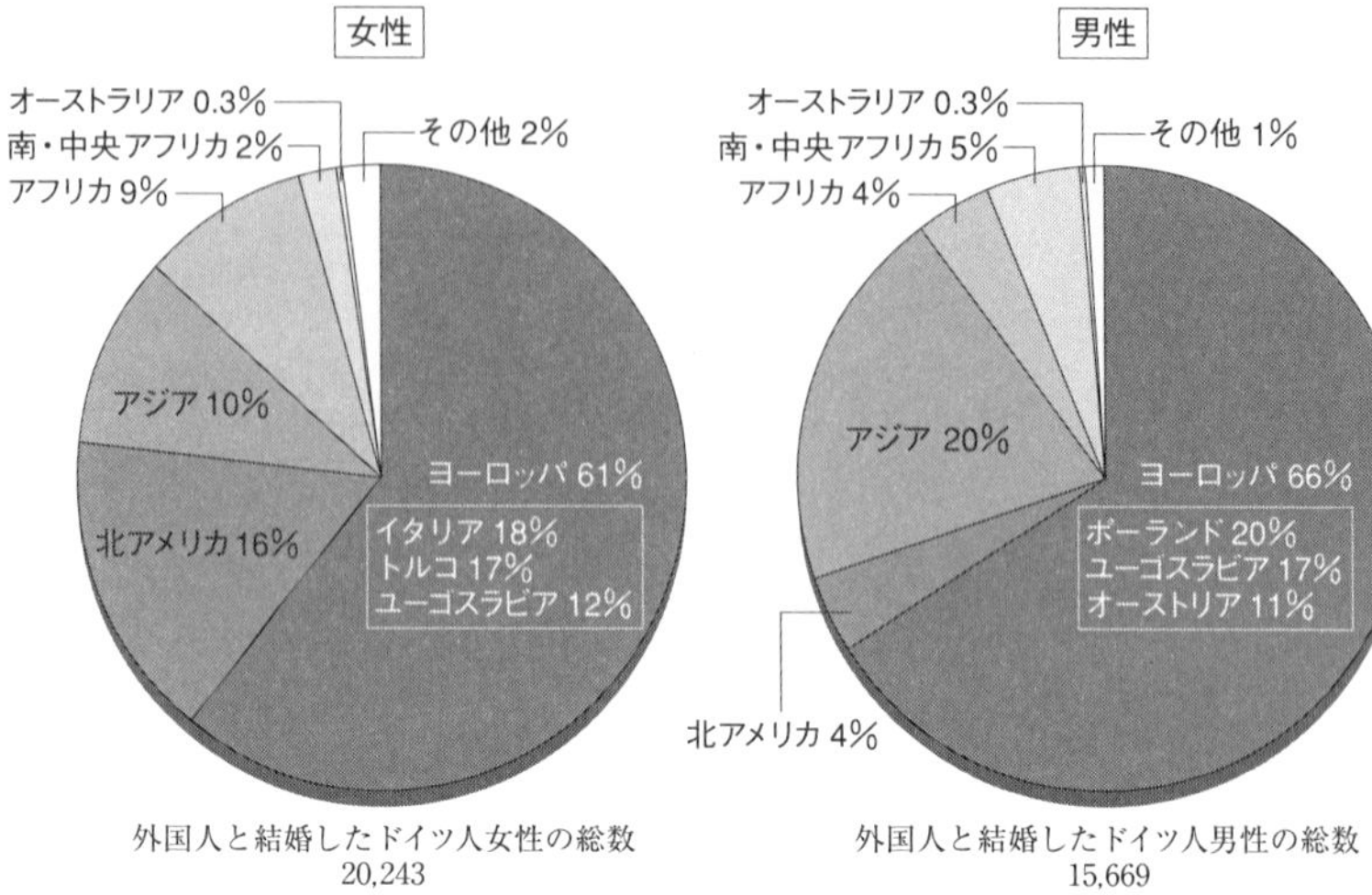

出典：Wolf-Almanasreh 1991 pp.28-9より作成

図 8-1　ドイツ人の外国人配偶者の出身地（1989）

ジア出身、とくにセックス・ツーリズムが盛んな国々からの花嫁の数は、ここ一〇年で全外国人花嫁数の一一分の一を占めるまでになった。ドイツ人男性の異文化結婚について、ドイツ人女性のそれと比較すると、ドイツ人男性とアフリカ出身者との結婚の割合はドイツ人女性の半分、アメリカ出身者との結婚は四分の一である。

男性の配偶者選択に影響をおよぼすおもな理由として、以下の二点をあげることができるだろう。第一は女性配偶者の結婚に規制があることである。ドイツ人男性が配偶者を選択しようとするとき、配偶者を提供する集団がそれを妨害するのである。バーバラが言及するように、いくつかの文化圏、とくに政治的マイノリティ集団の場合、女性が他の集団の男性と結婚することが男性以上に厳しく制限されていることがある（Barbara 1989）。また、女性に対する規制や差別があるため、男性のほうが、就労もしくは留学のために外国（たとえばドイツ）へ行くという結果が生じている。外国人女性の学生や就労者の割合が外国人男性より低いのはそのためである。第二の理由には、ドイツ人男性の配偶者選択において、性差による役割や男らしさ・女らしさが含まれている。

なぜポーランド人女性が、近年、人気の花嫁であるのかを理解するには、彼女たちの夫であるドイツ人男性が、ポーランドの出自であるかどうかをまず尋ねる必要がある。とくにルール地域には、プロシア領ポーランドからルール鉱山に働きに来ていたポーランド季節労働者の子孫が、マイノリティとして多数居住しているからである。こうした家族の出身者は、いまだにポーランドと何らかの関係を維持しているかもしれず、ポーランドを訪れた際に将来の花嫁に出会ったのかもしれない。あるいは、彼らは結婚を通じて彼らが受け継いだポーランド的な感覚を引き出したい、という欲求にとりつかれているのかもしれない。しかし不運にも、これに関する資料は今日ほとんど入手できない。またポーランド人の日常生活に関するいくつかの研究は、ポーランド人女性が、家事のほかに男性からの援助が期待できない複数の重労働に従事していると報告している。つまり彼女たちは、忍耐力とやりくりのうまさを兼ね備え、計り知れないほどの重労働をこなしているのである（Höllinger & Haller 1990）。これはまだ仮定だが、ひょっとすると保守的なドイツ人男性たちは、フェミニスト意識があるドイツ人女性よりも、このように強靱で、性差による厳しい労働区分や家庭のおける男性の権威を受け入れるパートナーを好むのかもしれない。

この後者の理由は確かに、パートナーとしてフィリピンやタイ出身の女性を選ぶ古いタイプのドイツ人男性にもあてはまる。エキゾチックで官能的で献身的なアジアの女性というイメージは、長らくドイツ文学やメディアの中で描かれてきた(5)。この固定観念にしたがえば、アジア女性の本分は、夫を喜ばせ、服従することである。そしてこうした言説が一般的であるために、ある一部のドイツ人男性の間では実際に、アジアの女性は攻撃的でフェミニズム的なドイツ人女性よりもよい妻になると見なされている。こうしてフィリピン、台湾、タイのようなアジアの国々でも結婚斡旋会社が設立され、そこを介した花嫁探しが行われるのである。仲介業者は、ドイツ人男性のために外国人の花嫁を探し、ドイツ人女性のためにはまず外国人ではない男性を探す。またこうした業者の中には、ヨーロッパへ拡大しつつある売春組織の隠れ蓑となっているものや、結婚と売春の両方で女性を仲介しているものもある。保守的なタブロイド版新聞は、アジア女性を、恐らくフェミニズム運動によって女性らしさを喪失してしまったであろう、強くて利己主義的で愛情がないドイツ人女性と比較することで、前者の女性らしさを強調する（Breger 1990）。とはいえ、アジア出身の妻の多くが、ドイツ人男性が訪れるおもなセックス・ツーリズムの国々の出身というのは偶然ではない。悲しいことに、服従し積極的な性の対象であり、男性の心遣いと金に依存している妻たちは、次に見られるように、ときとしてあからさまな権力関係を象徴する。

国民国家と想像の共同体

歴史的に見て、国民国家の誕生は、市民の権利と義務を考えた場合には、文化や価値観を共有する特定のメンバーシップの創出が、政治的、法的そしてイデオロギー的に重要となったことを意味している（Gouldbourne 1991）。国民という概念や、想像上の共通文化もしくは共通言語に基礎を置いた政治的メンバーシップの創出、つまり、国家というなかば強制的な想像共同体の創造は、一九世紀初頭以来、少なくともドイツ史において中心的な課題となっており、現在も同様に維持されている（Snyder 1978; Smith 1986; Turner 1990）。ドイツ社会における外国人や異文化結婚は、国家的アイデンティティに対する非同質性を明らかにし、ドイツの国家的アイデンティティの強化や表出を抑制する（Hobsbawm & Ranger 1983; Gluck 1985; Mouer & Sugimoto 1986; MacDonald 1994; Essed 1995）。

ドイツにおけるナショナリズムの政治的役割を理解するには、ナポレオン戦争以前、ドイツ地域に一七八九の領邦が存在し、一八一五年のウィーン会議でその数が三八に減少したことを想起する必要がある。そしてその後ドイツの公国は、一八七一年にようやく統一したのである。だがこうした多様な政治的組織は価値観を共有していたわけでも、同様の文化的中心地にしたがっていたわけでもなかった。(6) ビスマルクの文化闘争政策によって教育と行政が中央集権化されるまでは、標準ドイツ語さえもなく、地域主義がまさっていたのである。(Snyder 1978; Smith 1986)。つまり統一されたドイツ国家といった意識はなかったのである。そしてドイツでは今日でもなお、国家やアイデンティティ、東ドイツや旧ソヴェト連邦の多様な地域出身のドイツ系移民コミュニティの国民国家への統合などの課題について、国民の間で討論がなされている。レッツェルが指摘するように、国家統一とは未完であり、進行のプロセスである(Räthzel 1995)。

一九世紀に見られたドイツ・ロマン主義者たちは、ドイツにおける支配的なアイデンティティの創造に重要な役割を果たした。彼らは厳選した古いゲルマン民族の民話に重点を置くことで、北欧中世の散文物語群であるサガの登場人物の中から汎ゲルマン的な国民的ヒーローをつくり出し、さらにその性格から汎ゲルマン的な美徳を創出した。ロマン主義者たちは、アイデンティティが確認できる固有のドイツ精神——感情的経験の自由があり、フランス合理主義に汚されていない、英雄的な勇敢な行いが高く評価されている——、つまり、血統による固有の国民的特徴を強く信じたのである。そしてこの精神は、国民《フォルク》に加えて、農村生活と牧歌的伝統に見出されることとなった。清い自然と腐敗した都市という、ロマン主義の理想的で倫理的な二分法において、「牧歌的な伝統」はドイツ精神と同様に考えられた。いにしえの民衆の伝統や歴史にしっかりとはめ込まれた国民性の概念が、多様なゲルマン民族の統一に有益だということは、哲学者のヘーゲルやフィヒテだけではなく、ワーグナーのような音楽家たち、グリム兄弟に代表される著述家、そして最も重要であるビスマルクのような政治家にとっても明白なことであった(Snyder 1978; Smith 1986)。そしてこの論理は、白人であるヨーロッパ人を頂点とする人類の発展と文明化のヒエラルヒーを論じた一九世紀の進化論によってさらに補強された。白人の美しさと黒人の醜さにもとづいて簡略な分類表を作成したドイツ人のクリストフ・マイナーの業績は、ゴビノーに影響を与えた。そしてゴビノーはナチスの人種主義を支える作品の一つとなった『人類不平等論』において、アーリア人の優越概念を発展させたのである(Burke 1972)。

政治的再集結を促すスローガンとして以外に、国民性の概念は、普遍的で、内的衝突がない、すべての地域と階級に共通したマジョリティの文化のようなもの、つまり、アイデンティティを容易に確認できる一枚岩的な文化があるように思わせることにその意義があった。しかし、実際にはドイツにはそうしたものはなかった。レッツェルによれば、自己の上位にある集合的な「ドイツ」という統一概念は、東西ドイツの地域的相違だけでなく、過去の東西ドイツに見られた、政治的伝統や経済的実情の相違を内包したものであり、統一後のドイツは不安定なために、この統一概念が地域的な相違や階層的な対立を克服するための一手段として用いられたのである(Räthzel 1995 : 165)。さらに、ドイツのこのような国民性の特徴は生まれつきだからこそ変わりにくいもの、もしくは不変である。「国民性」とは、全体的な集団の特徴であって、年齢、階級、地域とは無関係である。そしてこのことは、ドイツ文化への統合と受容能力の素質を重視する外国人の権利の審査を公務員が自由裁量によって行う際に、重大な意味をもつ。こうしたときに、文化が政治化するのである。

集合的自己の概念は、集合的他者の概念と必然的に関連する(Said 1978; Miller 1982; Kreiner 1984; Dower 1986)。ギャムソンとモディグリアーニは、このことを「解釈に有益なひとまとまりのセット(sets of interpretive packages)」と呼んだ(Gamson & Modigliani 1989)。それに含まれているのは、変化しつつある社会的、経済的文脈の中のある自己と他者の評価である。自己と他者の類似よりも差異が強調される場合、他者はよそ者として、また肯定的には自己が喪失したものの映し鏡として、否定的には脅威として見なされる。このうち最も危険な解釈は、他者が国家内の「敵」と見なされることである。このとき居住する外国人集団は固定概念と人種概念で、良くても社会問題として、最悪な場合には国家の脅威と見なされる。(7) レッツェルは、外国人に最も好意的なメディアの言説でさえも、彼らのことを社会問題という観点から扱う傾向にあり、その後は、即座に、救済かあるいは制限という名目で国家権力が介入し、さらにその過程で国家権力が再確認されると指摘する。これは、他者が明らかに異なる存在であることや平等の権利と地位の獲得が期待できないという前提に帰着し、しかもその前提が、法律と集合的自己規定によって再強化される。

また、このことは、政府や社会科学者がよそ者に対する統合政策や統合理論を支持するというところに帰着する。詳細に見ていくと、ほとんどの場合においてこのことは、文化的相違に関する公的発言は避けられて、マジョリティのようになることを意味している。こうした背景には、個人的偏見や固定概念やドイツのナショナリズムの歴史が入り組んだ「国民文化」や「国民性」が実際あるのだろう。しかしこれらは、このように他の多くの国民国家と同じように、ドイツにおいても、統合が帰化に関わる法律の主要な原則をとなっている。そしてこうした法律は、公務員が彼らの自由裁量の範囲内である帰化申請や婚姻申請や居住・労働許可といった外国人の請求を考慮するときに、適用されるのである。

観察者による専制政治——社会問題としての外国人

ドイツの公務員は、外国人配偶者の受け入れを決定する際、みずからの自由裁量を適用する権利を有している。つまり彼らは、婚姻を認めたり、書類を受理したり、最初の居住許可期間を制限したり、離婚や死別の場合にどの権利を保留させ、どの権利を失効させるかを決定できるのである。

ドイツの法律は限定的だが、多くの場合、その解釈は自由である。しかし外国人については、一般的にその解釈にはあまり配慮がなされているとはいえず、公民権や市民権の取得はきわめて難しい。キャスルズはこのことを示すものとして、一九六五年にドイツ連邦共和国で制定された外国人法の適用の仕方に関する公務員向けのガイドラインを引用している（Castles 1984 : 77）。その法律では、外国人は、集会・結社・移動の自由、職業・労働・教育を受ける場所の自由選択、そして逃亡犯罪人の外国への送還に対する保護という権利はないが、その他の基本的権利は保証されると規定されている（Cohen 1993 : 122）。

シュイヒ（Scheuch 1982）、ゲッツェ（Götze 1985）、トレーンハルト（Thränhardt 1985）、メルテン（Merten 1986）、ブレーガー（Breger 1990）が行ったような、ドイツ・メディアにおける外国人に関する言説の予備研究では、外国人集団の受け入れに関して、彼らの国籍と文化にしたがって、誰にでも認識可能なヒエラルヒーが存在することが指摘された。ヒエラルヒーの頂点には、ほぼドイツ人と同等と考えられている外国人集団がいる。彼らはメディアによって、ときとして肯定的とはいえない扱いを受けることがあるが、たいてい中立的に描かれる人たちである。彼らは身体的にドイツ人に似ていて、文化も類似していると思われることが多く、また彼らの祖国は活力があって豊かな貿易相手国である。一方、まったくのよそ者と見なされ、ヒエラルヒーの底辺に位置づけられ、メディアでよく否定的に描かれる外国人集団がいる。彼らは、ドイツ文化とまったく異なった、ほとんどなじみがないと考えられる文化圏の出身者であり、身体上の相違も明確である。しかも彼らの祖国はドイツの重要な貿易相手国でも、今日のドイツ政治に重要な意味を有してもいない国である。このことは、彼らの外国人のイメージが国家間の権力関係と対応していることを示している（Foucault 1980）。

後者の文化は、しばしば「国民性」という人種的概念の言説の中で、「劣等な」文化、「開発の遅れた」「豊かさがない」「民主主義の遅れた」文化としてとらえられる。メルテンは、外国人グループが「社会問題」という言説の中でどのように語られるのかを述べ、この言説において、固定概念化された外国人の否定的な特徴は、ドイツにおいて「外国人問題」の原因といわれているとも指摘している。また外国人の存在が、ドイツの文化・価値観・利益に対する脅威としてしばしば描かれるとも述べている（Merten 1986）。さらに、マジョリティとマイノリティの間の支配的な関係に象徴的なことは、マイノリティである外国人の声が彼らに対して肯定的な出版物の中ですら出ないことである。概していえば、ドイツ人作家が彼らのことを叙述することはあるが、往々にしてマイノリティの声は無視されている。サイードはこのことを、「観察者の専制政治（the tyranny of the observer）」と呼び、アーデナーは「沈黙している（muting）」と表わしている（Ardener 1978; Said 1978; Merten 1986;

Breger 1990, 1992）。レッツェルはのちに、再統一によって広義となった「国民」の概念にどの外国人集団が取り込まれるかについて、ドイツ人たちがそれぞれ異なる考えをもっていると指摘している（Räthzel 1995）。たとえば、旧西ドイツの自由主義者たちは、より広義な国民という概念に、トルコ人長期居住者も含めるべきであることを世論に訴えている。これに対して保守的な人たちは、外国、なかでも旧ソ連のドイツ人コミュニティに居住するいわゆるエスニック・ジャーマン以外の外国人の入国を拒否する立場をとっている。レッツェルは、今日、ドイツ国民に関する見解はファシズム的な状況とは異なっていて、多様性や帰属や排除について、激しい議論が自由に戦わされる状況にあると述べている。

外国人に関する言説は性差化されることもある。外国人男性はしばしば、犯罪の危険性があり、性的にも脅威であって（Wobbe 1995）、しかも「誠実な」ドイツ人男性の仕事の直接的な競争相手として描かれる。しかし現実には、外国人労働者は、彼ら自身の間や未熟練の若いドイツ人労働者と競いながら、最も低い地位と最も低い賃金の職種で雇われていることがほとんどである（Hackmann 1981; Korte 1987）。一方外国人女性は、エスニック・コミュニティの中核をなす家庭において、みずからを保持しているために、文化的に統合する余地がないと見なされる傾向にある。彼女たちは母親として自分の子どもたちに、しばしばドイツ文化に有害なものとして表象される民族的慣習や道徳を教えていると考えられている。このように家庭は、エスニック・アイデンティティとその実践の中核ととらえられているのである。[8] 彼女たちの母性は、民族性の豊かさゆえに悪魔と表される。さらに彼女たちの子どもたちは、過ちを犯す可能性があると想定されることで、社会問題の根源と見なされる。さらに彼らの犯罪は、ドイツ人のためにあるべき国家福祉からの喜ばしくない出費、借用と解される。このように外国人の母親やその家族は、道徳的に規範外、つまり「想像の共同体」の外部に存在するものと見なされているのである。[9]

ドイツ社会における性差構築に関する論文の中でウォッブは、「われわれ」の女性が、「彼ら」である外国人男性の攻撃的で危険な性によって脅かされているととらえられているように、ドイツの社会が性的な脆弱性と密接な関連があると指摘している（Wobbe 1995：93）。さらに彼女は、社会的な閉鎖性の重要な要因として、ジェンダーによる関係性が共同体（ゲマインシャフト）の構築にあたって中心的役割の一つを占めている、と論じている（ibid.：91）。公務員がこうした言説を無批判に受け入れるならば、そのことが彼らの決定に影響をおよぼすことは間違いない。

城砦への入城——入国ビザと婚姻申請

ドイツ人との結婚や、ドイツでの滞在許可、労働許可を受ける前に、外国人には通過しなければならないいくつかの法的な関門がある。その手続きのいくつかは、ドイツ人と結婚するか否かに関わらず、ドイツ国内に居住地を探しているすべての外国人に該当するものである。簡単にまとめると以下のような項目がある。

- その結婚が妥当であるか、すなわち結婚が第一目的であることを証明する。
- 居住理由に関する文書に権威づけをする。必ず母国の警察発行の無犯罪証明書——これがなければ結婚許可は認められない——を添える。
- 国家資格をもつ医師のところで健康診断を受ける。州によって義務づけられる検査内容は異なるが、バイエルン州ではエイズ検査を含む。
- 専門分野での就労を望む場合、州の文化省（Kultusministerium）で外国人資格を認定してもらい、ドイツ人と同等の地位に就くことができる専門的な人材として認証してもらうことが望ましい。
- 専門職や医学、薬学のような国の法律によって保護されている分野での就労の場合には、国家の利益が証明され、かつドイツ人だけでは補いきれない労働者の必要性が認められなければならない。

なお慢性的な病気や障害、就労機会の不足を理由に、国家の援助を求めていると判断される外国人は、婚姻申請を拒否される。

ドイツでドイツ国籍以外の人との結婚を決意した場合、彼らは直ちに、外国人パートナーの入国と居住を規制する法律にぶつかる。外国人フィアンセのドイツ入国と居住の許可を認める状況は一律ではないため、当局職員が手続きに際して自由裁量権を行使するのだが、片手間でなされたり、時間を要することがある。つまり共同生活をスタートさせたいカップルは、担当職員の個人的な先入観次第で、不安を募らせることにもなりかねない。

外国人フィアンセにドイツ市民権が約束されても、自動的にドイツに居住する権利が与えられるわけではない。過去に結婚していたことがわかると、観光ビザさえも発行されない。観光ビザを必要とする国出身のパートナーは結婚のためにまず、ドイツ入国の許可申請をする必要がある。あるいはすでに外国で結婚していて、家族を呼び寄せる場合も同様である。この手続きには普通、六カ月から一二カ月かかる（Wolf-Almanasreh 1991：81)。カップルが、早急に結婚するために最大限努力していることを示すことができれば、結婚申請のための一時的な許可が与えられる。しかしそれは、受け入れ手続きに関わる担当職員次第である。結婚後、ドイツ入国のためのビザ申請を国外からした私の場合、下級公務員が対応したが、その態度には驚きをおぼえ、不愉快に感じた。しかし幸いにも、その担当職員は、上司から手続きの手順について指示を仰がなければならなかった。結局、上司が私の夫の名前を確認し、上司みずから対応にあたってくれた。彼の対応は普通ではありえないほど懇切ていねいで、アドバイスに加えて、普通の手続きと違って、手続きに必要な文書を入国してから申請するようとりはからってくれた。これは、私の夫が、私に対応してくれた公務員の娘を大学で教えていて、彼女が私の夫のおかげで試験に合格したことを彼女の父に報告していたことと関わっているようであった。

とくにEU諸国外の人たちに対しては、ドイツ人との結婚が居住や労働許可の獲得のために利用されていないかを確認するようガイドラインが設けられているので、まず、「結婚が第一目的」であるかが確認される。したがって審査担当職員は、申請者の結婚の妥当性を尋ねる義務があり、そこでは、家族や男女の役割についてのイデオロギーが、「父なる国家」や「父なる教会」の観点にもとづいた、出産や家族づくりにあるかが問われる。女性は即座に家庭的、生殖的役割と結び付れられ、またそれゆえ民族の母体となる脆弱な身体と関連させられる。そこには、一家の扶養者以外の父親としての役割は無視される一方、育児の責任は女性に一方的に属するという家族内での役割に関する社会構造の一端が見える（Barker 1978; Evans 1993）。

これに関連して、結婚するカップルには執拗に疑いの目が向けられる。若いカップルが、家族をつくるために何の健康上の問題がないにもかかわらず、子どもがほしくないといった場合、結婚が許可されることはほとんどない。また、結婚の真意が疑わしいカップルに対しては、現在は違法であるが、結婚後にも審査が行われる。私自身、定住しているか確認したいと担当職員からいわれ、二度訪問を受けた。その際、実際に私が夫と一緒に暮らしているかを確認するために、住居を調査され、夫の行き先について質問され、家族写真がないことを疑われた。このとき私はまだ何かが終わっていないと感じさせられた。

ドイツ国家は、合法的な婚姻として、恋愛結婚のみ認めている。したがって外国人花嫁との見合い結婚にはきわめて懐疑的で、イギリスで起こったように、しばしば入国が拒否される。このことの最大の皮肉は、恋愛結婚はようやく前世紀（一九世紀）にヨーロッパで一般的になったのであって、今日でも世界的には、恋愛結婚は全婚姻のうちで非常に少ない割合しか占めていないことである。[10]

婚姻は、カップルが法律によって定められた書類をすべて提出した場合にのみ許可される。書類の到着や翻訳を待っていると手続きは遅れ、必要な書類を用意するのに一年以上もかかることがあり、その間に、すでに付与されていたビザの期限が切れることもある。その場合外国人パートナーには、ドイツ退去が命じられる。そしてこうしたことは頻繁に起こるので、ＩＡＦ（外国人男性と結婚したドイツ人女性の会）は、これを異文化結婚を邪魔する計画的な策略と見なしている。こうした遅延は、表面的ではない部分にまで影響する。外国人フィアンセは、フラストレーションや怒りや強制的な別離を経験するだけでなく、ドイツ移住のために母国での仕事を辞めていることから、確実な収入源は絶たれた状態で、どれぐらいの時間を要するかわからないまま待たされるのである。しかも、帰国のための旅費という多大な負担を抱えることになる。これは感情的に喜ばしくない結婚へのスタートである。

ＩＡＦはまた、外国人男性との婚姻を希望するドイツ人女性が申請した場合、担当職員が引き延ばしを行い、非協力的であったことを報告している。大使館への書簡や外国人フィアンセのパスポートに押印する前に担当職員は、ドイツ人女性に、ドイツ人と結婚しない理由を明らかにするように求める。あるいは、最も厳しい言葉で、フィアンセの国の生活スタイルについて厳しく警告し、ときには侮辱する。

たとえば、高等教育を受けたドイツ人女性Ｇは、ウガンダ出身であるインド人フィアンセの必要書類をそろえるために手伝っていた。彼は、イギリスとドイツで学位を取得したが、彼を担当した職員は、彼を無教養だと見なしていた。さらにその職員は彼女に対して、満足できず、大世帯の中、隔離された生活（インドの隔離制度）を送ることになだろう、少なくとも五、六人の息子を産むまでは子どもを産みつづけることになるであろうと、忠告した。彼は、彼女がブロンドの美を無駄にしているといい、しかも、彼女が結婚の同意を親から受ける必要がある年齢を超えているのにも関わらず、両親に結婚の同意を確認するよう求めた。彼は、自分が彼女の家族の不幸に加担することを望まなかったのである。彼女は、職員のこうしたあらゆる嫌がらせに耐えた後で、これを拒否した。

かつてドイツ人女性は、外国人との結婚によってドイツ市民権を自動的に喪失した。このことは、ドイツ人女性が「共同体の記号表現」（Wobbe 1995）すなわち女性は身体を通じて、イデオロギー的にエスニックアイデンティティに関する性差の中核として見なされていることを示している。そのため、とくに否定的にとらえられているよそ者と結婚する女性たちは、裏切り者と同等に見なされた。私の場合もそうであったが、そのようなドイツ人や外国人が侮辱を込めた「du」（君とかお前）という呼称で呼ばれることはよくあることである。これは、大学生が警察官にこの呼称を使うと、訴えられるほどの侮辱である。遅延という策略や長期にわたる離別、家族や友人からの偏見といった制度上および個人的な差別が度重なったとき、彼らの士気はくじかれる。外国人のヒエラルヒーに関する調査からも、外見と文化が、ドイツ人やドイツ文化と異なり謎めいているほど、職員からの批判を受けることが明らかとなった。

また外国人女性と結婚するドイツ人男性も同様の偏見にさらされるが、これは女性の出身国による。すでに述べたように、アジアやポーランド出身の妻の場合は、有用な人物として、肯定的にとらえられる傾向がある。

有能な学生であったドイツ人Pは、交換留学生として訪れていたアメリカで、同じく交換留学生としてアメリカに滞在していた日本人女性Mに出会い、恋に落ちた。その後二人はそれぞれ自国に帰国したのだが、その数年後、結婚を決意した。Pはドイツでの結婚を希望した。そして彼は、当局での結婚準備の過程で初めて移民担当職員による妨害を経験した。その職員は彼に、ドイツ人女性となぜ結婚しないのかと率直に尋ねてきた。Pはその質問を冗談で切り返した。そして数カ月後、フィアンセのMが到着し、彼らは文書作成のために二人で同じ職員のところを訪れた。書類を受け取ったその職員は、美しく、上品で、小柄でスタイルがいいMを見て、Pに対してお世辞のつもりで、なぜ彼女を選んだのかがわかった――ベッドの中を想像して――といったのである。

外国人配偶者――とくに結婚仲介業者によって斡旋されたアジア出身の女性――は、ドイツにおいて最も不利な立場にあるだろう。彼女たちの多くはドイツ語がまったく話せないので、仕事に就くことができず、就けたとしても荷積みや梱包のような最小限のドイツ語能力で働ける分野である。これは、彼女たちが経済的に夫に依存し、また、外部との接触にはすべて、文字通り「文化の仲介者」となる夫を介することを意味する。そして婚姻関係が破綻した場合に、彼女たちが母国の家族に援助を頼むことはまれである。それは距離や費用といった実質的な理由からだけではなく、母国の家族が、彼女たちをドイツに居続けさせたい立場にあるからである。もし彼女たちが帰国したならば、家族は面目を失うのである。彼女たちが夫の好意に全面的に依存することは、彼女たちをたいへん傷つけることになる。

Kはフィリピン出身のそうした妻だった。Kは二年半ドイツに居住していて、ドイツ語がほとんど話せなかった。彼女にはお金を稼ぐすべがなく、大学の講師であった夫は時折彼女を殴り、夫婦関係は悪化していった。そのため彼女は、一人娘を連れて夫のところを去り、台湾人の友人のところに身を寄せることにした。しかし、ある日偶然、彼女を見かけた夫は、もし戻ってこなければ、警察を呼び国外退去させると彼女を脅した。ドイツの法律――こうしたケースの場合、子どもに対する福祉は重要で、最良の文化的環境において養育するよう定められている――にしたがうと、娘が夫の手元にとどまるようになることを知って、彼女は夫に服従した。警察に信用してもらえず、国外退去させられ、フィリピンに帰国させられるだろうと考えた彼女は、警察に通報できなかった。またこのとき彼女は、こうしたことで母国の家族を失望させたら、家族が彼女の帰国を受け入れないとも考え、通報しなかったのである。

一般的に外国人配偶者は、一度結婚すると居住許可を与えられる。一九九〇年の外国人法では、居住許可にはまず三年間の期限をつけ、その後、そのカップルが共にドイツで暮らすかぎり、永住許可に更新できると規定されている。しかしその一方で、当局の職員が問題があると判断した場合、最初の許可を三年以下に制限することも認められている。ヨーロッパ法によって、ＥＵ内の市民には最初に五年の居住許可が付与される。この期限が過ぎると彼らには、必須ではないが、居住権申請と市民権申請の権利が与えられる。多種多様である居住権についての情報提供は不十分である。多くの外国人は、多様な居住権の存在や、居住権と市民権の違いを知らないままでいる。私のように多くの外国人は、永住権の獲得に安堵し、この権利が脅かされないかぎり、権利についてさらに尋ねようとは考えもしない。ＩＡＦは、これも意図的な情報操作と見ている。確かに、こうした問題についての情報提供は外国人次第である。しかし、私が外国人局で対応を受けた際には、永住権制限や帰化以外の居住の形式について一度も情報を受けたことがなかった。社交の機会にたまに会う私の友人は外国人局で働いているが、こうしたことを話しても、私への情報提供を差し控えた。永住権は、夫婦がドイツに居住している間のみ与えられる。外国人配偶者もしくは双方が、ドイツ国外に六カ月以上居住した場合、居住と就労に関するすべての権利は即座に失効させられる。そして再びドイツへ戻ってきたときには権利回復の申請手続きを最初から始めることになる。

外国人配偶者が犯罪に関わった場合、外国人男性は、外国人女性よりもきわめて危険であるというジェンダーによる先入観の中で、即座に、権利を再審査される。禁固刑の犯罪に関わった外国人男性はほとんどの場合、すべての権利を失効し、国外退去を命じられる。しかし外国人女性は、犯罪内容によっては、国外退去を免れることがある（Wolf-Almanasreh 1991）。

結婚三年未満で、ドイツ人配偶者と別離、離婚、死別した外国人配偶者は、ある条件下でのみ、ドイツに居住することが許される。婚姻関係が終わる直前にその夫婦が外国で暮らしていた場合、外国人配偶者はドイツへ戻るための権利を与えられない。そして子どもは、子ども自身が居住に最適で、わが家と感じられる場所で、養育に最適と判断される親の保護を受けることになる。つまり、離婚した外国人配偶者は居住許可の更新は認められず、子どもの生活が保証されないことを理由に、親権はドイツ在住の親に与えられる。そのため、アフリカ、インドあるいはフィリピン出身の元の外国人配偶者が子どもに会いに来ることは不可能である。私が調べた二つの事例では、妻への脅しとして、ドイツ人の夫がこれを利用していた。

ドイツ市民権は、外国人配偶者に自動的に付与されるものではない。彼らは、結婚後ドイツで合法的に三年間居住した後に、帰化申請をすることができる。さらにその手続きには数年を要する。しかも帰化は、担当職員が個々のケースに自由裁量を行使するなか、対象者をドイツに「融和した」あるいは「融和可能」と判断した場合にのみ認可される。法律では、ドイツ語の会話・理解能力、ドイツ文化内での対応能力、そして民主主義の政治原理の理解と許容を、受け入れのための最低限の資格としている。こうした能力は、市民権の申請過程で実施されるドイツ語での広範なトピックにおよぶインタビューの中で審査される。しかも実際に、担当職員が審査にあたって彼らの考えを組み入れることができるということである。つまり、「ドイツ文化」は政治的関係の中で「エスニック文化」を強く意識していて、この関係において文化的相違は、危険なものとして見なされている。ガルシアは、ドイツはヨーロッパの中で、市民権授与のための厳格な基準をもっていて、差別扱いをする国の一つだと言及している（Garcia 1992）。

イギリスに暮らすドイツ人のBは、彼の子どもの出生を届けるためにロンドンのドイツ大使館を訪れ、そのときに彼のナイジェリア人妻の帰化の可能性について尋ねた。すると担当職員は非常にぶしつけに、なぜこれほどあとになって今、彼の妻がドイツ人パスポートを必要とするのか聞いてきた。彼は、彼女が極貧の家族を非常に豊かなドイツ福祉制度の中で養うために連れてきたいと考えていることを打ち明けた。するとその職員は、どんな権利をもって彼女はドイツ人になりたがるのか、彼女はドイツ人とドイツ国家に何を提供することになるのか、と尋ねてきた。アフリカ人である彼女は読み書きができるのか、とさえ職員は聞いてきた。その後Bは、基本的な資格がドイツ語能力とアフリカではそれほどなじみのない民主主義的な法律の理解であることを知ると、激怒し、彼の妻がドイツの大学の博士号をもっていることを職員に向かっていい放った。すると職員は、彼女の教育はドイツ人の税金で賄われており[11]、すでに国家の金をあてにして暮らすことが癖になっている、と答えた。職員は、ドイツ市民権は、慎重に審査された上で付与される特権であって、誰にでも与えられるものではないといって話を終えた。これが情報を得ようと努力した結末である。

労働と収入と自尊心

一般の固定観念と政策の間には双方が影響し合う狡猾な関係がある。国家はあらゆるやり方で、外国人は望ましくないいぶかしい存在であるとプロパガンダするので、それに影響されないでいることは難しいといわれている。そしてこうした影響を受けやすい領域の一つは、外国人雇用の分野である。賃金労働は、経済的な必要性ばかりでなく、後期資本主義社会においては、自己認識と自己存在の公的是認という意味をもつ。

外国人配偶者は、居住許可をもっているかぎり、就労許可を自動的に取得できるが、これは彼らが希望する職に就けること、あるいは仕事そのものを見つけられることを意味しているわけではない。経験や事前の訓練の問題が山積しており、雇用者や閉鎖的な専門領域では、外国人の資格が過小評価されることがある。競争が激しいドイツの労働市場で、適正なネットワークを築いたり、関係を維持するためには、国内にいることが有利であると見なされているため、奇妙なことに、外国人であること、別の技術をもたらす外国での経験、あるいはドイツ人の場合、外国居住経験は、非常に高い経営者の地位をもたないかぎり、いまだにキャリアに不利だととらえられている。言語を自由に操れない外国人配偶者が、労働市場においても、婚姻関係においても、経済的な不利益をこうむることは驚くことではない。経済的不均衡、あるいは婚姻関係における一方への依存関係は、権力の不

均衡を創り出す。(12)

各州の文化省は、外国人資格を格付けするが、それには二年の期間を要し、費用もかかり、しかもその格付けはどの州でも通用するものではない。平等な格付けもしくは地位がない場合、あるいはそのように見なされない場合には問題が生じる。大学はしばしば、大企業の雇用者が行うように、外国人学生を格付けするために独自の基準を設けている。

一つの事例は、イギリス出身の妻をもつドイツ人についてである。一流の修士号をイギリスの大学で取得したこの二人は、バイエルン州当局(他州の資格でさえも認証することを進んで行おうとしないことで知られている)で彼らの学位を認定してもらうことにした。そこで彼らはミュンヘンのルートヴィッヒ・マクシミリアン大学に行き、長時間にわたるインタビューを受けた。その結果、彼らの学士と修士の学位は価値がないと告げられた。バイエルン州の子どもたちは他の州の子どもよりも長期間大学へ通うからというのである。加えて彼らは、バイエルン州以外からの学生の受け入れも困難で、ドイツ人学生はヨーロッパで最も優秀なのだから、どこかの第三世界からの学生が通用することはありえないともいわれた。バイエルン州の大学の水準は非常に高く、バイエルン州で取得した修士の学位は、ドイツ国内の他の大学の学位よりも重みがある。したがって、彼らの修士の学位は、四年間の学位と同等と見なされるだろう。しかしこの場合、ドイツには修士の学位が存在しないので、特別試験委員会が召集され、決定のための試験が行われるはずである。また彼らは、修士の学位がイギリスの大学に特有なものなのかとも尋ねられた。彼らは部屋を出ると、そこで、彼らが修了した大学の物理学、地理学、コンピュータ・サイエンスの修士課程を宣伝する巨大なポスターを目にした。資格について公的な認証を得ることなくその場を後にした彼らは、文化省でその資格の認証を受けることを決意した。そのための書類を準備するのに約六カ月がかかり、その後一八カ月待ったが、何の回答もなかった。そこで彼らは資格獲得を断念し、男性のほうは、彼の学歴を、大学での研究歴を認めた資格としてではなく、工科大学の四年修了の資格で職に就いた。だがこのことは、彼がエンジニアとして昇進できないことを意味していた。

外国人女性が仕事を探す場合には、外国人であることと、女性であることの二つを抱えて張り合わなければならない。ドイツでは育児施設が不足しており、多くの大臣たちやキリスト教会によってプロパガンダされ普及している、女性らしさの言説が存在する。その言説は、すべての時間を子どもと過ごす母親は良い母親であり、母との絆が子ども時代に最も重要であるというものである。(13) 将来の雇用主は、いまだに女性就職希望者たちに、子どもがいるか、彼女たちが働きはじめたら子どものことはどうなるのかと尋ねてくる。

医学、薬学、それに資源の情報が流用される恐れのある特定の専門分野で働くことを希望する外国人は、彼らのもっている専門技術がドイツ市民によって満たすことができないもので、国に必要であることを証明しなければならない。これは将来の雇用主の協力なくしてはなしえないことである。言い換えれば、その人に社内の地位が与えられていれば可能ということである。さらに、ＥＵ外出身の配偶者は、自営業を営むことやそれに類似した状況で働くことは認められていない。

後退と再評価

外国人は脅威的な存在であるとか、越えることのできない障壁といった制度化された外国人嫌いは、外国人の人生のチャンスを大きく制約するものである。多くの研究者同様、アブドゥラヒムは、ベルリンのパレスチナ人に関する研究の中で、パレスチナ人は、ホスト社会から拒絶されることで、みずからのアイデンティティを再評価しうることになり、そのプロセスの中で彼らは、自分のエスニック・アイデンティティを非常に理想化し、政治化した見方になる、と論じている(Abdulrahim 1993)。彼らはエスニック・アイデンティティを、みずからの生活に対してみずから統制を加えられる私的で家庭的な領域で語る。また、こうしたことから、エスニック・アイデンティティは、この核心ともいえる女性の行動の(男性による)支配とも関係している(Burton et al. 1994; MacDonald 1994; Chinchaladze & Dragadze 1994; Lutz et al. 1995)。こうした状況においては、エスニック・コミュニティの中で異文化カップルが歓迎され、その中に組み込まれることはきわめてまれである。[14]

一方、公的な領域での拒絶は、パートナー双方に、ホスト文化に対する疑問を抱かせる。私の調査事例によれば、これは同時に、ドイツの法律や文化が否定する、外国人自身の価値の再評価を含むものであって、外国人配偶者の文化の過度な理想化をしばしば生じさせる。このような反応が起こった場合、マジョリティの文化からはなれ、エスニック・コミュニティに積極的に関与するようになる。このことは、外国人配偶者との異文化結婚がある程度の自尊心をもったつねに新しいアイデンティティを故意につくり出すものとして表現されてきた。しかしこれは、必ずしも帰属する民族集団によって受け入れられるとは限らない。受け入れられなかった場合には、外国人パートナーの宗教に参加する。とくに異教徒を受け入れるイスラーム教や仏教の場合が多い。

たとえば、多くのドイツ人と日本人のカップルが仏教関係の集会に参加しているが、ここでは、小都市だが経済的には活発な日本人ビジネスコミュニティであるデュッセルドルフに暮らしている一組のカップルを取り上げる。日本人の夫Eは、デュッセルドルフに拠点をおく日本の多国籍企業で働いていたが、彼ら夫婦はそこに馴染んでいなかった。その代わり彼らは、非常に活動的で多文化的な日蓮正宗の仏教教団の中で、みずからが社会的に評価され、自尊心が高められる機会を見出した。この集団には、多くの日本人とドイツ人の夫婦が所属しており、日本人の日本語での朗読や仏教的思考の思慮深い理解能力は、日本語と仏教の知識のない新入信者に、この集団の主要なメッセージを伝えるために有益だと見なされた。こうして外国人――この場合は日本人――は非常に重要な存在として位置づけられるのである。

異文化結婚カップルにとっての他の選択肢には、特定の団体への参加やそのような団体の組織化がある。たとえば、私が通っていた大学の外国人学生クラブは、さまざまな国の異文化カップルが大多数を占めていたが、他の学生団体から拒否もしくは差別感情でもって見られていた。

また他の選択肢としては、女性の自助グループがある。こうした団体はさまざまな国で活動しているが、異文化結婚をした男性たちよりも、むしろ女性たちが運営している。そしてこうした組織には、日本の組織やドイツのＩＡＦのように、外国人男性と結婚した女性によって結成される場合と（Wolf-Almanasreh 1991）、ナイジェリアやフランスや日本にあるような、外国人の妻たちが組織する団体がある（Cottrell 1990; Imamura 1990）。こうした団体は、ローカルなもの、ナショナルなもの、また、インフォーマルなものから正式に登録されているものなどさまざまである。私が通っていた大学には、学内のプロテスタントのドイツ人女性たち（彼女たちの大半がドイツ人男性と結婚していた）によって運営されていた、ドイツ人と結婚した外国人女性たちが毎週集まるインフォーマルなグループがあった。こうしたグループのすべては、社会的要求に対応するだけではなく、外国語の習得、居住や就労許可、ビザや市民権の問題、財産権、離婚や相続といった日常生活に関わる問題に対処するためにも利用される傾向にある。また、こうした団体は友人をつくるだけでなく、メンバー本人や夫、さらには子どもたちに関わる問題に相互に対処することを目標とする傾向にある。

疎外された外国人が、不利な状況下においてこうした組織を結成する理由は容易に理解できる。しかしここで興味深い点は、夫が外国人として不利な立場であり、妻はそうでないにもかかわらず、こうした組織をつくるのは男性ではなく、女性である点である。素朴なフェミニストは、男性社会から阻害されているゆえに、女性はそうした組織をつくるのだと主張する。しかしこの見解は、この状況において疎外されているのが、妻ではなくて、夫であることを考慮していない。女性たちは自国で差別に苦しんでいないこと、そして外国人である夫が彼女たちよりも明らかに疎外されている状況を論じていないのである。

異文化結婚の事例や外国人妻の組織にとくに注目しているわけではないが、エセッドはオランダでの彼女自身の体験から、民族的な組織の構造と類型についていくつかの分析を行っている（Essed 1995）。彼女は、エスニックな組織が性差を反映する傾向があること、その中で、ある男性が権力的な地位を保持することを指摘している。したがって、男性との関係でさらにエスニックとなる女性は、みずからのための集団を民族集団の内部ないしそれを越えて形成するというのである。そしてそこで、女性に共通した差別に対処するという。エセッドはさらに、エスニックである女性が所属集団の権力から疎外されることは、実際には民族間の対立から解放されることであると主張する。一方、エスニック集団に属する男性は、みずからのエスニック・アイデンティティを主張するための道具をもっている。したがって彼らは、問題解決のため、ロビー活動をする民族を越えた集団をつくろうとはしない。だがエセッドは、女性たちがエスニック・コミュニティ内でみずからを保護するための権力的地位についたとき、彼女たちの行動が変わるか否かについては言及していない。

エセッドの研究では、疎外された社会においてさらにエスニックである女性たちの組織に光をあてているが、なぜ外国人男性と結婚した女性がこうした団体を組織するのか、疎外されている外国人の夫がそれを行わないのかについては説明されていない。そこで私が仮定するのは、家庭に責任を負っているのは女性であり、その家庭は敵対する可能性がある社会の中にあることから、彼女たちが重大な問題に対処する集団を組織し、そこで情報を共有することに意味を見出す、ということである。これに関連して、文化的な男らしさの定義が、一家の大黒柱としての男性の役割を強調しているのかどうかについては、今後さらに調査を進める必要がある。というのも、男性の名誉と恥の意識が、男性としての役割を欠いている領域へ入っていくことを躊躇させ、結果としてこうした団体を組織することを阻害しているかもしれないからである。

他の反応の可能性としては、社会が敵対する存在であることに気づかないふりをするやり方がある。つまりすべての集団との接触を絶つのである。このような退避の行動は、孤独とうつの状態に陥らせる。

カナダ人のSは、彼女の能力が軽んじられ、職探しが成功しなかったため、自己を過小評価するようになった。そのためアパートから外出しなくなってしまい、接触するのは夫だけとなってしまった。多くの人、とくに外国人妻の多くは、こうしたうつ状態を経験しているため、女性グループ（ここで挙げるグループは、ドイツ人と結婚した女性、外国人と結婚したドイツ人女性、外国人と婚約したドイツ人女性によって構成されている）では、このことをおもな話題にしていた。パートナーの一方が、友人関係だけではなく、ショッピング、銀行での諸手続きなどの外界との接触においても、ほとんどすべてをもう一方に依存していると、夫婦間であっても耐えがたいストレスが生じることになる。Sはこのような状況に陥り、自信を失い、郵便局にすら行けなくなってしまった。彼女の生活は、夫との関係に注がれるようになり、彼女の中で夫は、能力と現実の範囲を越えて理想化されていった。そしてあるとき、その関係は、とくに夫にとっては耐えられないものとなり、それを感じた彼女は家を出てしまった。しかし、町をさまよったが行き場がなく、経済力もない彼女は、再び夫の元へ戻ってくるほかはなかった。このカップルの置かれた状況は悲惨なものである。

結論——境界を越える

上述のさまざまな事例は、外国人への国家の対応が、異文化結婚というプライベートなレベルの人間関係にどれほど影響をおよぼすかを示したものである。また公的なレベルでは、外国人は望ましくなく、価値が低い者として見なされ、さらには、彼らの権利は限定され、異なる者としての烙印が押されることで、不寛容さや人種差別が正当化されている。それにもかかわらず、ドイツ国内での異文化結婚件数は増加の一途をたどっている。実際、外国人や異文化カップルがネオファシストに襲われる事件も起こっている。イギリスの異文化結婚カップルに爆弾が送りつけられた事件ではドイツのネオナチが関与していた。本調査と私自身の経験から、私的および公的な領域の双方の嫌がらせの中を生き抜こうとしている異文化結婚カップルは、じつにたくましく見受けられる。権利が付与されない困難を克服するために問題に立ち向かう彼らは、みずからの能力を活用し、前進するほかはない。

註

(1) 政府による国勢調査の統計を使用（Wolf-Almanasreh 1991）。
(2) 固定観念の役割と社会的距離を示す身体表現についての Spickard（1989）の議論を参照。
(3) 冒頭の選択に影響する要因についての議論を参照のこと。
(4) 本書第2、4章参照。
(5) これは一六世紀にさかのぼる（Breger 1990）。
(6) フランス、オーストリア、プロシアがそれぞれ、文化的中心であった。
(7) Lilnk 1985; Thränhardt 1985; Merten 1986 のメディア分析も参照。
(8) これは「民族的本質」のジェンダー化である（McDonald 1994）。
(9) Lutz ほか（1995）の序を参照。
(10) 本書第4章参照。
(11) 事実、ドイツの全大学の授業料は、国家によって支払われている。
(12) 本書第11章参照。
(13) バイエルンの専業主婦が受容している、ジェンダーに関するイデオロギーについては Hoecklin（1996）を参照。
(14) この場合「コミュニティ」とは、より想像的で、この用語が本来さし示すよりもまとまりがないものである。

第9章　イスラームにおける異文化結婚
――理想と現実

マイ・ヤマニ

本章は、イスラームにおける理想的結婚の法的側面について考察する。とくにイスラームの結婚の特徴をいくつか提示し、それが異文化結婚とどのように関連しているのか見ていく。それゆえ本章は結婚の実践と伝統に関して、国際的なムスリム社会内の多様性に注意を向けることになる。父権制や文化や地位の役割、それに文化規範とイスラームの教えとの交流についての議論が展開される。現代イスラームの異文化結婚から生じる実際の問題のいくつかが、スンニー・ムスリムであるサウジアラビアの女性とパキスタンの男性の間の結婚事例とその個人的経験を通じて明らかにされる。最後に、異文化結婚の核家族と拡大家族内で、どのように調和が生み出されたのかについて検討がなされる。

イスラーム勢力の拡大当初から、軍事的に征服された地域ばかりでなく、軍事的支配を受けなかったムスリム地域でも、異文化結婚はイスラーム化の重要な媒体であったことは留意すべきである。

イスラームにおける理想的結婚

イスラームの精神は、理想的には人種的ないし文化的な相違があろうとも、ムスリム間の結合を強化することにある。クルアーン（コーラン）の一節に以下のような言葉がある。「人びとよ、われは一人の男と一人の女からあなたがたを創り、種族と部族に分けた。これはあなたがたを、互いに知り合うようにさせるためである。アッラーの御許で最も貴い者は、あなたがたの中最も主を畏れる者である」[1]。それゆえ憐れみは、アッラーの目にはたいへん重要であり、異文化結婚は人種間の調和、さらに拡張して文化的調和を奨励するために示されたクルアーンの命令である。

クルアーンは、ムスリムとして生活していく際に、イスラーム的な教えと倫理の基本原則としての役割を果たす。しかしイスラーム国家においてさえ、異なったムスリム社会内でのイスラーム法や、その法体系の形成とクルアーンに示された理想との間には、いくつかの明確な乖離がある。イスラームでは、ムスリムの男性が非ムスリムの女性と結婚することは許される。彼女たちは、ユダヤ教やキリスト教徒の女性を意味する「啓典の民」であるからである。クルアーンによれば、「また信者の貞節な女、あなたがた以前に、啓典を授けられた民の貞節な女も」（許される）とされている[2]。一方、ムスリムの女性は、ムスリムでない男性とは結婚できない。ムスリムの女性たちの非ムスリムの男性との結婚は違法な関係の形態であり、そのような結婚から生まれた子どもたちは正当とは認められていない。それは子どもに名前と宗教を授与する、圧倒的な父系出自の規則の存在によってのみ正当化されるからである。さらに保守的なユダヤ人の行為に見られるように、母親は幼い子どもの宗教道徳教育の主たる責任者と見なされ、それゆえ子どもたちが属すべき宗教を信仰することが重要と考えられている。ムスリムの女性が結婚後、法律的に姓を変えないのは注目すべきことである。

しかしながら、いくつかの社会での植民地化の経験やヨーロッパとアメリカの影響を受けた後、女性たちは夫の姓に変えるといった西欧の伝統を受け入れるようになった。その上、ムスリムの女性たちは婚資（マール）を守り、複婚への反対を特記し、法律的に有効な結婚契約書を作成することがますます普通のこととなってきた（Coulson & Hinchcliffe 1978）。

実際、イスラームの結婚は一般にはっきりとした父権的、父系的偏見をもっているといわれる。多くのイスラーム・スンニー派の社会では、女性は独力で結婚の契約ができないし、男性の保護者の立合いを受けなければならない（Coulson & Hinchcliffe 1978）。クルアーンでは、「だから女性の家族の承諾を得て、かの女らと結婚しなさい。そして妥当な婚資を、かの女らに贈れ。かの女らが慎ましく、淫らでなく、また隠した友もないならば(3)」と述べられている。それゆえ女性は、結婚において公的には第三者、よそ者である。クルアーンの別の章では、「男は女の擁護者（家長）である。それはアッラーが、一方を他よりも強くなされ、かれらが自分の財産から（扶養するため）、経費を出すためである。(4)」と述べられている。夫は妻に婚資を支払わなければならない。イスラーム法では、これは結婚の契約の際、夫が妻に支払うお金のことをさす。婚資は妻が好きなように処理できるように、妻にすべて属することは注意すべきである。イルティザーム（扶養義務）の概念によれば、妻の生活費のすべてを賄うのは夫の責務である。さらに、妻は子どもの保護者でいるかぎり、離婚や別居の際にナファカ（出費）を受ける権利がある（Esposito 1982; Maudoodi 1983; Nasir 1990）。婚資の規模は、加入している社会の特定の社会層の基準のほかに、国の経済的基準によって決定される。

イスラームには共同財産の概念はない。女性の婚資は、現金の相続や贈与による他の資産と一緒に、彼女の個人的資産の一部となる。家族法が厳格な父権的な構造の元で機能したとしても、女性はクルアーンの要求にしたがって相続できる。「男は両親および近親の遺産の一部を得、女もまた両親および近親の遺産の一部を得る。そのさい遺産の多少を問わず定められたように配分しなさい(5)」と、クルアーンに記されている。

イスラームでは離婚は許可されている。クルアーンの規則では、男たちに妻を良き仲間として扱い、親切に解き放つように命じている。離婚は一般に夫のみに与えられた権利である。しかしながら、ハンバル学派（イスラーム法内のスンニー派の一派で、サウジアラビアでは主流）では、妻にも結婚を解消する権利（イスマ）を与えている。離婚の条件は、結婚契約書に記載することができる。これらはほかに妻がいるとき、働く権利や離婚する権利も与えるものである。しかしながら、イスラームは離婚を許すけれども、よく知られたハディース（預言者ムハンマドの言行録）に、「イスラームで許されるもののうち、離婚は最もアッラーには嫌悪されている」と述べられている。また人気のあるハディースに、主は離婚の場で打震えるという言葉がある。離婚は、もし正当な理由がなければ、道徳的に忌避される（マクルーフ）、しかしこれは人間の良心の問題である。男性はどのような理由であれ、妻を離婚できるが、不貞が理由の場合は、女性の側に多少の落ち度があっての離婚より社会から受け入れられやすい。サウジアラビアでは、遊牧のベドウィン族[6]は、つねに都市の居住者より離婚には寛容であった。多くの部族の女性は、スティグマなしに再婚をしている。しかしながら、パキスタンのような他のムスリム社会では、離婚にともなうスティグマはサウジアラビアよりもはるかに大きい。この特別な事例では、死後でさえ、女性が夫に属することを強調するヒンドゥー・インドの遺産の影響が見られる。パキスタンやイスラーム系のインド人の事例では、その後のキリスト教による植民地経験もまた、サウジアラビア人に対するものとはいくぶん異なった形で、結婚と離婚の考え方に影響をおよぼしている（Doi 1989; Afshar 1993）。

生活のあらゆる側面において、結婚においてとった預言者ムハンマドの行為は、すべてのムスリムが服従することを期待される行為となっている。しかしながら、他のメッセージと違い、預言者の結婚生活から結論を引き出そうとすることは容易なことではない。彼の結婚生活の最初の二八年間は単婚であった。次の時期は脆弱なイスラーム国家の政治的立場を強固にするため、婚姻同盟に依存しなければならなかった。預言者によるこれらの連合は、新しく形成された国家を統合する一つの方法であった。

預言者ムハンマドの最初の妻、ハディージャは未亡人であり、豊かな事業家であった。彼女は当初ムハンマドを雇用し、さらに彼女が四〇歳のとき、二五歳の彼に求婚して、結婚した。彼女が六五歳頃に亡くなるまで、彼の唯一の妻であった。預言者は彼女の死後、三年間独身のまま過ごした。その後、彼の信奉者の何人かの娘たちや一人のキリスト教徒の女性、コプト教徒のマリヤムや、クライザ族のユダヤ人女性と結婚した。全部で九人の妻をもつことになった。(7) 多くはムスリムとの初期の戦いで夫を失った未亡人であった。預言者の妻の一人、カリフ・アブー・バクル（初代正統カリフ）の娘アーイシャは、妻の中でも抜きん出ていた。彼女は処女で、九歳のとき預言者と結婚した。アーイシャは「預言者に愛された者」として、また宗教的な知識と政治的能力をもつことでよく知られていた。預言者の死後、政治的、経済的理由でなされた異文化結婚が多くある。何人かのカリフはベルベル人やペルシャ人などのムスリムと結婚したが、アラブの女性とは結婚しなかった。

多くの文化で、また歴史上、女性の交換は集団間で政治的、経済的結び付きを固めるために用いられてきた。レヴィ＝ストロースが観察したように（1969）、女性は驚くことなかれ、最も大切な交換物であった。結婚は契約と考えられているが、イスラーム法では販売の契約と結婚の契約の区別をしていることを知るのは重要である（Haeri 1989）。

複婚、この場合正確には一夫多妻婚は許されてはいるが、イスラームでは議論の的となる慣行である。レイラ・アハメド（Leila Ahmed 1992：91）は、「クルアーンに見る結婚への命令は、アッバース朝のムスリム社会に典型的なジェンダーの性格と意味についての推測、世界観、視角を共有している諸個人でさえ、根本的に異なった解釈がなされた」と述べている。一夫多妻制に言及したクルアーンの詩句は、「あなたがたがよいと思う二人、三人または四人の女を娶れ。だが公平にしてやれそうもないならば、只一人だけ（娶る）」と記されている。(8) 多くのムスリムは、それぞれの妻に完全な平等性を強調するが、どの夫もすべての妻をそのように扱えないので、（一夫多妻制は）限定されたものとして機能するものと信じている。厳密にいえば、人間には不可能なことである。

それゆえ、近代主義者の解釈によれば、一夫多妻制は原則的に不可能であるが、原理主義者にとっては、依然として一つのオプションとなっている。この詩句の解釈は、さまざまな方法で近代の法体系に影響を与えてきた。それゆえ一夫多妻制に関する法律は、ムスリムの国によって異なっている。一夫多妻制はチュニジアでは一九五七年に禁止された。モロッコでは一九五八年、条件付きであるが、法廷で一夫多妻が実際に禁止された。同様にイラクでは、一九五九年、一夫多妻に関する規制が課せられた（Anderson 1976）。イラク、シンガポール、パキスタンを含むいくつかのムスリム国家では、一夫多妻は、第一妻の考えを考慮し、法廷の許可があるときにのみ認められている。しかしながら、この許可なしに第二の結婚が行われても、その結婚は法律的には無効ではない。この場合、第一妻は離婚を申し出ることを許される（Coulson & Hinchcliffe 1978：40）。多くのムスリム国家では、妻は夫が二番目の妻をもたないという法律的に認められた結婚契約を行うことを許される（イランにおける一時的結婚についてHeri 1989参照）。

一夫多妻が法的に認められ、社会的にも許容されているサウジアラビアのような国においてでさえ、多くのムスリムの女性はこの行為を好まず、共妻の考えに寛容になることは情緒的に難しい。サウジアラビアでは、夫が二番目の妻をもつと、たいていの妻と彼女の拡大家族は侮辱されたとか、拒絶されたと考える。しかし、この行為への情緒的態度は社会的に決定されるものであり、地域や社会階層や個人的好みによって異なっている。反応は、怒りの表現として夫を服従させるために妻たちが同調するという極端なものから、事実に屈伏するまでさまざまである。サウジアラビアで最もよく見られる反応は、必ずしも期待通りになるとは限らないが、妻が離婚を申し出るものである（Altorki 1986; Tucker 1993）。

結婚の実際――サウジアラビアの事例から

イスラームの主たる目的の一つは、夫婦の和合である。それゆえ、ムスリムの間の異文化結婚は好ましいものと期待されている。結婚や性に関するイスラームの観念は、人間の欲求を認めることにある。これは理想である。しかしながら、実際は地方の部族の習慣が優先する。ムスリムの結婚は、世界の他の地域で見られる結婚と同じように、同じ地域の人々の間だけではなく、同じ社会層や階級の間で行われる傾向がある。クルアーンの教えにもとづいた結婚は、イスラームの法的原理であり、「結婚における平等性ないし相補性」(9)を意味するカファーアへの言及によって正当化される。このカファーアは、結婚する者たちの地位の相補性を判断する原理を神聖化したものである。その主要なカテゴリーは、アスル(出自)、マール(財産)、ディーン(宗教)である。「もし宗教と性格の点で、受け入れられる人があなたところにきたら(あなたの娘の手を求めてきたら)、娘を彼と結婚させなさい」という預言者の言葉からの引用は、理想的には、ムスリムであることと良い性格であることが、財産やリネージ(純血さ、すなわち非アラブの血の混じり気のないこと)よりも高く位置づけられていることを示している。しかし多くの点で、ムスリムの行為には、ハディースの精神とは正反対のこともある。

ジャーヒリーヤの時代(無明の時代)、イスラーム以前のアラビア半島の結婚は部族間で行われた。イスラームの到来後、結婚は二つの(拡大)家族間の連携となった(Keddie & Baron 1989)。父はカファーア、同等の社会的地位というイスラームの法的原理にもとづいて、結婚の際に、娘を与えることを拒否する権利をもつ。結婚には大きなかつ永続的な家族集団をつくり出す目的があるからである。サウジアラビアでは、父系集団が一般に結婚によってムサーハラ(姻戚連合)を求める。そこで他の父系集団と、社会の目から賞賛されるような、あるいは面子を重んずる関係が形成されることになる。それゆえ「名声のある家族」(高い地位という社会的基準をもつ家族）出身の女性は、同じような社会、経済的背景をもつ拡大家族と結婚すべきである。おそらくその社会で長い間につくられてきた評価を受けた家族で、そのような規則は男性にはそれほど厳しいものではない。父系的組織に属するすべての子孫は、組織名を保ち、それゆえ家族の地位は低い地位をもった者と結婚しても影響を受けないということで保証されている。イスラームの法律体系によれば、男性は女性の地位を上げることはできるが、女性が男性の地位を上下させることは決してない。しかしながら、実際、女性の社会的地位は彼女の夫に何らかの影響を与えているようだ。

社会的地位は、一般に集団との関係や社会での位置、またコミュニティの中で他者にどのように評価されているかによって決定される。研究対象の人々が住むサウジアラビアでは、社会的地位は、出身地やリネージ、評判、財産、正しい行為、伝統的でイスラーム的な行動の遵守、政治的結び付き、教育などいくつかの基準によって決定される。サウジアラビアの商人エリートの間では、社会的移動が増加している。いくつかの商人エリート家族は、最近実質的に富を獲得した。彼らは成り上がり者と見なされるにもかかわらず、「良い家族」、すなわち由緒ある地位と富をもつ家族の中に婚入することによって、彼らの地位をさらに補強する。反対に、裕福ではないが、尊敬された親族や由緒ある家族は、新たに豊かになった家族と結婚しようとする。後者の集団は本質的に富があると見なされているからである。このような現象は歴史的に見ても、人々の関係に影響を与える普遍的な要素である。宗教、財産、そして政治は密接に絡み合っており、人々の決断や連携に影響をおよぼしている。

これらの基準はコミュニティのメンバーによって決定され、排除と受容の手段として機能する。一つの集団に特有の基準が、他の社会集団に必ずしもあてはまるわけでないことは注目すべきことである。それぞれの社会が社会的に独自の地政的構造をもっているからである。興味あることは、同じコミュニティの中で、重要性の順序や基準の秩序が、たとえば財産や出自、教育の相違によって、歴史的に変化することである。

もちろん社会的競争は、単一の社会内だけではなく、異なった文化や社会との間にも見ることができる。一定の地域に存在する国々は、経済的、政治的支配をめぐって互いに競争する。極端な事例は、イスラームの同胞に対する熱情にもかかわらず、ムスリム国家間に戦争が発生する。同じ地域内で、アラブと非アラブのムスリム集団内に見られる文化的相違の例は、イランとイラク、クウェートとイラク、パキスタンとバングラディシュの間にも見られた。すべてはイスラーム的アイデンティティを共有しているにもかかわらず、経済的、政治的理由で戦争が起こっているのである。

イスラームは確かに統合的なアイデンティティを提供しているが、それはイデオロギーの場においてだけである。事実一九九七年六月、G7諸国に対抗して、発展途上八カ国と呼ばれるナイジェリア、エジプト、イラン、パキスタン、バングラディシュ、マレーシア、インドネシア、トルコなどのムスリム諸国は新しい政治的、経済的連合組織を形成した。これらの連合組織の存在理由を提供したのがイスラームであった。社会的アイデンティティは複雑な事柄である。状況に応じて、異なったレベルで、異なった方法で表現される。国家や地域や最も広いレベルで、家族のようなアイデンティティには他の領域を越えた形式がある。さらにイスラームのアイデンティティが、世俗的国家ではその意義が薄れていることもある。しかしイスラームが政治的、経済的、社会的活動を正当化するように機能しているサウジアラビアのような国々では、（イスラームが）より強烈に表現されている。

イスラーム世界の異質性——民族中心性と優越性の感情

宗教的、法的教えの解釈や教えへの帰依の程度は、それらがいかに他の家族的また社会的価値と関連しているか、また政治的、経済的状況と関係しているかによって異なっている。理想的に、異文化結婚はイスラームでは許されるという事実があるにもかかわらず、実際一夫多妻、婚資、社会経済的相補性、服装の形式、祝祭の儀礼といった文化的多様性に対する異なった態度は、異文化結婚のカップルや彼らの拡大家族にとって大きな論争点になるかもしれない。拡大家族が、まったく異なった互恵的かつ正式な義務の伝統をもつことが大きな問題となる（本書第10章参照）。

人々は民族中心的になりがちであるが、ムスリムもその例外ではない。それぞれのイスラーム国家は、彼らの文化的特徴を定義し、強調するだけでなく、ときとして彼らが経済的、政治的あるいは人種的に優越していると感じていることを主張する。たとえば、イラン人が「ペルシャ」という言葉を使うとき、ある時期の創造的美術や政治的、経済的力と結び付いた、長く豊かなイスラームの文化的伝統を強調している。また単に近代国家と同一視される「イラン人」に対抗するような、人種的な意味合いをもっている。このように「ペルシャ」を使うことは、イラン人にアラブ人よりも優れていることを認識させることである。なぜなら、イラン人は自分たちの文化を詩歌、哲学、美術の点でより豊かであると感じているからである。他方、アラブ人は、ペルシャ人をアジャム（異国の人）というが、それは父系親族の劣等性を意味する。またかつて偉大な預言者ムハンマドを産んだ同じ人種に属さないことを意味する軽蔑的な呼び方である。ペルシャ語は長らくアラビア語からの借用が多く、そのことはペルシャ文化の信奉者たちにとっては、いくぶん恥ずべきもの、汚れたものと見なされている。実際、シャーによるイラン支配の時代、ペルシャ文字が優先され、英語やフランス語あるいはそのペルシャ語の翻訳によるアルファベットが一掃された（ヨーロッパで教育を受け、近代化や民族自決というヨーロッパ的な視点を受け入れたシャーは、彼の国をより発展した社会であると考えたがったし、ペルシャの偉大なる先イスラーム的遺産と関連させたがった）。他方、歴史的に、アラブ人はカリフによる統治をみずから誇った。カリフは預言者の死後、ムスリムの指導者として選ばれた人たちであり、イスラームのメッセージを統合し、かつムスリム帝国の拡大を通じて、世界のすみずみまでそれを運ぶ責任をもつ人たちであったからである。

社会的相違はさまざまな方法で表現されている。人々はどんな宗教を信じるのか、どのような衣服を身につけるのか、何を食べるのか、食事のマナーはどのようにするか、互いの呼び名はどのようにするかなどによって相違が確認された。他者を許容する最終的な関門は、他の社会や国からやって来た男たちに娘を与えることであった。

異文化結婚は、より大きな競争を含む小宇宙のようである。それは地方での階級競争に加えて、個人レベルで互いの文化的優越性を競い合っている単位である。これはとくに婚姻関係に不均衡が見られるときにあてはまる。たとえば、一方がより経済的に豊かで、おそらくより学歴が高く、他方が地域の地位の評価基準によって、文化的優越性を主張することがあるかもしれない。このことは女性の純潔に表現される家族の道徳的優越性の感情から、家族の長い伝統のシンボルである祖母のもつ価値のない宝石まで多様である。文化的優越性はこのように見てくると、カップルにとって戦場となるかもしれない。それぞれの競争は、とくに婚姻が宗教信仰に根ざして形成された場合、拡大家族間に起こることが多いようである。もし個人的な不安が結婚の中に生じたら、「文化」が彼あるいは彼女自身を突き動かす武器となりうる。たとえば、異なった地域のアラブ人の間で起きた夫婦喧嘩で、あるグループは、相手のグループがごく最近石油の富で豊かになった乾燥した砂漠文化に言及しながら、みずからが何千年もの間、久しく居住してきた河川文明の肥沃な三角地帯に言及し、彼らの故国の優越性を主張するかもしれない。このような状況において、みずからの集団とその文化に対する激しい感情でみたされた固定観念が再構築され、維持されていく（第5章と第8章参照）。

社会的地位と地域性

社会的地位は地域集団との関係で定義されるので、結婚して他の社会に移り住んだ者は、多くの点で「地位のない」状態に置かれる。彼あるいは彼女の出生は、地位を確かにしたり、地位を保証するために、社会内でたどることができないからである。女性は結婚で、容易に文化的境界を越える傾向があるが、男性はみずからの政治的、社会的集団に限定され、規制される傾向があるようである。多分このことは、女性が財産権から排除される傾向がある相続行為によってより簡単に説明されよう。そのため男性は、みずからの生まれた地域社会との結び付きを維持していかなければならない。

サウジアラビアでは、結婚相手を選択する基準が個人の属性より拡大家族の地位にある。それゆえ婿の拡大家族の親族、富、評判が、まず花嫁の拡大家族のそれと一致することが望ましい。そのときのみ彼自身の社会的業績が考慮される。人々はまず「誰がどこそこの家族の中に入るのか」と尋ねる。そのような基準に対応した家族の背景なしには、個人の業績は役に立たない。家族のコンテクストの外では、個人には社会的アイデンティティがない。

結婚の後も、女性は生まれた家族との関係を維持し、家族の姓によって知られる。誰と結婚するのかは女性のその後の地位にとって重要なことである。ある者が、誰と結婚するのか女性に尋ねるとき、その問いは「あなたの夫は誰ですか?」あるいは「あなたの夫の名前は何ですか?」というより、「あなたの夫はどこの家族の出身なのですか?」というものである。

昔からまた多くの異なった文化において、結婚はつねに物質的な利害と関係してきた。しかしながら、最近では、とくにサウジアラビアや湾岸諸国、その他の短期間に富を貯えたいくつかのイスラーム諸国で、結婚相手を選択する基準が、敬虔さや良好な性格といったような要素を考慮せず、圧倒的に、富や社会的地位のような物質的な側面に関心が移るようになっている。

個人的な物語

ここでは、ある富裕でエリート家族出身のサウジアラビアのムスリム女性が、(彼女のコミュニティのサウジアラビア人ではなく）パキスタン人のムスリム男性と結婚した事例を取り上げる。パキスタン人の夫は高い教育を受けた尊敬される人物であるが、とくに裕福な家庭の出身ではなかった。ここで社会的アイデンティティを確かめるような通常の質問は、花婿の家族がまったく異なった外国の文化的文脈に属しているため、発することができない。彼らの結婚は、サウジアラビアで増えつづける外国人の影響が人々の関心事となっているときに起こった。そのサウジアラビアの女性は、親族や「純血」さ、とくに（預言者の種族）クライシュ族の出自にとりわけ関心をもっている、上流階級の家族出身である。彼女の家族にとっては、家族の評判が第一に重要であり、結婚相手の適合性を判断する際に、富は二次的意味しかもたない。

夫の家族は、サウジアラビアの大規模な富とくらべればとるに足らないが、土地もちの軍属の家族である。花婿の軍隊における経歴は、妻のハジャジ族には彼の地位を高めたりするものではなく、大きな意味はなかった。サウジアラビアには、比較できるような意味のある歴史的に軍事的な伝統がないからである。一九三二年に王国が創立された後、軍隊はハジャジ族とは別の種族の出身者で占められていたこともある。

この結婚は、通常のタイプの異文化結婚ではない。サウジアラビアの女性が、他のアラブ人、エジプト人、レバノン人、パレスティナ人、あるいはさらに近い湾岸のアラブ諸国、たとえばバハレーン人あるいはクウェート人と結婚することになれば、それはアラブの女性と非アラブの男性との結婚、あるいは双方ともムスリムである結婚であっても、極端に文化的、人種的、言語的に異なった結婚と見なされる。これらの相違は、結婚当事者の拡大家族には、彼らを豊かにするというより、問題であると考えられている。

個人の反応——適合性の判断

二人にとって、互いがムスリムであるという事実は、彼らを結び合わせるのに十分な条件である。また故国から離れ、とくに第三国の非ムスリム国で受けた、イスラームと西欧教育にもとづいた彼らの融和性も明らかである。

しかしながら、花嫁の家族は花婿の資質に満足してはいなかった。彼の家族の身元は確認できないし、彼の社会的地位も位置づけられない。それらは文化的な文脈を外れているからである。家族の文脈を越えるとき、花婿は見知らぬ個人となり、彼の家族も文化の文脈を外れて評価されるので同様に扱われる。イスラームは文化の間に共通の結び付きをつくる可能性を提供するが、最終的には花婿の敬虔さではなく、判断の基準となるのは文化、民族を背景にした花婿の位置づけである。このことは花嫁の家族を悩ませ、彼らを敵対させ、よそよそしくし、気力をそぐ原因となっている。このことは花婿側にも混乱や不安を引き起こし、さらに社会的損失を生み出す。そのうえ双方の文化において、適合性が判断される尺度がたいへん異なっているので、評価の基準を明確に把握できない。問題は、花婿の家族には、美しさがつねに花嫁の望ましい基準であるため、花嫁は花婿の家族には身体的に満足であるばかりでなく、またこの場合、裕福である点で問題は確かに少ないと考えられる。

愛の危険

結婚における愛と同情の概念は、次のようなクルアーンの詩句の中で強調されている。「またかれがあなたがた自身から、あなたがたのために配偶を創られたのは、かれの印の一つである。あなたがたはかの女らによって安らぎを得るよう（取り計らわれ）、あなたがたの間に愛と情けの念を植え付けられる。本当にその中には、考え深い者への印がある」[10]。愛と同情の概念は共通した宗教的理念であるが、イスラームの中では異なった形態で表現される。結婚した男女が守るべき特別なイスラームの行動規範がある。たとえば、カップルの間に愛と同情を表現する夫婦の密接さや、結婚した者に相応しい礼儀正しさの概念がある。しかしながら、相互尊敬の概念にもかかわらず、女性は夫にしたがうべきであるという命令が存在する。これは、ヌシューズ（不服従）に対して、タムキーン（服従）として知られている（Maudoori 1983; Doi 1989; Mir-Hosseimi 1993）。

しかしながら、「愛」はカファーア、平等や相補性の概念と同一ではない。「愛」はよく統合された家族単位の維持の観念と対立すれば、批判を受ける。明らかに、愛はみずからの利害を拡大家族の安寧の利害の上に置くことを意味する。

二人が出会った環境、イギリスの大学では、「愛」が結婚の基礎であることを意味した。サウジアラビアでは、明らかな「愛」にもとづく結婚は、恥ずべきもの、アイブである。それは宗教的禁忌であるハラームと対置される。（結婚をする前の男女が）愛を認め合うことはめずらしいことである。というのは花嫁の性的「純潔」や非難を受けない栄誉の重要性を厳しく強調する社会で、結婚前の内密な関係を意味するものだからである。サウジアラビアでは、行政や事業所の領域、レストランやモスク、さらに極端になると建物のエレベーターに至るまで、あらゆる公的領域で両性の分離が厳しく貫かれている。それゆえ結婚をさせようとする親戚の監督のもとで、「適切に」紹介されたときを除いて、若い男女が出会う場所は限られている。

慣習によると、結婚の取り決めが双方の家族の間で話し合われた後、ファティーハ（クルアーンの開扉の章）が未来の配偶者の近しい親族によって朗読される。この儀式は、両者の間に法的な結び付きをつくり出してはいない。むしろ花嫁をマハッバ（愛情）をもって「確保」することを意味する。言い換えれば、他のムスリム社会での婚約にたとえられる。しかしながら、結婚の契約がモスクで署名されるまで、未来の花嫁は親戚が付き添っているときだけ夫に会うことができる。そのときから結婚まで、監督なしで許される会話は電話上においてだけである。

結婚相手の国家の統制

近代国民国家のナショナリスティックな理想は、サウジアラビア人の法的慣習に影響を与えてきた（第8章参照 Anderson 1976; Beck & Keddie 1978)。この事例で取り上げてきたカップルにとって、パキスタン人の夫が国籍をかえサウジアラビアの国籍を取得しなければならなくなったので、結婚の手続きはさらに複雑になった。サウジアラビアでは二重国籍をもつことが許されていないので、彼は本来の国籍を諦めなくてはならない。この手続きは、サウジアラビアの女性がサウジアラビアの市民でない者と結婚することは違法であるから必要であった。この手続きは、一方、男性は外国人女性と結婚するために内務省の許可が必要である。この手続きは、結婚の手続きと配偶者の選択を規制しようと、一九七〇年代の終わりに政府によって提出され、一般的な条令のように実施されるようになった。

サウジアラビアでは、異文化結婚の復活をしるす新しい時代が一九七〇年代から始まった。これは変化への道が開かれた時期であり、多感なサウジアラビアの若者たちを外国の影響にさらすことになった。他のアラブ地域においても、若い男女がアメリカやヨーロッパで高等教育を受ける機会が増えてきた。しかし一九七〇年代の終わり、サウジアラビア政府はサウジアラビアの人々の、とくに女性が海外で勉強することを奨励しなくなり、まず奨学金を打ち切るようになった。これはイランにおけるイスラーム革命によって鼓舞されたイスラーム復興、すなわち保守的な伝統に回帰する動きとつながっていた。

外国人との結婚を禁じることは次のように説明される。一九七〇年代のオイルブームの後、サウジアラビアの女性の婚資は驚くほど増大した。そのことは、サウジアラビアの男にシリアやエジプトや他のより貧しいアラブ諸国から、「より安い」妻を求めさせることにつながった。一人の男が用意しなければならない婚資はきわめて高く、裕福な家庭の間では数十万リアウにも上った。さらにサウジアラビアの男性は、地元の女性はライフスタイルが物質志向であると感じている。一方、エジプトやモロッコのようないくぶん貧しい国から来たムスリム女性は、容易に（ここでの生活に）満足するように思えた。このようなオイルブーム後の現象は、ナショナリズムの高揚と国境と移民の規制の厳格な実施と結び付いている。また、あるムスリム諸国では石油が発見され、他の国ではその恩恵にあずかれない結果として、ムスリム諸国間に巨大な富の格差が生まれてきたからである。実際、「婚資のインフレーション」の問題はメディアでも取り上げられてきた。

サウジアラビアの人々に外国人と結婚することを禁ずる命令には、いくらか曖昧さが残っている。男性の職業や社会、政治的地位によって、許可される場合とそうではない場合があるからである。たとえば、軍隊で働く者は外国人と結婚することは許されない。サウジアラビアの女性が外国人と結婚することは、社会的には難色を示されるし、恐れられることさえある。もし女性が外国の男性と結婚すれば、夫の社会や家族の状況に適応したり同化するようになると一般に考えられている。女性たちは通常、家族を変え、夫の名前をもち、夫の父系親族の要望に添うように子どもたちを育てることを期待されるからである。

女性は外国人の夫をみずからの社会に適応させたり、一致させることは期待できないと考えられている。むしろ彼女が夫にしたがい、結婚を通じて彼の同意や承認（リダー）を獲得したり、維持するようにしなければならない。サウジアラビアの家族が娘たちを外国人のもとに嫁がせたがらないのは、このような強い父系的概念と父方居住の習慣のためである。最終的に、男性はこの命令を拒否する自由をよりもっているようだが、社会の父系的性格から、女性が行おうとする異文化結婚の試みが快く受け入れられず、法の領域においても女性は不利な立場にある（Yamani 1996）。

出自――純血と規制

サウジアラビアでは、「純血」の概念が重要で、それが地位に関わるものとして考えられている。サウジアラビア人は一般に、メッカ人はとりわけ、この概念に誇りをもっている。そのことによって、彼らは他の非アラブのムスリムに対して優越感を抱いている。ここで取り上げているカップルの場合、花嫁の年長のオジは、曖昧性を解決しようとして、「われわれの娘の夫は『アラブの血』をもっている。なぜなら、彼はムハマッド・ビン・カシム、すなわち、インドにおけるイスラームの創始者の子孫だからである」と述べている。「血の系譜」を高めたり、維持することに執着することは、世界の多くの社会で、とくにみずからをエリートと考える家族の間では普通のことである。

何年かの間に、ムスリムの首都として語られる町、メッカのムスリムたちの間で、異文化結婚についての態度に明らかな変化が見られるようになった。一九世紀後半から二〇世紀初頭にかけて生きていた人たちの説明では(Hurgronje 1970)、メッカはイスラーム世界の坩堝と化し、異文化結婚は当時普通のことであったという。皮肉なことに現代のメッカでは、異文化結婚をした子孫たちは、国家アイデンティティの創成において、「純血」を維持させる努力をする先兵の役を果たしている。この新しく創設された国家においては、異文化結婚は歴史的に新しい文化と人間を創成する行為と見なされている。

結婚式――統一と差異のシンボル

結婚式の本質的ともいえる宗教的な要素のほかに、結婚をめぐる儀礼と社会的慣習には、本章の事例が示すように、イスラーム世界の中でも著しい相違がある。

　本事例では、異なった地方の慣習にしたがって、結婚式が双方の国で実施された。サウジアラビアで行われた最初の儀式は、宗教的儀式（アクドルキラーン）と社会的な祝宴から構成されていた。誤解がそこで見られた。花婿の家族は異なった国からやって来て、異なった言語を話す。また異なった衣服を身につけており、これらの儀礼に異なった期待を抱いていた。サウジアラビアでは、花嫁は通常結婚式には白い衣服を着る。一方、パキスタンでは伝統的な色の衣服を身につける。サウジアラビアの祭りで演奏される音楽は、訪問客には演奏されなかった。またサウジアラビアの料理の味が薄いので、スパイシーなパキスタンの料理でもてなされた。サウジアラビアの儀式は性と年齢によって分離されていたが、パキスタンでは、部屋の中での位置は別々であったが、男女、子どもが一緒になって祝福をした。このような文化的慣習は、訪問者にとっても部分的であるにせよ、結婚を祝うとは何かを理解させた。双方にとって唯一馴染んでいた儀式は、最初の夜に行われた宗教的な結婚の契約、アクドルキラーンである。

　双方とも同じ宗教に属するけれども、これらの異なった習慣と期待は、コミュニケーションを制約し、また誤解を深める原因となった。たとえば、年老いたパキスタンの女性の親戚は、サウジアラビアの花嫁は一夫多妻を心配していると考え、パキスタンの花婿はベドウィンのように他の妻とは結婚しないことを彼女に確認させようとした。しかしながら、このアドバイスは反対にサウジアラビアの家族をたいへん侮辱する結果をもたらした。サウジアラビア側はそのことを、自分たちの花嫁が妻として不適格と見なされた、さらに家族として第二の妻に反対したりするほど、高い社会的地位にはないことを意味すると解釈したのである。社会的に高い地位にいるサウジアラビアの家族は、娘が一夫多妻結婚に関わることには決して同意しないのである。

　サウジアラビアでの祝祭の後、別の結婚式が花婿の文化的慣行を満足させるためにパキスタンで行われた。この儀式は伝統的なパキスタン式のスタイルにしたがい、四日間続いた。花嫁はすでに結婚して一週間がたっていたけれども、今結婚したかのように伝統的に期待される恥じらいを示しながら振る舞いをしなければならなかった。すなわち、(夫の)地方の慣習にしたがい、頭を曲げ、視線を下に向けて対応した。しかしながら、花嫁の家族は、イスラーム信仰の核心をなす結婚の祝いはサウジアラビアで終了しており、これらの儀式には出席したくないと考えていた。

異文化結婚のこのような事例に見られる誤解と緊張の積み重ねは、二人が生活を築き上げていく際に直面する困難さに輪をかけたものとなる。イスラームの精神がうまく文化の境界を越えないとき、何が起こるのかここに明確な事例が見られる。そこには社会、経済的な基準が優先的に表出されている状況が見られる。

イスラームにおける異文化結婚の状況は、二律背反的である。ムスリム国家間の文化の相違は実際存在するが、その重要さは関係者の利害を損なうものとして、しばしば無視されてきた。イスラームの統一という理想を実現できないことをおそれるからでもある。ムスリム同士の異文化結婚は、父権的規範のためにごくまれなことであるが、より社会的地位が高い女性が、社会的地位が低い女性よりも、文化の枠を越えて結婚へ挑戦することがあるようだ。部分的に、財産と教育の特権を通じて獲得した外部世界との接触、またこのような経験から得た自信の程度によるが(第1章および第3章参照)。女性はイスラーム教育とその知識を通じて、文化を越えた結び付きが一定の宗教的境界内で可能であることを知るようになる。またイスラームの教えに無知だった頃、普遍的なイスラームだと思って地方の文化的慣行を受け入れてきたことを気づくようになる。事実、イスラームの教えの中に述べられている道徳行為の掟は、文化的相違を克服し、文化的規範を乗りこえようとする政治的、社会的、経済的権利を与えている(Fawzi El-Solh & Mabro 1994 : 1-32; Beck & Keddie 1978. 理想と習慣の多様性についての議論参照)。

中立的立場と対応

ここで述べられた事例は、広いイスラーム世界で見られる異文化結婚の典型的ないし代表的なものでは決してない。しかし、今日また現世代の同じような事例において、カップルがしばしば文化的、経済的相違の圧力に対抗できる唯一の方法は、みずからを特定の文化的コンテクストからより中立的な立場へ移動させることによってである。文化的に異なったどの結婚も、一方のパートナーが他方の文化的領域に入り込むとき、見知らぬ社会に適応させるための新入りに対する圧力は、他のパートナーよりもはるかに大きなものであろう。そのような結婚において、一方の文化が優先されるのは避けられないことである。どんなに懸命に努力しても、新入りはつねにある程度よそ者として存在する。それはとくにジェンダーへの意識の高まりによって、妻と夫の間に平等性を求める時代では、結婚における権力関係が結果として不均衡なものとなる（第11章参照）。だが夫の国に移り住んだ女性の場合、かつては女性が夫の付属物と考えられていたため、また結婚による集団の連帯が個人の問題よりも重要と見なされていたため、おそらくこのような結婚が受け入れられたのであろう。

結婚の社会的、経済的状況の変化は、家族をまとめ上げる他の選択肢が生まれてきたこと、とくに核家族が拡大家族と対立するようになったことである。また先進諸国で発展してきた核家族のモデルが発展途上の国々の間でも受け入れられようになっている。人々は社会的状況の変化を受けて、みずからの居住地を離れたり、みずからの核家族をつくり上げたりしている。異文化結婚のカップルは、みずからの子どもたちを養育することで、より安定した雰囲気をつくり出すことによって、彼らが直面する圧力をある程度中和していると見なされる。

人種的、経済的背景が重要な文化においては、異文化結婚から生まれた子どもたちは、特定の社会によって課せられた基準の犠牲となることがある。われわれの事例では、パキスタン人の男性の子どもたちは、純粋なアラブ人とは見なされない。アラブの純血が地位や社会的上昇の基本的要件になっている国だからである。しかしながら、これは一つの国で成長している同じ子どもたちが人種差別や偏見に出合ってはいないことを意味してはいない。

異文化結婚において、核家族はここで示してきた事例のように、新たな焦点となっている。彼らは共通の宗教観をもち、また子どもたちとも宗教的なつながりをつくり出すことによって、共通の絆とアイデンティティをつくり上げた。同時にこれらのカップルは、料理、衣服、通常の祝いごとなど、異なった文化のさまざまな遺産を取り入れ、適応しようと試みた。そこには文化的に豊かな、調整された融合ともいえる状況が生み出された。このような家族において、英語は彼らが生活している社会の言語として、また両親も流暢である第二の言語として、さらに家庭内では第一言語となった。彼らの母語は二次的な役割を演じている。このように文化の遺産や両親の言語は、拡大家族の支配領域をはるかに越えてしまっている。

かつて、イスラーム世界での異文化結婚は、部族や人種のつながりを強化する役割を果たした。それはまたイスラーム化のプロセスに貢献するものでもあった。しかしながら、文化的に特殊な社会規範が宗教的な規範よりも勝っているところでは、異文化結婚は脅威と見なされ、関係する拡大家族の統一と継続性への挑戦と考えられた。このようなことは、社会的なアイデンティティがナショナリスティックな理想や他の社会的な意見によってある程度まで形成されてきた近年までは、とくにあてはまることであった。しかしながら、異文化結婚はイスラーム世界刷新の原動力となりつづけていることは確かである。

註

（1） クルアーン第四九章　部屋章（アル・フジュラート）一三節（『日亜対訳注解　聖クルアーン』宗教法人日本ムスリム協会 1982より。以下、クルアーンの引用文は同書より）。サウジアラビアのエリート家族は、このクルアーンの節を、結婚式の招待状に印刷する。
（2）クルアーン第五章　食卓章（アル・マーイダ）六節。
（3）クルアーン第四章　婦人章（アン・ニサーア）二五節。
（4）同前　第三四節。
（5）同前　第七節。
（6）一九三二年、同国が統一される前には、四つの州があった。ナジド部族の地域、海岸のアハサー、メッカとメジナの都市部を有するヒジャーズ地域、そして山地のアシールである。
（7）ある人は一四という。Freyer Stowasser 1994。
（8）クルアーン第四章　婦人章第三節。
（9）Anderson 1976 および Sidiqqi 1996 参照。
（10）クルアーン第三〇章　ビザンチン章（アッ・ローム）二一節。

第10章　ヒンドゥー合同家族における イギリス人と北アメリカ人の義理の娘

メアリー・シッソン・ジョシ、ミーナ・クリシュナ

あらゆる文化で、人々には父親がいて、母親がいて、息子がいて、娘がいる。しかし、その関係は、必ずしもすべての文化に共通ではない。

A・ラマヌジャン

彼はかつて、強固な伝統下に生まれるということは、生で始まり死で終わる複雑なダンスのステップを知ることだと語った。「あなたがすべてのステップを心から理解したとき、あなたはもう何も考える必要はない――あなたはダンサーであり、ダンスそのものである」と彼はいい、彼女は（そのダンスのステップの）神秘性と詩情を愛した。彼女は、ダンサーが自分と異なった伝統のダンス・フロアーに立っていることに気づいたが、そのとき何が起こるのかを彼に聞くことは思いつかなかった。一つのダンス・ステップは他の音楽にも使えるのだろうかと？

マンジュラ・パドマナバン『スタン』

海外旅行と国家間の経済的相互依存が増えつづける今日の世界において、文化の境界を越える人々に対して、

実践的なアドバイスがしばしば求められている。投資家向けの「文化ガイド」は常識となり（Dunung 1995）、一つの文化をもう一つの文化に解釈する人類学者の需要は増大している（Hoecklin 1995）。言語の使用上のニュアンスや（Gumperz etd. 1979）、非言語コミュニケーションの確実性、明確な社会的ルールや文化の違いを決定づける要素について関心がもたれている（Argyle 1982）。一般に異文化結婚をするという事実自体で、文化の境界を越えていることを証明しているため、異文化結婚についてのアドバイスは不必要と思われている。しかし、異文化結婚への道は必ずしも平坦なものではない（Alibhai-Brown & Montague 1992）。

「すべての社会に生きるあらゆる人々は、家族というコンテクストの中で育てられる。しかもすべての社会において、ほとんどの大人は結婚するか、過去に結婚したことがある」（Giddens 1989：383）。しかしながら、文化は結婚の要素や社会的構築のあり方によって大きく異なる。そのような文化の違いを越えて結婚した人たちが、異なった文化を受容することでより豊かになったり、あるいは困難に遭遇したりする。本章では、核家族で育てられ、結婚後、合同家族（インドなどで見られる複数の世帯が同居する家族）に婚入した女性たちについて考察する。とくに私たちは、専門職のインド人男性と結婚した、大卒のイギリス人女性二〇人と北アメリカ出身の女性一〇人にインタビューを行った。インタビューの結果は、大卒で専門職に従事しているインド人女性三〇人（内イギリス、カナダ、アメリカ在住一五人とインド在住一五人）によって議論された。本章は、基本的にイギリス人女性と北アメリカ人女性とインド人女性の、女性としてのアイデンティティについての説明と、本章の中核をなす彼女たちの合同家族での経験についての解釈から成り立っている。

私たちがインタビューしたイギリス人女性と北アメリカ人女性は、以下のような特徴をもっている。

（1）女性たちは主に夫婦関係を中心とした中流、上中流の核家族で育てられた。彼女たちの核家族は、経済的、社会的関係によって他の親族とつながりをもっている（Allan 1989; Ribbens 1994）。彼女たちの家族では、結婚前、あるいは結婚後に、夫婦が親世代と別の家に住むのが一般的である（Kiernan 1989; Cunningham & Antill 1995; Goddy 1996)。

（2） 彼女たちは、ヒンドゥーの拡大父系家族（三世代の家族）ないし合同父系家族で育てられた専門職か商業階層に属する、マハラシュトラ人かグジャラート人の男性と結婚している。[1]

（3） インタビューをした女性の多くは四〇代から五〇代で、一九七〇年代中頃結婚してから一五年から二〇年たつ。

（4） 結婚を機にこれらの女性は、夫の両親の家、つまり夫の合同家族と同居しはじめている。

インタビューの結果は、現在のインド政府の女性地位委員会が「ごくわずかの女性だけが結婚生活を独立した家で始める」（1974：60）と説明することと一致したものである。さらに、裕福なあるいは都市の家族にとって、拡大家族や合同家族は社会全体の理想というより現実であるため、とくに裕福な都市に住むインド人家族に嫁いだ外国人は、貧しい、あるいは田舎の家族に嫁いだ外国人よりも合同家族の現実に直面しやすい（Shah 1974; Nandah 1991)。また、最近の都市部における高い生活費のために、「合同家族が新しい賃貸生活を余儀なくされている」（Jain 1994：74)。

見合い結婚と恋愛結婚——受け入れる側の問題

バーバラは、「外国人との結婚は、家族内にすでに存在する均衡をつねにゆるがすもの」だったと語っている(Barbara 1989：23)。文化的に異なる婚姻慣習をもつ人たちの間で行われる結婚において、夫婦双方が自民族中心主義になるだけでなく、何が「適正な」結婚なのかが問われる。「インドでは、ほぼすべての結婚が見合い結婚である。そのため、そうでない結婚には、〝ラブ・マッチ〟という特別な名称が与えられている」(Nanda 1991：224)(2)。異文化結婚は定義上存在しない。なぜならば、見合い結婚は生活しているコミュニティー、カースト、サブ・カーストなどを十分考慮して実践されているからである。非アジア人はアジア人と見なされないため(Goffman 1969)、そのようなカップルが公衆の面前に出るに際しては、つねに既存の婚姻制度に対する挑戦となる。ある回答者はカップルでオウランゲイブドの町を歩いていたときに、町の一〇代の若者たちに「恋愛結婚、恋愛結婚」とやゆされ、困惑したと打ち明けた。

中流階級の家庭では、外国人の妻たちは直接的に拒絶されることはめったにないが、夫の家族が間接的に彼らの結婚を認めなかったり、彼らの結婚に落胆した態度を示す。彼女たちのいく人かは、義理の母たちが異文化結婚によって嫁いで来る外国人妻が「適切な家庭料理」をつくれないであろうことを嘆き、息子たちを哀れんで、彼女たちをさげすむような発言があったことを教えてくれた。明らかにそこには、否定的なコメントが生み出される基盤がある。中流階級のインド人にとって、白い肌を高く評価することは見合い結婚の広告欄からも明らかである。彼らが評価しているのは、北ヨーロッパ人に特徴的なピンクがかった肌ではなく、アイボリー色のインド人の肌である。また、北ヨーロッパの女性は西インドの女性より、長身で大柄な傾向があるので好まれない。さらに外国人の義理の娘は、しばしば女性らしさやデリカシーに欠けると思われている。身体のサイズは美観を超越した結果を導くことがある。数人の回答者は、彼女たちの手首のサイズが大きすぎたために、義理の母が自分の腕輪をお下がりにあげることができなかったので、気分を害したと報告している。他方、慣習に無知なために、孫の名づけの儀式など人生の節目の機会に、実母が義理の母にサリーを贈答しないことで、彼女を失望させたということである。

受け入れることは結婚の初期ではとくに大切である。あるイギリス人女性は、義理の両親がはじめは彼女を受け入れたように見えたが、あるとき甥が外国での勉強を延長したい様子を見せたときに、外国での勉強は外国人との結婚につながり、つまりそれは「災難になる」ということで、家族が断固反対したことについて述べている。異文化結婚や異人種結婚をした人たちの両親は、彼らの子どもの選択が賢かったかどうかの判断を先送りにしている（Alibhai-Brown & Montague 1992）。しかし、よそ者が見合い結婚を理想とする文化に嫁入りすると、嫁入りした人を傷つけるような直接的で「敵対的な」コメントが用意されている。彼女に対するお世辞が家族の間で聞けるのは、彼女がうまく内部者になった後のことである。

日常の儀礼——文化とジェンダー

アーヴィング・ゴフマンの研究の多くは、日常生活の中で行われる儀礼の重要性について実証している（Goffman 1967）。儀礼の重要性は、儀礼を行う者にとって、公にはできない期待が充足しないときに初めて明らかになる。文化的な期待が充足しない問題は、ロンドンで行われた、イギリス人女性とインド人男性の結婚式にまつわる以下のような出来事の中に表われている。

キャサリンと私が結婚した日、私たちは、私の兄弟と母と従兄弟と一緒にでかけた。それは私にとって不適切だとは思えなかったが、キャサリンにとっては、彼女が成長する中で期待していたこととはまったく相反することであった。翌朝、私は従兄弟を空港に見送りに行ったが、それはキャサリンをたいへん傷つけるものだったということを認識していなかった。そして、私たちは新婚旅行に出かけたが、私の母が喉の調子が悪いので、数日後ロンドンに戻ることになった。私にとって新婚旅行を一度中断し、その後再度出かけることは考えられないことではなかったが、キャサリンにとっては信じられないことだった（Alibhai-Brown & Montague 1992：181）。

このインタビューで、このイギリス人女性は、結婚式の間に費やされる時間だけでなく、公の場での彼女に対する愛情表現において、夫が彼の母親よりも彼女を優先させるべきだと感じていたことがわかる。確かに北アメリカの中流社会において、新たに結婚した夫は「妻を特別な愛情で扱い、つねにそれを公に示さなければならない」という義務がある（Goffman 1967：59）。しかしながら、このようなルールは社会によって異なり、インドの既婚カップルは公の場ではめったに愛情表現をしない（Das 1979; Trawick 1990）。

ゴフマン（1977）は「男女の組み合わせ」という論文で、アメリカとヨーロッパで女性は二級市民という立場に甘んじていて、実際そのように扱われていると同時に、理想化され、か弱くて尊敬に値するものとして扱われていると述べている。男性はこの女性のか弱さに合わせて、儀礼的に女性のためにドアを開けてあげたり、重いものを持たせることのないようにしている。これらの特徴的な行為は、ヒンドゥー社会においてはジェンダーごとの役割となっていない。数人のイギリス人女性は、年老いた義理の母親が彼女の息子にかばんを持たせるのではなく、自分で持つことを主張するのを見て苦痛に感じたと述べている。

ジェンダーと食べ物に関する文化的な行為は、アパデュライが「食べ物は強く感情を左右する」と書いているように（Appadurai 1981：494）、とくに興味深い。アメリカ人回答者は、食事のときに、夫が給仕されることを期待し、彼の妻と子どものことをすっかり忘れてしまい、自分が子どものように母親から給仕されるのを見て、驚いたと述べている。もう一人の女性回答者は：

イギリスの私の家族では、父も母も食事を給仕しません。しかも女性は男性より先に給仕され、女の子は男の子より先に給仕されます。私の兄弟の妻は女性であるとともに「ゲスト」なので、初めに給仕されます。しかしインドでは、義理の母は男性に最初に給仕し、彼らの食事が終わるまで席に着いて食事をしようとももしません。血縁の娘たちや義理の娘たちはそこに住んでいようと、ゲストであろうと、最後に席に着きます。

食べ物が十分にないとき、このような習慣は女性の栄養状態に対して有害な結果を招く（Agarwal 1994）。私たちのインタビューに答えてくれたイギリス人と北アメリカ人女性は、さらにこれらの行為に含まれる意味について関心を示している。たとえば：

義理の母が冷たいチャパティーと残り物の野菜の食事に耐えているのを見て驚きました。そして、朝食時に男性たちが新鮮な食事を給仕されているのにもかかわらず、義理の母が、私に彼女と他の召使と一緒に前日の残りのパンを食べることを期待していたことをたいへん不快に思いました。私の夫はこのような小さな不平等についてはぜんぜん気がついていないようでした。また、もし私がこのようなことについて指摘しても、彼は「そのようなことを問題にするな。そのようなことをしても意味がない。結局、母がこうしたいのだから」といったことでしょう。(3)

食事の準備とそれに関連した作法は、すべての文化にとって重要なことである（Douglas 1966）。とくにインドでは非常に大きな意味をもっている（Khare 1976; Appadurai 1981）。カーストは、部分的にはどのような物を食べるかによって決められ、食べ物を神に供えることは彼らの信仰にとって基本的なものである（Ferro-Luzzi 1977）。外国人の妻たちは、うっかり野菜を皿の違う場所に置いてしまったり、食器を潜在的、儀礼的に汚すことになるような作法で使ってしまうと、夫から叱責されたりする。インド人女性は、結婚の初期の数年は、夫のためにきちんとした食事がつくれるようになるための、義理の母からの見習い期間のようなものだといわれている。ある回答者は、「仮にあなたがあなたの夫と同じカースト出身であっても、それぞれの家庭にはそれぞれ違った料理の仕方があります。たとえば、ダル（カレーの一種）などの料理に見られるように。それゆえ、義理の母があなたに教えるのです」と述べている。あるアメリカ人女性は、彼女がとても上手にマサラ・ドサ（スナックの一種）をつくったとき、彼女の料理が上手なことではなく、良くできた義理の娘として家族にほめられたといわれた。

抽象的な考え方を強調する文化からやって来たイギリスや北アメリカの女性たちは（Shweder & Bourne 1982; Miller 1984）、彼女たちへの認識が心理的な特性ではなく、その人の役割や状況によって決定されるので、（Dhawan et al 1995）、彼女たちの「善良な」行為もその人の役割や状況のせいにされる。そのことは彼女たちを非人間的にあつかい、侮辱していることになる。

プライバシーと親密さの交渉

シアマは「イギリス郊外の家庭において、息子や娘の部屋はプライベートな場として認識されている」が、アナダラクシュミも述べるように（Anandalakshmy 1981 : 15）、「インドでは、プライバシーは秘密として認識されている。インドの拡大家族では、家の内部のドアを閉じることはほとんど敵対的行為である」（Sciama 1993 : 93）。空間やプライバシーに対する文化的に異なった態度については、しばしば問題だと回答者によって報告されている。マハラシュトラ人のビジネスマンと結婚したアメリカ人女性は以下のように述べている。

夫の両親と一緒にボンベイで生活することについて、結婚した当初は何も気にしていませんでした。家は大きく、私たちは自分の部屋をもっていました。しかし、私たちに最初の子どもが生まれた後、憤慨することが起こりました。夫の家族が好き勝手に私たちの寝室に出入りし、私たちにはプライバシーがないと感じるようになったからです。私たちの結婚が困難に陥ったのはその頃でした。

もう一人のアメリカ人の回答者は、ボンベイに嫁いだとき、義理の姉妹たちが、彼女の寝室へ自由に出入りするのみならず、彼女の荷物の中を「捜索し」、荷物の中身が家族の女性への贈り物であると理解して持ち去ってしまうことが起こり、プライバシーが侵害されたと感じた。空間の管理のあり方を理解することは重要である(Ardener 1993)。イギリスと北アメリカの回答者は、個人用のスペースの不足が配偶者間の会話の機会をも奪うと述べている。核家族出身の女性は、結婚をパートナーシップと見て(Moore 1988)、結婚の単位が重要な情緒的な関係であると期待する(Reibstein & Richards 1992)。そのような結婚観をもった者にとって重要なことは「愛情をともなった個人主義」である。そこでは結婚による結び付きが、性愛的で、ロマンティックで、慈悲的な愛によって導かれた、個人の選択にもとづいていることである(Giddens 1992; Tysoe 1992)。だがカップルが、すべての問題に優先する単位だと期待することは、世代間の結束が重要な拡大家族の中においては不適切である(Nanda 1991; Harlen & Courtwright 1995)。精神分析的な手法をとる作家は、ヒンドゥー家族においては、長く続いた初期の母親—息子関係にしたがってきた息子が、妻との関係において、彼の母親と同じような親密な関係をつくることがないという(Guzder & Krishna 1991)。配偶者間の親密さは最小限にされ、しばしばさらに水を差されることになる(Davar 1995)。

ある回答者は、彼女と夫が計画した週末旅行がいかに文化的誤解をもたらしたかをくわしく述べている。計画を聞いた彼女の義父は、「なぜマーブに行くのですか。そこで何をするのですか?」と困惑して尋ねた。さらに自分と自分の妻および数人の孫たちが退屈してしまうので、一緒に連れて行くように提案した。カップルは、彼らの緊密さをつくることを重視し、二人のみで旅行に行くことを決断した。しかし、彼らの選択は残りの家族によって、奇妙で、排他的だと見なされた。アリバイ-ブラウンおよびモンタギューは、合同家族のもつ圧倒的強さと、夫と二人きりになれないことによるフラストレーションについて語っている。たとえば、イスラーム教のベンガル人と結婚したスコットランド人の福祉活動家は、以下のように述べている。

最初にナシールと結婚したとき、あたかも彼の二人の甥がパッケージとして一緒に来たかのように感じました。私たち二人きりの時間はまったくないように感じ、ときどき憤慨したものでした。私はあるとき思いました。私たちはただの一晩もこの家で夜を二人きりで過ごしたことがありませんでした。私たちは二人きりになるためにどこかへ行かなければなりませんでした。もし彼がイギリス人だったらこのようなことはなかったでしょう。二人だけの時間をつくれたでしょう（Alibhai-Brown & Montague 1992：108）。

文化的、経済的理由により、インドの中流の男たちは、自分の家庭内でみずから何かをすることはめったにない。回答者のうちの数人は、家庭内で共同で行うことがないことが、いかに夫たちとの距離感を増幅させてきたかを語っている。

精神分析医サドヒール・カラールは、インド人女性も「夫婦二人の世界」を望むと述べている（Sudhir Kakar 1989：144）。しかし、それは彼女たちの想像の世界でしかなく、中流、上中流クラスの妻たちは、「拡大家族と対立するのではなく、そのより広いネットワークの中に『カップル』をつくり出す空想を抱いている」（1989：22）。このテーマは、ひそかに夫と話そうとして失敗する、アンジュナ・アパチャナの短編小説『バフ』の中で展開されている。

私が皿を洗い、台所の掃除を終えたとき、すでに真夜中でした。私は部屋へ戻りましたが、そこで夫の甥が私たちのベッドの隣りにあるディワン（寝椅子用のソファア）の上で寝ているのを見つけました。このようなときはいつも「彼はおじがとても好きなのよ」と、義理の姉妹はいいました。私の夫もまた眠っていました。実際のところ家族のみんなが眠っていました。私はその夜それをがまんすることができませんでした。もう一晩このようなことが続くことも、あるいは事態がこのままを継続し、彼らがこのようでありつづけ、私たちの生活がこのまま永久に続くことについて、耐えられませんでした（1989：13）。

社会的支援は、身体的、精神的健康のための重要な要素である（Taylor 1995）。ブラウンとハリスは、南部ロンドン郊外に住む女性のうつ病に関する研究で、脆弱な状況に置かれた女性たちを保護する役割を果しているのは、彼女たちの夫や男友だちとの親密な信頼関係にあると述べている（Brown & Harris 1978）。文化的理由のために、夫がおそらくこの種の役割を果たさなければ、妻はどこかに支援先を見つけなければならない。民族誌学（たとえばWilson 1978）および文学（たとえばChaudhuri 1991）によれば、インドの女性は、合同家族内の同じ年頃の女性から多くの支援を得ている。ボンベイでの中流および中上流階級社会を描いたミッテルは、親族関係の優位性を指摘している。そのため、「義理の姉妹、従兄弟、親族のネットワークの外側に、友だちをさがすことは比較的新しい現象である」と述べている（Mitter 1991：58）。

しかしながら、何人かのイギリス人回答者は、さまざまな理由によって友情を深めることの難しさを報告している。研究によると、北アメリカと北ヨーロッパにおける友人関係は物的、情緒的サポートの交換を基本とした二人関係を中心としており（Duck 1991; Argyle 1992）、女性にとって、情緒的な支援の多くは、確信ある自己の開示および交換の形式をとっている。多くの回答者がストレスを感じるのは、合同家族自体だったので、彼女たちが家族のメンバーに秘密を打ち明けるのは難しかった。そのため相談を受けなかった夫の姉妹たちは拒絶されたと感じてしまった。

インドの女性たちは、自分の実家をとても頻繁に訪ねる。一方、実家の遠いイギリス、北アメリカの女性には、これはきわめてまれなことである。イギリス、北アメリカの女性たちが家族を越えて友人をつくることは非常に難しい。さらにプライバシーと排他性を求められるので、問題を引き起こすことになる。たとえば：

私たちがインドで最初に暮らしていた頃、私の夫は、一日一〇時間、一週間六日も働いていました。幸いにも、私は、子どもと同年齢の赤ん坊をもった数人の女性と知り合いになりました。しかし集まってみればつねに、彼女たちの義理の母やおばたちが一緒に部屋にいました。彼女たちはとても良い人たちで、非常に歓迎してくれましたが、彼女たちの存在が私と同年齢の女性が親しくなる障害とわかりました。私にとって、友情とは、別の個人を知り、確信している意見を交換することにあるのです。大きなグループは必要ありません。

インド人回答者は、彼女の義理の母が友人の選択や制限をすることは、彼女の「心の内側の庭」に踏み込むことと等しいことであるとコメントしている。上記のことからわかるように、イギリス人の学者と結婚したインドの女性は次のように述べている。

インドでは、家族はそのメンバーの経済的、情緒的支援の主な源泉です。それゆえ、家族の範囲を越えることは不適切とされます。第一に家族は資源と見なされるので、食物、金銭あるいは自分の時間などをよその者のために使ってはならず、またそれを浪費してもいけません。第二に、家族の統一戦線は不可欠なので、家族の外部に、家族を否定的に語ってはいけません。それは不名誉になるからです。だから、家族外の友だちをもっていることは、その友人に、家族の秘密（ある確信）を口外するかもしれない危険性があることになります。

育　児

育児慣行は文化によって特徴づけられる。「親は、みずからのコミュニティーで価値あるとされる技能や美徳を獲得させるべく、子どもたちのために学習環境を構築しようとする」(LeVine 1990：472)。現代の北ヨーロッパおよび北アメリカの都市部に住む中流家庭に見られる育児は、ジョン・ボルビイーによって発展され、またペネロープ・リーチのような作家の育児マニュアルによって普及した。彼らの理論は、ジーグムント・フロイトの理論に多くを負っている。フロイトの理論は、とくに母子関係を強調し、一対一の関係に執着している。幼い頃、親に対する依存が、幼児の内面的な安心とその後の独立の基盤を形成すると考えられていたからである。

一方、ヒンドゥー・モデルはそれとはたいへん異なっている。母親と幼児の関係は第一であるが、赤ん坊は頻繁に母親以外の多くの女性からの世話を受けている(Seymore 1983)。子どもはめったに一人にはしておかれず(Roland 1988)、より大きな家族集団のメンバーの一員として社会に関与する。独立はもっと大きくなってからのものと期待され(Lazar 1979; Sissons Joshi & MacLean 1997)、あるいはまったく期待されないこともある(Kakar 1978)。

何人かの回答者は、子どもの世話が共同でなされることと、拡大家族がもつ「保護的環境」を賞讃した(Alibhai 1989)。それは親類が子どもたちを世話している間、女性たちが家庭の外で仕事をすることが可能であったからである。また拡大家族、とくに使用人のいる家庭では、事実上二四時間のベビーシッターを雇用することができたからである。そのようなシステムの強靭さは、母親がつねに子どもと一緒にいなくてもよいという寛容さをもたらすが、何人かのイギリス人、北アメリカ人は、家族の中のさまざまな女性が子どもを養育することによって、母親が期待していた子どもとの「特別な関係性」が失われると感じている。さらに、もし育児が共同でなされた場合、権威も共有され、そこに育児に関する見解の相違による、隠された問題も発生することになる。ある回答者は以下のように語っている。

イギリスにいる私の友人は、私がインドで受けている育児に対する支援をうらやましいといっています。しかも彼女らは、ややロマンティックな印象をもっています。私は彼女たちに、母親や義理の母がやって来ていう育児に関する意見がどれほどうっとうしいか想像してほしいといいます。彼女たちの助言は、一日に一、二度ではすまず、毎日、一日中止めどころなく、しかもそれから逃げることができないことを想像してくれといいたくなります！

もめごとの一つの領域は、眠る場所についてである。シュウィーダー、ジェンセンおよびゴールド・スミスが述べたように、「家庭の中で、普遍的行為である『誰が誰と眠るか』を決めることは、一つの象徴的な出来事である……それは、両者がそれぞれの社会についての最も深い道徳的な考えを表現しているからである」(Shweder, Jensen & Goldstein 1995：21)。イギリス人女性が、よちよち歩きの幼児を親と別の部屋で一人で眠らせることを望んだとき、インド人家族は彼女を無責任で無神経であると見なす。対照的に、インドの家庭では世代間の問題は、「誰と」子どもたちが眠るべきかという問題によって明示される。祖母たちは、しばしば彼女たちの「現代的な」義理の子どもたちを、本来は祖父母たちの部屋で寝させるべきだと主張し、義理の嫁が「子どもを独占している」と批判する。ローランドは、ヒンドゥー家庭の就寝の仕方について、彼らは決してスペースが不足しているのでなく、「分離および孤独は、インドの家族関係の中でぜひとも回避されるべきことなのである。そして依存と相互依存は、自治や分離よりはるかに高く評価される理想」と解釈している（Roland's 1988：232)。

服従の説明

北アメリカとイギリスの女性たちの家族の中での役割は、社会的に構築されると論じられているが（Delphy & Leonard 1992）、彼女たちは次第に拡大する関係の中で平等性と、親の世代から空間的、心理的距離をもち、また、自己を独立したものと見なすよう育てられている（Varenne 1996）。若い両親や祖父母との密接な関係は、しばしばイギリスでも見受けられるが（Warnes 1986; Finch 1989）、親族研究の視点から見て、（1）結婚後の居住が通常それ自体独立し、（2）世代間の親密な関係は、父系でなく母系の祖母との間で見られ、（3）密接な接触があっても、「義理の母たちは、核家族を尊重し、距離をとるべきだという考え」に行きつく（Ribbens 1994：80）。

反対にヒンドゥー社会では、個人を主張することではなく、相互依存が理想であり（Hofstede 1980; Markus & Kitayama 1991; Kagitcibasi 1996）、女性は幼少時代から明白に階層的な社会の中における自分の地位について十分認識ができている（Nabar 1995）。合同家族において、（1）居住は個別ではなく、（2）若い妻は既存の世帯に参加し、彼女の夫の母によって管理され、また、（3）彼女の主たる人間関係は、彼女の夫とではなく、義理の母にあることを理解している（Mies 1980）。

インド政府（1974：60）による女性の地位に関する調査は、若い既婚女性の行動を以下のように述べている。

> 義理の娘は適切な、柔順で、従属した役割を果たすように管理されている。彼女はどのような意思決定にもほとんど関与できず、また厳しい規制下で、新しい生活を始めなければならない。このことは、地方によってより厳しく、また貧困層よりも豊かな中産階級においてよくあてはまる。

この調査報告書は、義理の娘が義理の母の直接的な支配下にあるという合同家族の権威のあり方について述べている。（インド北西部の町）ウダイプルでの研究においても、メータは、家庭外の女性教育が彼女らの生活のある部分を革命的に変えたが、家庭内の基本的な序列を変更してはいないと述べている（Mehta 1976：127）。インドの若い女性は、いまだ「合同家族の礼儀」に配慮しているし、家族の年上のメンバーに対する日常儀礼を固守している。したがって、若い女性は年長者の前では頭をサリーで覆い、彼女たちの足に触れて挨拶し、すべての重要な決定について年長の女性に相談する。イギリスおよび北アメリカ出身者の多くは、文化的な丁重さと尊敬についての概念を周知していても、年長者に対して謙譲な振る舞いをすることがいかに難しいことか述べている。とくに「些細なこと（たとえば買い物にいつ、どこに行くべきかなど）」「個人的なこと」そして「プライベートなこと（たとえば医者との約束を果たすか子どもを選ぶか）」については、家族の年上のメンバーに意見を求める必要はないと考えてしまう。だが「個人主義的な」行動は、家族の年上のメンバーによって好ましいこととは見なされていない。インドでは、相談され、留意され、服従することが期待されているのである（Vatuk 1990）。あるイギリス人の女性は、息子の初めての誕生日を祝う準備の話し合いから除外されたとき、たいへん憤慨したと報告している。反発を受けた義理の母は、「息子の嫁に干渉されず、孫の誕生日を計画できる最高の状態」だったと述べている。若い妻は、子どもの母親としての「適切」な主張をすることを余儀なくされた。しかし、彼女の主張はジェンダーと階層の規則に触れるもので、不適当であり、理屈っぽいと見なされた。

イギリスと北アメリカ出身者の多くは、インド人の義理の母が合同世帯に対して行使したい支配のあり方に対応することは困難であった。義母が、嫁の手紙を検査したり、通話を聞いたり、家計を管理したり、若い夫婦の寝室を相談なしに飾りつけたり、どの機会にどの衣服や宝石をつけるべきかを特定したりする「権利」を行使したからである。ある回答者は、次のように述べている。

合同世帯の中で若い妻としては、食物の選択やその準備、住宅の間取り、衣服の洗濯の仕方、子どもの教育の仕方など、責任のあることは何もできません。それは私の結婚についての考え方ではありません。私は私自身の決断で、新しい家庭をつくるつもりでした。それは確かに私が二五歳だった頃に考えたことでした。でも現在私は四五歳、人生のこの段階で、合同家族の中に生きている事実を直視すると、そういうことを思い描くときではなくなっています。

インドにおける家族の役割は、階層によってたいへん異なっている（Kakar 1978; Nabar 1995）。ある回答者は、生後数年カナダで過ごしたことのある八歳になる息子が、dada（年上のいとこ／兄弟）あるいはtai（年上のいとこ／姉妹）といった尊敬された呼称で、インド人である、一、二歳年上の従兄弟に電話するのをたいへん嫌っていたことをくわしく述べている。年をとってからインドへ移住した他の女性は、アメリカにいるとき、一〇代の子どもたちに、社会、政治的な問題に関して自分の考えを述べるように激励した。だが彼らが、インドで年長者の前でみずからの見解を表明した場合、叱責されることに気づくようになる。何人かの回答者は、インドに到着すると、夫の行動が変化したのに当惑したという。たとえば、ある女性は、アメリカでは夫とビジネス問題に関して自由に議論してきたし、夫が下した決定に関して批判的なコメントをすることは自由であったと述べている。しかし、インドでは、彼女は義理の両親の前で、あるいは今や親の考えや権威にしたがう夫とも、そのような問題について議論することは許されなかった。もう一人の回答者は、四八歳の夫が両親の前ではアルコールを飲まず、たばこを吸わないでいる、その振る舞いを偽善的と見なしたが、夫はそれを尊重すべきことと考えていることを確認できたと述べている。

多くの回答者は、誰が誰と何を話すかについて、隠されたルールがあることを語っている。家族の年上のメンバーが若いメンバーに運転手と車を貸すという取り決めがキャンセルになったとき、軽蔑といった反応を表わすような、失望感をあらわにすることは許されなかった。義理の娘は、年長者にだけでなく、同世代の男性にも服従することを期待された。ある回答者は、彼女を動転させた、イギリスで起こった出来事を思い出させた。

私たちは、数年間一緒に暮らしてきました。彼の家族は、私たちが実際に結婚したことに安心しているようでした。しかしながら、私たちが予期しなかったことは、結婚するとすぐさま、私たちに対する対応の仕方が変わったことでした。結婚式で、私たちは六〇人程度の人々に、即席のパーティーを開きました。翌朝、家は花やワイン、グラスや汚い皿で散らかっていました。インドからやってきた私の義理の兄弟は、その日まで私たちを丁重に扱ってきましたが、散らかったゴミを横目で見て、「汚い、すぐ綺麗に片づけなさい」と叫びました。私は完全に不意打ちをくらいました。私が自分の家のことと見なしていたことに、彼が命令する権利をもっているのだということに気づいたからです。

マラティ語やヒンディー語では粗野とは必ずしもいえない、義理の兄弟の命令的な口調は（Gumperez et al 1979）、イギリス人の義理の姉妹には不快感を与えるものであった。

バーシンが示唆してきたように、大多数の中流階級のインド人女性は、「永続的従属、自己否定および自己犠牲」という生き方をしてきたが、多くのインド人女性も、独立への希望と家族との相互依存への期待を調整することの困難さを報告している（Bhasin 1972）。グジャラート、マハラシュトラおよび他のインドの地域で、妻は、多くの社会においても慣習である新しい姓を受け取るだけでなく、彼女の義理の両親によって選ばれた新しい名前を与えられる。それは彼女のこれまでのアイデンティティを終了させることを意味している。(4) ある女性経営コンサルタントは、「私が夫と留学のために何年間か二人で生活した後、インドに帰ったとき、彼の両親は私に玄関のドアの鍵さえくれませんでした」と述べている。個人的に魅力的だと思う宝石を身につけたいと願う若い女性と、家族の富と地位を公に表明するような洗練された宝石を身につけてほしいというプレッシャーの間におきた、宝石類に関する対立についての話もあった。ある女性弁護士は、義理の母に寝巻きを買うことを「許可され」、より伝統的な寝巻きであるサリーを身につけなくてもよくなったのは、結婚して一〇年も経った後であったことを、不満げに述べている。(5)

インドにおける専門職の女性の研究で、リドルとジョシは、共同体的な構造が独裁的な構造にとって代わり「新しい」合同家族が生まれていることを報告しているが、「そこでは多くの女性が伝統的な合同家族に住み、新しい妻も世帯の既存の組織に適応しなければならないので、家族に対して相応の対応を要求する力はほとんどないといってよい」と記している（Liddle & Joshi 1986 : 143）。私たちやカプールらがすでに述べているように（Kapur 1979）、伝統的な秩序へ強い反発が出ていることは、インド人女性の間でも知られており、そこで出されている明らかな問いは、女性たちの自由が束縛されていることをどうして許容できるのかという点である。構造的な不平等に対するインド人女性の見解は、多くの議論の対象であった。ある人たちは、「偽った良心」に焦点をあててきた（Sen 1990）。他の者は、服従は共謀と同一ではなく、女性たちは、自分たちの地位を十分認識しているが、外的な抑制力を認めており、策略を用いる余地はほとんどないことを知っている（Agawal 1994）。けれども他の著者は、権力と抵抗についての女性の考えを紹介している（Raheja & Gold 1994）。女性たちが明らかに従属的行動をとることについて、彼女たちの多くは、「家族関係のために、そのように行動しなければならないだけだ」とわれわれに報告している。ラノイは、西欧の世界で「きわめて高いリスクを背負った、あからさまな批判を受けている、複雑で伝統的な制度をもっている」国はどこにもないと著している（Lannoy 1971 : 126）。ジェンダーの関係において、リスクを背負っていると思われるのは合同家族との調和である。一人のインド人女性は、みずからの行動を次のように振り返っている。

あなたは義理の娘であることを職業と思わなければならない。その仕事を好きになりなさい。仕事の上で誰かとうまくいかなくなったら——彼らに惑わされず、彼らに何と酷い人かといえばよい——耐えなさい。自分の手の内を見せてはいけません。なぜなら何年もその人の隣りの部屋にいなければならないのだから。あなたは合同家族の中に永遠にいることになるのだから。彼女らと同列にいる必要はないのです。うまくやっていればいいのです。

この種の言説は、インド人女性が個人の必要や欲求を主張するよりも、家族内の調和に価値を置いていることを示す。それに対して、予期せず合同家族の中に置かれ、その文化にまだ心構えができていないイギリスや北アメリカの女性は、家族の中の調和に価値を置くよりも、独立の感覚に価値を置いている印象を受ける。

また女性の目的が、長期的か短期的であるかを考察する価値がある。イギリスと北アメリカの女性回答者は、結婚の初期に社会的地位や家庭運営がまかされないことに不満を抱いていることを報じている。アードナーは、社会が女性のカテゴリーを異なった方法で区分し、特徴づけていること、またいくつかの他の社会と対比して、イギリスでは「若い女性」が価値ある役割を果たしていることを示唆している（Ardner 1978）。イギリスと北アメリカの回答者の多くは、この段階で、インドの家族に軽視されていると感じている。だが反対に、女性は人生の後半に地位と家庭運営の実権を社会によって与えられる（Mines 1988）。このように見てくると、女性たちは姑になる中年や老年の時期にみずからを価値あるものと感じるようになる。しかしながら、早い時期の結婚、世代を超えて行われる若い頃からの育児は、女性の上昇を拒むことになる。ボンベイ郊外の四世代の合同家族で、六三歳の女性は自分が好きなように家計を運営できないことを述べている。彼女の八〇歳になる姑が、まだ家計運営のすみずみにまで目を光らせているからである。しかしながら、多くのインド人回答者は、合同家族の中では、二〇代では家庭運営の権利を失うが、それは年老いてから得られるので、将来の安全に投資をしているのと同様な価値があると述べている。このことは、親子の互酬性が一生の計算の上に成り立っているという、ヒンドゥーに見られる文化的特徴を明確に示している（Vatuk 1990）。あるイギリス人回答者は、息子が家族の中で「適切な地位」を維持するために、みずからの自由を抑えていると報告している。インドの女性は、みずから緊急にしなければならないことがあっても、息子のためにそれらを犠牲にするかもしれない。彼女たちは、息子を将来の最善の投資と見なしているからである（Agarwal 1994）。イギリスと北アメリカの回答者の大多数は、必要とされる忍耐力を欠いており、また長期的視野で人生をとらえていないということになる。

儀礼およびアイデンティティの形成

多くのイギリスと北アメリカの女性は、従属的な役割を果たすことが、自分たちを傷つけてしまうと感じている。彼女たちは、夫や家族に対してみずから従属的な行動をとるとストレスを感じてしまうのである。それは彼女たちの平等観だけでなく、誠実さや自己意識も傷つけるものだからである。ある女性は、「私ではないような方法で行動する自分を見て苛立ちを覚えます。私が戦略的に対処できないことがあるのです」と述べている。

何人かのイギリスと北アメリカ人回答者は、インドの女性が仕事場できわめて精力的に行動するが、家庭では明らかにおとなしく振る舞っているのを見て当惑している。このトピックについてインタビューを受けたとき、何人かのインドの女性は、夫や姑への服従は「何の意味もないことで、些細なことにすぎない」と考えている。行為とは「たんに行われたこと」あるいは「たんなる役割」でしかないという調査回答者の説明は、儀礼の意味とアイデンティティの形成に関して問題を提起している。ヒンドゥー社会では、儀礼は階層的不平等と関係なく理解はできない（Fuller 1992）。したがって、女性がある儀礼を実践する場合、彼女の行動は、社会における女性の役割を私たちに教えてくれる。また、その社会におけるジェンダーの役割や規則との関連性について示唆することになる。確かにゴフマンは、個人が規則を遵守しようとすると、その人は「特定の個人のイメージに関係する傾向が出てくる」と考えた（Goffman 1967：51）。しかしながら、インド人回答者のうちの数人は、服従的な行動を実際にとることと自己の感覚を区別しようとするので、このような考えをとらない。ミッテルは、マハバーラタのヒロイン、ドラウパディの分析において、自己と行動の関係を探求した（Mitter 1991：97）。それは示唆的である。

ドラウパディは満たされ、穏やかである。彼女にとって、あらゆる煩わしさは、シンデレラのように、虐げられ、悲しいものではない。彼女には、われわれが考えるようなエゴがないのである。仕事にとりかかるときはいつでもプライドを抑え、みずからの生涯をかけることはしない。彼女の行為すべてが、彼女自身をつくり出してはいない。

家族や公的な場で、強力かつ独自の自己意識をつくり出す能力は、「出口のない密接な関係にある家族のような階層的な秩序の中で、調和的に生きよう」とすれば、男女にとって必要不可欠なものかもしれない（Roland 1988：256）。アジア文化に関する民族誌学は複数の自己の可能性について指摘している（Sandborg 1993）。インドの女性は、イギリスや北アメリカの女性よりも複数の自己をうまくさばくことに成功している。彼女たちは経験の統合性というウェーバーのいう（合理的）期待からすれば、自己認識が脆弱であるといえる。

一般にジェンダーの形成は、インドでも、イギリスでも、アメリカでも、中上層階層の社会では類似しているといえる。女性は自由に家を離れることができ、大学に行き、雇用され、政府での高い地位に就く。これは文化の画一性を意味し、他のグローバリゼーションの過程に沿って、二〇世紀後半の顕著な特徴と考えられる。しかしこの分析は、生活の私的な分野と公的な分野の重要な区別を無視したものである。インドにやって来る多くの新参者たちは、そのときまで西欧や公的な分野で知られている友人の「インド人」的側面に驚かされる。

私は、ハリウッドの映画監督であった親友と過ごしたことがあった。彼の（アメリカでの）生活は近代的技術に囲まれ、ジーンズをはいていた。しかしインドに着くと、その友人はクルタ・ピジャマ（ゆったりとしたシャツとパジャマスタイルのズボン）に着替え、家のカミの前でお祈り（プジャ）をした。「異なった」人間が出現したようだ。私はそれまで彼がインド人であるかを理解していなかった。

しかしながら、おそらく西欧人だけが「近代」と「伝統」の結合に当惑するのだろう。シンハとトリパティが議論したように、「矛盾の共存」は、インド人の文化と行動のさまざまな側面に反映している（Sinha & Tripathi 1994）。そのような精神的な配合は、行動の決定要素としての状況の役割によって、また参加者自身の行動の説明としての状況の説明によって補強される。

追記

本章で私たちは、インド人の男性と結婚したイギリスと北アメリカの女性に焦点をあてた。私たちは、同じ結婚を夫の側から検討してはいない。私たちはまた、イギリスの男性あるいはアメリカの男性と結婚したインドの女性の事例もくわしく検討はしなかった。(6) 私たちのコメントのいくつかは、異文化の中で活動するセラピストに関心がもたれるだろう。私たちは女性たちが直面する困難な課題に焦点をあてたが、異文化結婚には明らかに文化的にかつ精神的な利点もある（Paris & Guzder 1989）。私たちが研究した三〇の事例のうち、二例を除くすべてがうまくいっている。私たちは、パートナーに文化の相違を創造的に解決させるメカニズムを再構成することを示唆してきた。というのはバーバラが述べたように、異文化結婚はあらゆるカップルが最終的に直面することを——二人は互いに異なっていることを——、前もって警告するという利点があることである（Barbara 1989）。

註

（1）「核」ないし「拡大」の用語の使用は、家族形態にバリエーションがあることを曖昧にする危険性がある。インドの都市部では、数多くの複雑な「合同」家族的な結び付きが直系的、傍系的な人たちを含みながら存在している（Sharma 1986; Standing 1991）。「合同性」とは共同性や居住に関わりなく、義務を内包しているというのが正しいだろう（Goody 1996）。

（2）都市部のインドでなされた実地調査では、より若い世代でみずからの結婚を決める際に、役割を果たしたいという希望が増大していることが報告されている（Prakasa & Rao 1979）。若い人たちは、未来のパートナーたちを「熟慮したり」、彼女たちが会ったことのある家族にじっくり吟味してもらうために両親に紹介したりする。しかしながら、これらの行為は、イギリスやアメリカの「デイト」に著しく似ているわけでもない。本書第4章のネパールにおける見合い結婚参照。

（3）なぜヒンドゥーの男性は母の権威に挑戦するのが難しいかという、広範な精神分析的議論は、本章の領域を超えている（Kakar 1978; Ramanujuan 1983; Guzder & Krisna 1991; Cohen 1991）。

（4）女性の地位は、一般にインド北部に対して、南部でより高いことが認められている。さらに従兄弟婚が認められているのは、南部の女性は結婚において、見知らぬ者よりも親戚の間で配偶者を選択することを意味する。しかしながら、「カーストが高くなるにつれ、女性の地位は、北インドの親族モデルのもとで与えられていた地位と類似してくる」。一般的に外部から見れば、インドは「全体として、比較的女性の地位の低い地域」として考えられるだろう（Dyson & Moore 1983：46）。ドレズとセンの、インドにおけるジェンダーの不平等性と女性の活動についての議論を参照（Dreze & Sen 1995）。

（5）マハラシュトラ地域の性の抑制について研究したダンデカールは、男女の通常の寝室がジェンダーによって異なっている混み合った合同世帯において、カップルはいつどこで一緒に眠るのかは、義理の母が「まったく気まぐれに」決めると、女性たちが報告していると説明している（Danekar 1981）。

（6）イギリス社会において、異なった民族との間の結婚は、南インド出身人たちの間ではまれである。しかしながら、インド人の男性と白人女性との間の結婚は、インド人女性と白人男性の間の結婚よりも多い（Berrington 1996）。

第11章　異文化結婚におけるジェンダーアイデンティティとジェンダーの役割形態
——日本人とデンマーク人の事例から(1)

クリステン・レフシン

男女の会話はつねに異文化コミュニケーションである（Tannen 1986：109）。

はじめに

右記のデボラ・タネンからの引用は、異なった国籍をもつ男女の結婚を研究するとき、心にとめておくべき重要な事柄である。コミュニケーションの問題は、異なった母語をもっているだけで生じるのではない。多くのコミュニケーションの問題はジェンダーと関連し、またすべてではないにしろ、多くの結婚に共通した課題である。最終的に、すべての結婚は、男女の異なった文化的世界と経験を結び付けるという点で、異文化結婚であるといえるかもしれない。しかしながら、男女は特定の文化の中で、相補的なジェンダーの役割を伝統的に割り当てられており、そのため同じような文化的環境の中で育ってきた男女は、一般に結婚における相互の役割を理解するための共通のモデルをもっている。そのモデルは、ジェンダーの相違によって生じるコミュニケーションの困難さを克服する指針ともなっている。(2) これらのモデルが変化しつつあるところでは、もちろんコミュニケーションの問題がさらに深刻化するかもしれない。

ジェンダーの相補性は必ずしも異文化結婚にだけ存在しているわけではない。結婚する男女は、ジェンダーの役割についてたいへん異なった見方をもつ、二つの文化出身者であるからである。このような場合、結婚が成功するのは、両者が受け入れられる新しい種類のジェンダーの相補性について実りある交渉をした場合である。両者は、それぞれの自己とアイデンティティの概念を調整することを求められる。どちらの配偶者が最大の譲歩をしなければならないかについての問いは、配偶者のジェンダーや個人的な特徴によって影響を受けるだけでなく、カップルが選んだ生活する場の社会、文化的環境によってつくり出された要求や、与えられた選択の程度によっても影響を受ける。

ここでは、デンマークに居住する日本人とデンマーク人のカップルが、どのようにみずからのジェンダーとアイデンティティを認識しているか、またデンマークのライフスタイルや生活条件が、カップルがとりえる選択の幅にどのような影響をおよぼしているのかを見ていく。彼らの選択の幅とは、みずからの結婚に際して、存続可能な力関係やジェンダーに関連した関係のパターンをつくり出そうとする行動の範囲といえるものである。本章は、一九九三年から一九九四年にデンマークで行われた、二六人のインタビューにもとづいている。インタビューに応じてくれたのはデンマーク人と日本人の男女で、現在結婚している人とこれまで結婚したことのある、社会階層も学歴も多様な人々である。年齢は二六歳から六五歳、インタビューした時点での結婚期間は、二年から二八年という幅がある。インタビューはデンマーク語、日本語、英語で行われた。いくつかの事例では複数の言語が混じって用いられた。インタビューは、複数の配偶者と一緒になされたり、一人ずつ個別に行われた。それぞれのインタビューは、インタビューを受ける者のライフヒストリー、結婚生活の歴史、さらにジェンダー、文化的アイデンティティ、宗教、政治、文化的相違と類似、育児、ライフスタイルなどに関するもので、インタビューの指針にもとづいて行われた。インタビューは九〇分から六時間、平均して二〜三時間である。すべてのインタビューはテープに記録され、さらに文章化された。すべての回答者はそのときデンマークに住んでいたが、ある者はしばらく日本に住んでいたこともある。配偶者双方が、異国の地に住んでいた者も若干いた。

文化の性格

ジェンダーは社会文化的構築物であり、ジェンダーアイデンティティは、おもに同じ社会文化的環境のもとで、他者との絶え間ない、生涯におよぶ交流を通じて、それぞれ個々人によって、無意識的に獲得されるものである。文化の他の基本的な部分のように、ジェンダーは、文化というより、むしろ自然のように集合的にかつ個人的に理解される傾向がある。支配的なジェンダーの役割形態を認めない諸個人（同性愛やフェミニスト）は、多数の者によって「不自然な者」と見なされる。それゆえ根本的に異なったジェンダー役割パターンをとる文化は、「遅れている」か「不自然だ」としばしば見なされる。女性が解放された社会は、きわめて家父長的な社会を「遅れた」ものとして見なすし、家父長的文化は解放された女性を「自然の宿命」を受け入れない「不自然な女性」と見なす。

もしわれわれが、文化が生物学によって決定されるものではないという基本的な信条を受け入れるなら、ジェンダーの役割に関する考え方は、文化的に決定され、男女に割り当てられた役割は、「自然」という用語によって規定されてはいないことを認めなければならない。しかしながら、この基本的な前提も、「もしあなたが私の文化を認めれば、私はあなたの文化を認めましょう」という「文化相対主義」、すなわちわれわれすべてが任意に異なった文化をもつので、誰でも他の文化が表現するものを非難したり、評価する権利がないという態度に、必ずしも移行することはないだろう。文化相対主義者は、ヨーロッパとアメリカのフェミニストたちが、パリの台所のテーブルの上で、二歳の娘を割礼させるアフリカ人の母親に反対しないし、ヨーロッパ生まれで教育の行き届いた一四歳の少女がトルコの遠い村出身の文字の読めない農夫との結婚に反対するトルコ人の父親に反対すべきでないというであろう。

文化は、今日の世界では孤立して存在しないし、みずからの意思のままで存在するわけではない。国境を越えたあらゆる移動は、絶えず文化間の接触をもたらす。これらの接触は、たとえ何が「自然」であるかについての概念を人々に再調整させることがあるかもしれないが、必ずしも対立や相互の反感から自由ではない。異文化結婚は、「自分は自分、人は人」の哲学がほとんど機能しない点で、文化接触の一つの事例である。そのような結婚において、二つの文化は、一つの屋根の下で共存しなければならない。単一の文化の中では表面化しないような多くの問題が交渉の対象となる。そのような問題の中で、ジェンダーアイデンティティとジェンダーの役割は、一つの課題である。

個人対集団のアイデンティティ

日本人とデンマーク人の結婚についての実証的な資料を検討する前に、アイデンティティの概念について簡単に触れておこう。この概念はいくぶん曖昧かつ融通のきく用語である。というのは、二つの異なった意味をもつからである。一方は（集団の中で他者と同一である）という「同一性」、他方は（他者と区別される同一性）である「特殊性」（Erikson 1980 : 109）という意味がある。これらの二つの意味は、個人（個人的アイデンティティ）と集団（集団的アイデンティティ）の双方に適用される（Jacobson-Widding 1983 : 13 本書第1章、第2章、第5章参照）。

個人的アイデンティティはしばしば集団的アイデンティティと区別されて、個人によって意識されるものである。しかし実際、アイデンティティの個人的認識は、個人が属する集団の集合的アイデンティティと密接に関係するか、それに依存したものである。自己の感情は、他者と集合的アイデンティティを共有することに強く依存している。個人的アイデンティティが、みずから属する集団のアイデンティティに適合すればするほど（Jacob-son-Widding 1983：14）、個人的アイデンティティは強力なものとなる（本書第3章参照）。（異文化結婚をするような）状況によって、人々が一つの集団から押し出され、異なった集合的アイデンティティをもつ集団に入ると、個人的アイデンティティはもはや「適合」しなくなり、それゆえ怖れられることもある。個人のアイデンティティと集団の集合的アイデンティティの乖離を経験する人たちは、アイデンティティクライシスを経験することになる。それは、身近な集団によってもはや規則的に支えられることのない内的自己の喪失である（この集団は、もちろん共有された文化的慣習、階層別のライフスタイルなどによって、部分的に定義されている）。

この経験は、何人かの日本人回答者によって提示されたものである。配偶者の文化の中に移り住んだ異文化結婚のパートナーにとって、多くは一時的であるが、共通の問題のようだ。外国での生活に適応するにあたっての心理学的問題は、私の回答者からは重要なことと見なされている。デンマークで友好的に受け入れられなかった者は少なかったが、ある者は「たんなる人」として簡単に受け入れるのは、辛辣な評価だと不平を述べている。

> 私はデンマーク人が好奇心をあまりもっていないのを不思議に感じている。彼らは私と会い、私が日本から来たことを知っている。しかし彼らは私について、私の背景について何も尋ねない。私がここに来る前、私が存在しなかったかのようだ（五〇代の日本人女性）。

古いアイデンティティがもはや問題とはならなくなったため、新たなアイデンティティをつくり出す必要性があることを、私がインタビューした何人かの日本人から聞いた。ある人たちは、結婚を諦め、日本に帰ろうとするような危機的状況に陥ったことがある。他の者は、デンマークにいる日本人の友人になぐさめを求めた。なかには気力を取り戻するために、短期間日本に帰る者もいた。私が話した日本人のすべては、少なくとも最終的にデンマークに滞在することを決断したので、出身地の文化と新しく身につけた文化の狭間の妥協として、生存に適したアイデンティティを定義し、その戦いで成功した結果を導き出している。しかし多くの事例で、アイデンティティのあり方は、異文化結婚において将来起こりうる破滅的な緊張をもたらしうる問題として見なされた。いくつかの事例では、デンマーク人の配偶者たちは、（日本人）パートナーのそのような戦いに対して、理解と寛容さをよく示している。しかし他の事例で、彼らは日本人配偶者が「デンマーク」流に行動できないことに無関心であったり、苛立ちを見せているようだ。次にあげる引用は、若いカップルとのインタビューから得られたもので、後者の例をさす。その二人の会話は、妻が結婚の最初の年、いかに不幸であったかをくわしく述べた後のものである。というのは、彼女の夫はとても忙しく、彼女も自分をどのように扱っていいかわからず、日本にほとんど帰りかけていた。

インタビュアー（夫へ）：あなたの奥さんがホームシックを感じたとき、どのように対応しましたか。

夫：ええと……（笑い）。

インタビュアー：彼女のホームシックを理解したと思いますか？

夫：もちろんですとも。今は結婚して長い時がたち、ここに暮らしていますが、かつてはひどかったですよ。でも、今私たちには日本人とデンマーク人のカップルの友だちがたくさんいますよ。それだから、それほど悪くはありません。（妻に向かって）君はどう思う？

妻：そんな悪くはないです。私は前のようではなくなりました。

夫：そうだね。ここは君の家庭なんだ。もちろん君は君の母親やもろもろのことにホームシックになるかもしれない。それは別のことだね。別のことだ。君は今は母親に電話をかけることができるし。でも料金はかなりになるけど。

このインタビューのあと、つぎのような会話が続行した。

インタビュアー：初めは言葉の問題はなかったのですか？

夫：それは過去形で述べるべきものではありません。私たちは今もその問題に直面しています。私は言葉の問題に終わりはないと思います。もし妻が私の考えていることに注意を払わなければ、私を理解できないでしょう。いつも問題になっているのはそのようなことなのです。会話は、実際半分くらいしか進まないし、答えがないのです。

インタビュアー（妻に）：夫の言語であなたのいいたいことをいうことができますか？

妻：はっきりと表現できないことがあります。しかし夫がいっていることを理解するのがもっと問題なのです。もし私が疲れていて、集中できないで、彼のいうことを聞くと、ほとんどの言葉を理解しても若干聞き取れないことがあります。そのとき、夫が尋ねていることを想像して、最も適切な答えをしようとします。しかし夫が尋ねたことと、とても異なっていたことがあります。そのとき夫はたいへん興奮し、ののしり声をあげます。おそらく彼は母語を使うとき、いつも集中する必要はないかもしれませんし、注意しなくても聞くことができるし、それで理解が可能です。……私は疲れているとき、ときとして間違った言葉を使うことがあります。先日「なぜ」といいたかったのですが、そのかわり「どうして」といってしまいました。そのとき、夫は救いようがないと思ったようです。しかし私の頭の中では、「なぜ」と思っていました。私の口だけが「どうして」といっていたのです。わかりますか。

夫：しかし、「どうして」と「なぜ」はまったく異なったものなのです。そのときのことをよく覚えていませんが、そのようなことが起こると、「どうしたことだ。われわれはまた初めからやり直さなければならないのか」と考えざるをえなくなるのです。

妻：しかしあなたもときどき疲れていることがあるわ。気分がいいときには、たとえ私が小さな間違いをしても理解してくれます。しかし、いらいらしているときは、どんな小さなことでも許してくれません。そのとき私は突然一〇〇パーセント正しく話さなければなりません。

アイデンティティの問題の解決は、新しい文化に完全に同一化することでなしとげられるものではない。むしろ古いアイデンティティと新しいアイデンティティの妥協をはかることでなしとげられる。そのような妥協は、達成がかなり難しいかもしれない。それは個人のアイデンティティの本来の定義から、どのくらい逸脱しているかにかかっている。次に見るように、デンマーク人と日本人の異文化結婚をした夫と妻が求める適応の程度に、とくにジェンダーアイデンティティとジェンダーの役割について、きわめて相違があることがわかる。

デンマークと日本におけるジェンダーの役割

ライフサイクルでの段階にもよるが、ジェンダーアイデンティティは、生活する社会の中に生じる変化にしたがって、絶えず再構築され、また修正される傾向がある。また、たとえば都市と村落の間や異なった社会階級の間にも相違がある。これらの相違をすべて保留したとしても、日本人とデンマーク人の一方ないし双方に馴染みのない読者に、ジェンダーアイデンティティの形成について、日本人とデンマーク人の間にどのような目立った特徴があるのか、くわしく述べようと思う。そのため、私は事例で取り上げられている以上に、ジェンダーアイデンティティをより固定的で絶対的なものとして見なすことにした。

ジェンダーアイデンティティは、歴史やしつけ、教育、家族システム、階級、その他の社会文化的状況によって形成される。歴史的にデンマークと日本は、驚くことではないが、女性の地位を男性の地位より従属するものとして位置づけてきた。これに対する議論も、女性は男性より弱いもので知的でないといった点で、同じようなところがある。もし統制がされなければ、女性は危険な存在になるというものである。しかしながら、双方の社会の最近の歴史を見れば、両国の間に著しい相違が生じてきている。

一九六〇年代後半以降、デンマークでは男女の平等をつくり出すための努力が一致してなされてきた。これは多くの点で成功してきた。男女は教育や就職の面で同等で正式な機会が与えられる。男性は依然として、トップの地位と高給の職業の大多数を押えているが、女性も次第に社会のあらゆる領域でその存在を感じさせるようになっている。現在、デンマーク女性の若い世代には、専業主婦はきわめてまれである。女性は家庭の外に仕事をもっている。もっていなければ、雇用されにくい社会的、経済的状況があることを示すし、彼女たちが賃金を獲得する職業をほっしていないわけではない。狂信的な愛国主義的女性観をもつ男性はもちろん存在するが、公にそのような意見を大胆に述べる男性は、きわめてまれである。

日本もまた、第二次世界大戦後、女性の地位向上の動きが見られた。女性は労働市場で強い存在感を示してきたが、男性より低い地位とはるかに低い賃金しか支給されてこなかった。ロバート・スミスが述べるように、「多くの女性が人生のある時点で仕事をもつが、女性が家庭の外で職業としての仕事を追求するのはきわめてまれであるというのはいいすぎではない」(Smith 1987 : 14)。働く女性への支援システムは、妊娠と出産の有給休暇、その後同じ職場に復帰できる保証、適切な育児施設、子どもが病気のときの有給休暇などの点で貧弱である。それゆえ日本人の女性が出産と育児の時期に仕事を辞めるのは依然としてよくある選択である。さらに、社会と雇用者が女性たちにそうすることを期待しているので、若い女性社員を若い男性社員と同じように教育することを喜んでする雇用者は少ない。働く女性が幼い子どもたちを育成しないことに後ろめたさを感じたり、不幸で貧しい配偶者という一般的風潮は、働く女性にプレッシャーを与え、家族のために仕事を断念することになる。子どもたちが成長し、労働市場に戻った女性は、保証もあまりない、安い賃金で、仕事もつまらないものしかない状態に気がつく。

それゆえ、これらの二つの文化の中で醸成されたジェンダーアイデンティティは、異なったものとなることは驚くことではない。多くの日本人女性は、第一に「良妻賢母」の概念でみずからを認識する。彼女はまずみずからを世話係として見なす。そして、「やさしさ、がまん、思いやり、その他伝統的な女性の美徳」を理想に努力することを奨励される(これらの理想は、一八八〇年代、明治政府のイデオロギーとして初めて積極的に宣伝された。それらは古い儒教的な考えをもっていたが、明治以前の日本ではそれほど目立って用いられてはいなかったようだ)。日本の女性はしばしば結婚が遅い。結婚が自由の喪失と考えられる傾向があるからである。彼女たちが結婚すると き、生活を共にするパートナーというより優れた扶養者を探す。「良い夫は健康で留守がいい」(丈夫で留守)という日本の格言は、多くの日本人の妻たちが夫に抱いている態度を表現している。

それに対して、多くのデンマークの女性は、男性ができることは女性も同じようにできると信じるように育てられている。母親はジェンダーを識別する唯一の存在であるが、実際の育児を除き、正式なイデオロギーは父と母は同様に親としての役割を果たすというものである。家庭の仕事はもはや一方のジェンダーによってなされるのではなく、多くのカップルは多少なりとも平等な関係でその仕事を分け合っている。結婚は現実的な調整が必要となるかもしれないが、現実的な理由というよりも愛によって始まる。若いデンマークの女性の理想は独立である。それはみずからを支えていく能力であり、人生のゴールを巧みに追求していくことである。

男性のジェンダーの役割を見ていくと、日本人の男性は厳しい世界で良き扶養者であるように育てられている。その代わりに男性たちは女性たちに、初めは母親たち、後に妻たちの世話を受けるのが生まれながらの権利であると感じている。そのため家事をすることは恥ずべきことと見なす。彼らは男性の理想、仕事への献身、精神力によって生きることを求められる。このような「男らしさ」の理想は、異なった慣例があるにもかかわらず、すべての日本人の階級に一様に見られる一般的な家父長制の歴史に由来している。しかし現在おそらくメディアや広告の中で描かれた「男らしさ」によって、さらに影響を受けているのであろう。彼らの第一の関心は、仕事である。そしてしばしば家族と家にいるより、男性の仲間と一緒にいることのほうをより快適と感じる。

日本人の男性とくらべてデンマークの男性は、一家の主要な稼ぎ手としての伝統的なジェンダーの役割について問題を感じているし、しばしばデンマーク人の女性の役割が変化したことによってもたらされた、アイデンティティクライシスを経験しているといわれている。多くの者は、「伝統的な」力や支配の男性イメージと、感受性と共感の新しいイメージのとの間を行き来していると感じている。デンマークにおける男性の役割モデルは、一九五〇年代と六〇年代の「男っぽい」男性から、みずからのセーターを編めるほどの一九七〇年代の「やさしい男性」を経て、一九八〇年代と九〇年代の「新しい男性」へと変化してきた。新しい男性とは、「古風な男らしさ」に、妻にとって良い仲間であり、子どもにとって愛すべき父である能力を備えた存在である。

ジェンダーは関係性の概念である。特定の文化の中で男性と女性のジェンダーアイデンティティは、理想的にはパズルのピースのように互いにぴったり合致する。だが、ある者が他の集団のメンバーと結婚すると、パズルのピースはうまく適合しなくなってしまう。しかも家族生活を営む過程で、しばしばさまざまな対立が生じる。次に、インタビューを受けた人たちがこの問いにどのように反応したのかという印象を提示しようと思う。

デンマーク人と日本人カップルのジェンダーの役割についての見方

日本人とデンマーク人の結婚において、当初の相違は著しいものである。デンマークと日本でジェンダーの役割を尋ねると、インタビューされる人は、とくに日本人女性のジェンダーの役割の特徴について、かなり否定的な感情を示す。日本人の主婦や母親は、若い世代の日本人とデンマーク人女性には、従属的、孤立的、依存的であると見なされた。デンマークの女性（少数の若い日本人の夫も）は、若い日本人女性を信じられないくらい子どもっぽく、いつもニヤニヤしていると見なしている。

私は日本人とデンマーク人の女性の間には根本的な相違があると思う。私は彼女たちが抑圧されているとはいわない。しかし全体としてのパターンはたいへん異なっている。初め私はたいへん当惑した。たとえば、初めて日本に行ったとき、同じ世代の若い女性たちが、何事にもおおっぴらに、くすくす笑いはじめるのに気づいた。その動きはまるで彼女たちの胃が締め付けられているのではないかと感じたほどだ。私は彼女たちが抑圧されているとは思わない。むしろ、彼女たちにとって快適な文化のパターンのようだ。しかし私がそのように振る舞わねばならないとしたら、気分が悪くなる（三〇代はじめのデンマーク人女性）。

日本人とデンマーク人の若い男性の世代は、妻たちの意見には同意するけれども、女性の地位に関する話題にはあまり意見を表明しない。しかし、年配のデンマーク人男性は、東洋の女性と結婚できた幸運さと、「利己的」で「独立心が強く」「遠慮なくものをいう」デンマークの妻と争う必要がなかったことをあからさまに表明した(3)（本書第8章の「東洋」の女性の固定観念参照）。若いとき、船員だった頃に妻と出会った、一人の年配の夫は次のように述べた。

私は日本人女性がより女性的であろうとしていることを知っている。事実、デンマークの女性はもっと独立心がある。彼女たちは夫が家事の半分をするように要求している。それはどんな種類の結婚なのか？　私にはそんな問題はなかった。

同じような態度は、タイやフィリピンのようなアジアの国々から斡旋されてきた花嫁をもつ若いデンマーク人男性の間でも見られる。しかし、日本女性と結婚した若い世代の男性の間ではそのような態度はまったく見られなかった。反対に、デンマーク人の夫が日本人の妻に、デンマーク語を学び、仕事をもち、家庭の外と内でもっとはっきり主張するように圧力をかけている例も見られる。そのような夫は、インタビューの間に妻に次のようにいった。

ところで、少なくとも怒り方はうまくなったね（三〇歳ほどのデンマーク人）。

それに対して彼の妻は応えた。

ええ、私はもっと自分の怒りを表わそうと思うの。もし私が怒りを示さないと、デンマーク人から私が愚か者と思われるから。でないと、夫に反対もできないアジアの女の一人と見られるようになってしまう（二〇代後半の日本人女性）。

とくに若い世代の間で、日本人の配偶者が、少なくとも表面的だが、日本人のジェンダーアイデンティティの特徴の多くを捨て、デンマーク人よりさらにデンマーク人らしくあろうと最善をつくしている事例がある。日本人妻の多くは、家庭の外に専業の仕事を見つけようとしていた。だが、このことは日本人の夫の場合は難しいようであった。彼らの多くは、さまざまな臨時の仕事を転々とし、無職の期間があるという生活形態であった。このことは彼らに家事や育児を共同で行う時間的余裕をあたえた。彼らの多くは、このような状況に満足であるといってはいるが、われわれはデンマークの労働市場において、デンマークに定住する外国人に職業選択の程度を制限している構造的条件がある事実を見過ごしてはならない。デンマークにおける公式な失業率は、数年前一〇パーセントを超えていた。このことは、外国の男性は失業中のデンマーク人のライバルと区別できるような教育や特別な技能がない場合は、仕事を得るのにたいへん苦労をすることになる。言語の問題は、彼らにとってとりわけ不利な部分である。さらに多くのデンマーク人の雇用者は、外国人よりデンマーク人の応募者を選択するという事実もそれに加わっている。デンマークの職場に適応しにくい文化的特性をもっていると見なされがちであるからである。

デンマークの男性と結婚する日本人女性もまた、言語の壁を克服したり、職場を探す際に苦労を経験するようだ。しかし彼女らは、少なくともデンマークの日本企業や日本食レストランで仕事を探すことができる。日本企業に雇用された日本人男性は、通常日本の本社（上部の経営組織）からデンマークに配属された人たちである。地域のサポートスタッフとしては、男性よりも女性が雇用されることには抵抗が少ない。多くの日本人女性にとって、日本企業での仕事はデンマークの企業や機関で同じような職場を探すうえで、スプリングボードの役割を果たしている。

日本の男性にとって、家庭の外に定着した仕事がないことは、主たる扶養者というかつての伝統的な男性のジェンダーアイデンティティを維持する機会が阻まれていることになる。家事の大半を受けもつ男性の多くは、失業中すでに家事を始めていたという。彼らのデンマーク人の妻たちは、家族の主たる扶養者であることで、通常みずからのジェンダーアイデンティティが挑戦を受けたとは思っていない。デンマークの女性は、通常結婚について寛容的であるがそうでないときも、彼女たちの多くは、事実夫たちの期待にさまざまな方法で対応してきたことを報告している。一人の若いデンマーク人女性は以下のように述べる。

日本では私はひどい妻と見られていたことでしょう。しかしデンマークの基準では、私がそんなに悪いわけではありません。私はかなりうまく適応していたと思います。結局、夫にとっては、私が典型的なデンマーク人の妻であったことが同情すべきことでした（二〇代半ばのデンマーク人女性）。

彼女が考えていたことを尋ねることは、異文化結婚が成功するために必要なことである。彼女はさらに次のように述べる。

あなたはあなた自身を譲らなければならない。あなたの夫がデンマーク人であったら、それほど寛容的でなかった部分があるかもしれない。しかしときとして、あなたは「わかったわ。それであなたがよければしてもいいわ」といわなければなりません。

他の妻は言った。

私たちは人生を一緒に乗り切ってきた。普通、デンマークの女性なら妥協しない問題でも、私は妥協してきました。デンマークの女性なら私のことを本当に愚かで、無分別だということでしょう。しかし私は、夫が私のために努力してくれていると思う。だから彼にとってたいへん意味のあるものがあるなら、それをしてもかまいません。そうすることが女性の抑圧とは考えません（三〇代はじめのデンマーク人女性）。

家の外で専業の仕事をもつ日本人妻たちは、一般にデンマークの妻ほどデンマーク人の夫からたくさん家事をしてもらおうとは期待していない。たいていの場合、夫は妻たちが日本人であるが、デンマーク人とかわりはないと公に明言しても、妻たちがすることに期待して、すぐに自分の日常業務にとりかかる。何人かの子どもの父である、一人のデンマーク人の夫は、日本の企業の従業員と変らないような労働業務に次第に入り込んでしまったこと、そして妻が忙しい専業の仕事をもっているにもかかわらず、妻の家事労働の割合がさらに増えていくことになったことを述べている。他のデンマーク人の夫は、彼が唯一望んでいたことは、従順な日本人の妻であるといった。だから彼は骨を折って、妻にデンマーク語を教え、仕事を始める手助けした。それにもかかわらず、子どもをもったとき、すぐに彼は子どもに関するすべてを彼女にまかせてしまった。赤ん坊が生まれたとき、デンマークでは父親に短期の休暇が与えられることを喜んでいたが、子どもと一緒に過ごすどころか、休暇を台所のリフォームに使った。彼は次のように述べた。

おわかりのように、育児休暇をもらっても、子どもがぐずっているとき、私には子どもを世話する能力が生まれつきないのです。ごらんのように妻はとても息子を愛していて、その関係の中に入っていけません（三〇代はじめのデンマーク人の夫）。

もしデンマーク人と日本人の結婚を、一方はきわめて保守的で、父権的なジェンダーの役割形態で代表され、他方は二人の平等なパートナー間のより「近代的な」結婚（ときとして、批評家に「二人の父がいる家族」と述べられている）と見るならば、明確にジェンダーの役割を区分する伝統的な結婚が、期待への対立が少ない日本女性のジェンダーアイデンティティに最も適合しているといえるかもしれない。私が指摘したように、近年ジェンダーアイデンティティがいくぶん曖昧になってきたデンマーク人の男性には、都合のいいものであろう。実際このタイプの結婚は、日本人の女性とデンマーク人の男性の双方に満足なもとの見なされている。日本人の女性は、日本人の夫からよりもデンマーク人の夫のほうから、援助と協力をより多くを受けている。彼女たちが外での仕事と家事の双方をしなければならないとしても、彼女たちは幸運だと考えている。もし彼女が日本人の夫と結婚していたら、外での仕事を続けることはできなかったであろう。しかし多くの女性は、家庭の外で仕事をすることを喜んでいる。仕事について、日本人の夫なら否定することを、デンマーク人の夫なら支援してくれることを肯定的に見ている。デンマーク人の夫は、デンマーク人の妻のように扶養者になって貢献するだけでなく、不平もいわず家庭と家族のためのあらゆることに責任をもって行う日本人妻をもって幸運だと考えている。

夫が日本人で妻がデンマーク人の結婚の場合、結婚のスタイルはより「近代」的なものと位置づけられるだろう。ここでは、日本人男性は、地位のかなりの下降と家事での共同責任の受け入れを強いられることになる。彼らはさらに妻たちが同じような立場で社会に参画していること、みずからより高い社会的地位さえ得ていることを受け入れざるをえない。そのような結婚は、デンマーク人の女性のジェンダーアイデンティティには良く適合している。しかし日本人男性のジェンダーアイデンティティとは厳しく対立する。だが母国を離れ、デンマークの地に人生をかけようとしている男性は、縮小した役割を受け入れるしか選択肢がなく、そのような社会的経済的な地位を受け入れるしかない。日本を離れ、結婚するもともとの理由が、日本社会の男性に割り当てられた因習的役割を拒絶するというなら、たやすいことかもしれない。事実、インタビューを受けた日本人の男性の多くは、いわゆる「働きずくめの日本人男性」といわれることに嫌悪感を表明した。だがデンマークの女性と結婚した日本人男性の離婚率は、デンマーク人男性と結婚した日本人女性の割合よりもかなり高いことは驚くことではない。一九七九年から九三年の一四年間、デンマークで、デンマーク人の男性と日本人女性が結婚登録した夫婦の数は六〇組であった。同じ時期、正式に離婚した夫婦数は三六組あった。この数字は、通常のデンマーク人の離婚率よりわずかに高いものである。それに対して、デンマーク人女性と日本人男性が結婚登録した数は三四組あったが、そのうち三三組が離婚したと報告されている（デンマーク統計局）。

結論

これまで述べてきたことを要約すると、デンマークにおけるデンマーク人と日本人の結婚にとって、妻のジェンダーアイデンティティは、結婚におけるジェンダーの役割の配分を決定するのに支配的な役割を果たしていることがうかがえる。デンマーク人の妻たちのジェンダーアイデンティティは通常、夫に家事をさせることでおびやかされないし、またみずからが主たる扶養者にもなっている。日本人女性のジェンダーアイデンティティの特徴は、デンマーク人の夫が従属を求めてはいないし、家庭の事柄により多く関わるような要請をしないという自由さを享受している点で感謝されている。デンマーク人男性のジェンダーアイデンティティのあいまい性は、古いジェンダーの役割区分と現代の結婚の役割を共有するという適応の中に表われている。結果として、デンマークにおける日本人とデンマーク人のカップルの中で、ジェンダーアイデンティティがたいへんおびやかされている唯一の集団は、日本人男性である。

日本に住む日本人とデンマーク人のカップルの状況を見ると、デンマーク人男性と日本女性の結婚において、二人のジェンダーアイデンティティは大きくおびやかされていないようだ。デンマーク人男性のジェンダーアイデンティティは、定職に就いているかということを元に決定されてはいない。そうだとしても、彼はデンマークに住む日本人男性よりもはるかに仕事に就くチャンスがあるようだ。彼の日本人妻は、日本人男性より配慮ができて、いばらない男性と結婚したことに利益を感じている。とくにこのことは、デンマーク人男性と結婚する第一の理由となったと思われる。

日本における日本人男性とデンマーク人女性の結婚において、男性は日本スタイルの職場に合わせなければならないだろう。このことは長時間働き、仕事の後も同僚との付き合いの時間をとられる。そのため家庭と家族に関するすべてを妻にまかせざるをえなくなる。この状況は基本的には彼のジェンダーアイデンティティに挑戦するものではない。しかし、デンマーク人の妻との間に重大な対立をつくり出すようだ。彼女にとって、そのようなライフスタイルに適応するのはきわめて難しい。彼女の意見では、彼女を「たんなる主婦」に限定してしまうことになる。(4) 私は日本人の夫とともに日本にやってきた多くのデンマーク人女性と話し合ってきた。しかし数年で離婚し、帰国している。デンマークに住むデンマーク人の妻たちの間でも、日本で長くは住みたくないというのが一致した意見であった。彼女たちの多くは夫と数カ月あるいは数週間日本を訪れることがあった。彼女たちは日本の国とそこの人たちが好きであったが、そこでの経験から、日本には永遠には住むことはできないだろうということを確信してしまった。そこで一つの典型的な事例を提示しよう。

日本で生活することで一番難しいことは、女性の地位のことです。たとえば私が受け入れられないことは、夫の家族といるとき、女性は男性と一緒に食べることができないことです。私は誰かのために給仕してまわることではなく、一緒に座って話をしたいのです（三〇代はじめのデンマーク人の女性)。

まとめると、デンマーク人女性のジェンダーアイデンティティは、現代の日本社会にその位置がないし、日本人男性のジェンダーアイデンティティは、デンマーク社会ではそのままの形で存続できないといえる。このことは男性が日本人であり、女性がデンマーク人である日本人とデンマーク人の結婚には大きな障害が横たわっていることである。一方、デンマーク人の男性と日本人の女性の結婚は、男女のアイデンティティの認識において、文化的な相違をうまく処理するチャンスがあることで、はるかに恵まれている。

註

（1）本章は、一九九三年一一月、マカオの民族的多様性についての会議で発表した論文の改訂版である。

（2）もちろん、このことは多少なりとも静的な社会ではあてはまる。男女の力関係が変動し、伝統的なジェンダーの役割が再定義されつつある社会では、ジェンダーの役割の相補性もまた崩れ、一時的に結婚問題の増加や離婚率の上昇へつながっていく。

（3）私は、夫が日本人で、妻がデンマーク人である年配のカップルにインタビューした。彼らはかなり変わったカップルで、彼らの世代の特殊な結婚関係についての見方はここでは詳細には提示できない。年とったカップルで、男性日本人、女性デンマーク人の結び付きの少なさは、一九五〇年代から六〇年代にかけてのデンマークと日本の間の国際的移動のあり方に規定されている。当時、そのような東方への航海に関わったのは、船員としてあるいは他の仕事に就いていた、主にデンマークの男たちであった。反対方向に行った日本人男性は多くはなかった。女性の移動も当時は現在よりも少なかった。一九六〇年代後半、多くの若い「バックパック」旅行者が世界を目指して動き出した。結婚に至る関係が異性との間に生まれる世代であった。最初の旅行者の多くは男性であったが、彼らの移動はデンマークと日本の間を相互につなぐようになった。最近では、国際的な留学生の交換が、さらに他の文化の人たちと恋に落ちたり、結婚する機会の上昇となっている。

（4）この概観は、職業について野心的で、妻や母の役割にだけみずからを捧げない若い日本人女性の増大を述べている。

第12章　黒人か白人かの問題ではない
――異文化結婚の子どもたちの声

アンドリュー・マックスウェル

本書は異文化結婚に焦点をあてているが、（本章では）そのような結婚から生まれた子どもたちの声を取り上げることにする。「グローバル化」が進行し、世界規模で人々の接触が拡大し、異文化結婚と異文化結婚で生まれた子どもたちの数がますます増大しているからである。本章のねらいは事例にもとづく詳細な研究ではなく、異文化結婚が子どもたちに与える影響を確認することにある。そのような子どもたちは、人生において曖昧な忠誠心と困難な選択に直面する。メディアはその利益よりも問題点に焦点をあてようとするが、私がインタビューした子どもたちは、彼らの文化的背景から多くの有益なことを学習しているとはっきり述べている。それが代表的なものであると主張はしないが、少なくとも彼らの説明が異文化結婚の肯定的な側面を明らかにしていることに力づけられる。

一九九五年、私は一八歳から三四歳までの八人の「子どもたち」にインタビューした。彼らとは、オックスフォード大学と何らかの結び付きのある人たちのネットワークを通じて知り合うことができた。彼らは中産階級で、学歴があり、自己の意見をはっきりと述べる人たちである。私はインタビューで、彼らのライフヒストリーについて気楽に語ってもらった。とくに留意したことは、彼ら自身の考えであり、また彼らが世界をどのように見ているかであった。

彼らの多くは、みずからの経験について明確なかたちであれ漠然とであれ考えをもっていて、それと関連した問題への対処の方法について考えていた。私自身も異文化結婚で生まれた子どもの一人として、自己のアイデンティティや社会的位置について興味ある議論が展開できたと思う。ある回答者は、さまざまな状況を難なく通り過ぎてきたようだが、ある者は「私はどこに属するのか」という帰属の問題でたいへんな苦難を経験したと述べている。すべてではないにしろ、ある者は家族や親族集団、その他の文化集団から受け入れられたかったと報告している。黒人あるいは第三世界の意識が高いところでは、白人らしさを表現すると、黒人たちから「裏切り者」と告発される可能性に直面しなければならなかった。しかしある黒人は、根強いステレオタイプ化した期待とカテゴリー化によって、白人社会の中で烙印を押されていることと戦わねばならなかったし、劣等感を感じていた（本書第5章、第8章参照）。回答者にとって、多数派から明らかな差異を示す肌の色などの身体的特徴が、アイデンティティの問題としては重要なことであった（Spickard 1989の肌の色の政治化参照）。結果として、友人たちとの友情は大切なことと考えられているが、ときとして結婚相手は出生地の外部の者であった。

ジェンダーに関する態度は、とくにインタビューした女性たちにとって重要なこととして語られた。ジェンダーはまた家族関係やアイデンティティに影響を与えた。さらに事例研究で示されたように、ある人たちにとって、成長するにつれ、ジェンダーに関する認識や経験がきわめて多様化し、あるいは居住地域や他の環境が変貌したためにさまざまな変化が生じている。後で説明するように、政治的出来事もときとして劇的なインパクトを与えている。

階級や社会的、経済的地位もたいへん重要な要素である。格式のある私立学校出身で裕福な回答者は、一般に公立学校に通っていた者には見られなかったような肯定的な経験をしていた。

それぞれの側からの排斥の感情は、地理的、社会政治的状況、年齢段階、仲間のプレッシャー、家族関係などによって、境界に位置する個人には生じうることである。それゆえアイデンティティや集団帰属の選択のあり方は、さまざまな経験やライフサイクルの段階によって異なっている。次にいくつかに分類された見出しのもとに、自伝的事例を紹介していく。

人種と帰属

アヴィ——黒人の父とイギリス人の母をもつ三四歳の女性

三人の子どもの長女として、アヴィはイギリスで生まれた。彼女の父はトリニダード出身の黒人であるが、母は白人のイギリス人である。父が看護婦である母と出会ったのは、彼がケンブリッジで医師になるために勉学していたときである。

アヴィはよちよち歩きの頃、トリニダードに連れられてきたが、七歳のときにイギリスに戻り、六カ月間小学校に通った。クラスで唯一のアフリカ系カリブ人の混血児であったアヴィは、彼女が親切にしていたこともあり、彼女にまとわりついていた一人の知恵遅れの少女の隣りに座らせられた。アヴィはクラスの中で排斥され、絶えずいじめを受けていたため、隣りの少女が唯一の友だちであった。アヴィはつねに悪口をいわれたため、不幸と感じ、白人になりたいと思った。

私は信じられないくらい不幸でした。これからどうなっていくのか、誰も信じられなかったので、さらに不幸でした。母にはそれがわからなかったのです。私は「タフィーアップル（棒にさしてタフィ用シロップをかけたリンゴ）」と呼ばれました。それはクラスの者たちが好んだニックネームでした。また「肥った唇」とか呼ばれ、いつもいじめられていました。私が人種について意識しだしたのは、六歳か七歳の頃かと思います。その頃学校に行くとよくいじめられたものですから。私は白人になりたいと思いました。私は髪を濡らし、真っすぐにしようとしたことを思い出します。「肥った唇」に見えないように唇を閉じていたものでした。

アヴィはトリニダードに戻り、そこで学校生活の大半を過ごした。彼女は一七歳のとき大学に進学するため大西洋を渡り、再びイギリスにやって来た。ケンブリッジ大学を優秀な成績をおさめ卒業し、オックスフォード大学で博士号を、さらに図書館・情報科学で修士号を取得した。彼女は、学生としての業績は学業成績だけで評価されるべきだと強く主張している。しかしながら、人種差別は彼女の社会生活にも入り込んだ。めったに白人が彼女と友人になろうとはしなかったからである。二人のボーイフレンドは、みんながいるようなところで会うのを嫌がったので、一人の黒人とだけデートした。しかしながら、大学を卒業した後、アフリカに住んだことのあるイギリス人男性とデートした。その後彼女は、別のイギリス人と結婚した。二人の間には、現在父のように色白な女の赤ん坊がいる。

肌の色は友人をつくるとき、また近隣に受け入れられるとき、一つの問題である。アヴィが住んでいるロンドン北部では、参加しようとした多くの集団で率直にいって歓迎されなかった。彼女は自分が異なった、よそ者であると見なされたと感じた。彼女とうまくやっていこうと思う者や彼女を知ろうとする者はいなかった。彼らは表面だけを見て、心の中で彼女を分類しているのだと感じた。たとえば、彼女が博士号をもっていることを知って驚いた。というのは、典型的な西インド人はそれほど教育を受けていないと思っていたからである。彼女が加わった後、まもなく解散した集団があったが、そのときの集団の責任者は、その責任が彼女にあるとはっきりいった。町で出会ったとき、その女性はアヴィの娘に奇妙な言い方とした。色白で、真っすぐな髪立ちをしていたアヴィの娘を見て、「色黒かと思った」といったのである。私は「この女性がそこにないものを見ていたのだと思う。なぜなら、彼女は私を異なった存在と見ていたので、私の娘も異なった者として見たかったのである。これはなぜ私が異なった存在として見られ、この集団から排除されているか、一つの手がかりとなる」と思う。

アヴィはかつてイギリス文化振興会に勤めていたが、現在は国防省の公務員である。社会のあらゆる領域から人員を集めた結果、公務員には多くの少数民族集団の者がいる。彼女は民間で仕事を得るのは難しいだろうと思っている。彼女はできるだけ民間に入ろうとしたが、これまで面接を通過したことがなかった。現在の仕事では同僚とうまくやっているが、昇進となると女性であることと黒人であることが一つの障害であると考えている。彼女はまかされている仕事には十分な資格があり、優れた報告書を書くけれども、ここ七年間昇進していない。ジェンダーと肌の色が昇進の障害に見えるのは、それを裏づける証拠はないが、正しい観察のようである。

アヴィは、カリブ海地域では「集合的自己」という文化的概念に誰が含まれるのかを決定する、明確な概念がないようだと述べている。またこれは文化が混合する長い伝統のせいである。[1] イギリス人の母は、トリニダードや彼女の父の家族、そこのライフスタイルに容易に適応したという。彼女の父と母は、ともにメソジスト教徒である。母は献身的なキリスト教徒で、教会の信徒ともすぐ仲よくなった（宗教は異文化結婚においては結び付きの基礎となるかは本書の第5章と第9章を参照）。アヴィは、皮膚の色について二つの異なった態度があるとコメントしている。トリニダードの年上の親戚は、アヴィの娘が色白の肌とねじれのない髪の毛をしているのを喜んだ。彼らにとって、白人と結婚することは「白くなり」、よりよくなることの一つの手段と考えられた。一方、彼女の青年時代の仲間の「黒人意識」からすると、白人ハーフへの同一化を彼女が強調することは、政治的な裏切りとして非難されることになる。青年時代に彼女は、黒人の父と西インド人のルーツへのアイデンティティを感じるようになった。ここでは肌の色や仲間の政治的態度が、イギリスでの子ども時代やトリニダードの青年時代の経験をへてつくり出されてきた自己認識にいかに影響を与えたのかがわかる。その後の時間、経験、教育がこのような変化をさらに促進させる要因となった。

混血児としてのアヴィの否定的な経験の多くは、確かに肌の色に関係したものである。現在でも、職場や近隣で自分が異なった者として見られるために苦痛を感じていると述べている。それにもかかわらず、彼女は強い自己意識の豊かな部分として、混じり合ったエスニシティを受け入れるようになった。

　私は二つの世界の良いところを得たと思う。とくに私が人種にはあまりこだわらないカリブ海地域で育てられたから、両方の側を見ることができた。私はその二つの遺産を価値あるものと思う。白人であることを恥じないし、黒人であることも恥じない。私は同じように、黒人であり、白人である。半分ずつである。かつては疑っていたが、今ではそれらを乗り越えている。それは私が何者であるか見るための利点となっているると思う。私は混血のように見える。それは確かなことである。受け入れることもあるし、受け入れないかもしれない。私は娘のことが少し気になっている。彼女は四分の一ほど黒人で、白人に見える。彼女は混血であることを知った人たちといくぶん問題を起こしたようだ。私はありのままでいることがうれしい。人種主義と戦う方法は、もっと異文化結婚が増えることだと思う。

自分の人種の混合と文化を否定的なもの、辺境的なものとして見ることよりも、アヴィは現在バランスのとれた楽観的な見方をしている。

ジャック――イギリス人の母と黒人の父をもつ三二歳の男性

ジャックはイギリスのレイチェスターで生まれた。彼の母はイギリス人で、父はアメリカ空軍で働くアフリカ系アメリカ人である。彼は赤ん坊のとき、別のアフリカ系アメリカ人の軍人とクレオール系のアメリカ人妻の養子になり、カリフォルニアで成長した。子どものときから、ある空軍基地から他の基地へと移動し、閉じられた社会へ編入した家族の一員として、彼は肯定的な経験をした。そこには他の多くの混血の子どもたちがおり、彼らは受け入れられ、そこへの帰属意識があった。そこには集団のもつコスモポリタン的性格や地域的アイデンティティがいく分欠如していた。それはアメリカ空軍にある誇り、エリート主義、共同体精神のせいであったかもしれない。

ジャックが九歳のとき、家族は南カリフォルニアに引っ越し、定住した。そこで人種差別を経験した（第6章参照）。彼は黒人と白人の双方の子どもたちからいじめられた。彼は黒人でも白人でもない、中間的な存在であったからである。彼が受けた困難さは「アメリカそのものの現実」に対処しなければならなかったことである。そこでは白人と黒人の間に生まれた混血児をどのように扱うのかわからなかった。これまでの二〇〇年間にわたる黒人と白人の間の関係が、今日まで不快な問題として凝縮されていたからである。人々はそれに対して、罪と恐れの気持ちで反応している。

彼の家族が北カリフォルニアに引っ越したとき、人種的な対立はそれほど露骨には感じられなかった。しかしながら、公立の中学校に入ったとき、双方の側からある種の嫌がらせを受けた。彼は褐色の肌をしており、どちらの集団とも異なった話しぶりをしているため、見た目には黒人にも白人にも属していないようだったからである。しかし、彼は肯定的な態度をとっていた。人気があり、エキゾチックでハンサムなよそ者に魅せられた白人の女の子たちに追いかけられたことがあった（Rattansi 1992：27，第4章参照）。

ジャックの話し方や肌の色は黒人らしくなかったけれども、彼の家族と同じように、ジャックは明らかに黒人アメリカ文化にアイデンティティを抱く傾向があった。養子となった家族やその知り合いに完全に受け入れられたことはたいへん役立った。クレオールだったけれども、彼の母親はみずからを黒人と考えており、完全にジャックの黒人性と白人性を受け入れていた。彼は半分白人の血を引いていたが、彼女は彼を裏切り者とは考えない。

彼の母が積極的に彼をかばってくれたことは助けとなった。そのような経験によって、黒人と白人の社会の中で受け入れられ、尊敬されるような能力を身につけることができたのである。自尊心を高めることができた他の重要な要素は、ワシントンへ短期の使節団として出かけたとき、彼の生みの親が彼に会いに来てくれたことである。そのとき自分が不必要な存在ではないことが確信できた。むしろ、母は彼の利益を第一に考え、彼が赤ん坊のときに手放したことを知った。彼女はレイチェスターで混血児として成長する際に問題に出会ったことや、養子の両親と生活することで、より多くの機会を得ることを計算していた。彼の養父はロサンゼルスで暴動が起きたゲットー地域出身であり、空軍に入り貧しい状況を克服し、下士官という高い地位にまで昇進した。彼および彼の妻の性格とも相まって、空軍での仕事は中産階層の地位にまで引き上げた。このことはジャックの態度を自信に満ちたものにするほど大きな影響をおよぼした。

ジャックはスタンフォード大学に学ぶうち、混血の生い立ちを肯定的にとらえはじめた。彼の強い自負心と社会意識は、ワシントンDCの中心部で、キリスト教使節団の活動に関わったときにいっそう強固なものとなった。宗教と中産階層の豊かさは、おそらく彼の自尊心を高めた源と思われる。彼は双方の領域にアイデンティティをもつことができたことで利益を得たと感じている。また双方の側をたんに喜ばすことはせずに、全体的で完全な自己の意識をもつことが重要であると考えている。これは難しいことであるが、彼はそれを成長と経験によって達成してきた。

大学では排除されたという感じはなく、特権的社会層に受け入れられたことは助けとなっていた。とくに富者と貧者の関係に注目する国際関係の研究は、彼の理解を深めるものであった。それゆえ、白人からも黒人からも拒否されないようにしようという気持ちがあったが、今はそれを乗り越えることができた。それに、

彼らと向かい合うことができたし、強い自尊心をもつことができた。神が自己をつくってくれたことを喜

ぶといった生活態度をもつことによって、黒人と白人という私の生活の二つの部分と折り合うことができた。人々を喜ばすために、そのときどきに自分が接する異なったタイプの人間によって、異なった帽子をかぶる必要はなくなった。その時点で、私は何者であるのかについて、ある種の平穏な気持ちをもちはじめた。どこでも全体的で、統合された自己を保つことができた。

スタンフォード大学を卒業した後、ジャックはフラー神学校に入学した。さらにオックスフォードの夏期学校に出席するためイギリスに行ったとき、そこで将来の妻となるオランダ人女性と出会った。その後さらにプリンストン大学で神学の学位を修め、フィラデルフィアで働いた。さらにオランダで三年過ごしたが、そこでは何度か嫌な経験をした。オックスフォード大学にいることは全体的に良いものであったが、少なくとも一つの例外を除いて、あからさまな嫌がらせは経験しなかった。誤りであったのだが、ある商店の主人がアメリカ人に対するステレオタイプ化したいい方で、彼の盗みをとがめたことがあった。実際、ジャックはイギリス人の感覚をもっていたが、同時にアメリカ黒人の背景をも肯定していたからである。

ジャックは、ますます多文化的性格をもつようになった社会について深く考えるようになった。彼は深い洞察力と柔軟性によって、異文化結婚によって生まれた子どもたちの経験が、寛容への積極的な貢献へとつながる可能について考えている。

これまでの二つの事例から、回答者は、ときとして親戚関係のある二つの文化的集団で周辺的な地位に追いやられていると感じている。アヴィはイギリスの小学校で肌の黒さから差別を受け、白くなりたいと思った。思春期を過ごしたトリニダードでは、みずから黒人だと確信していたので、半ば白人であることを恥じた。大人になっても、肌が黒いことはイギリスでは不利でありつづけた。ジャックは、カリフォルニアでは彼の異質性を問題にした黒人と白人双方の友人から差別を受けた。アヴィとジャックにとって、成熟、教育、さらに他の経験は、双方の側の家族の扱いやバランスのとれたアイデンティティを形成していく助けとなった。

政治とジェンダー

シャン（二三歳）とラジ（二一歳）——インド人の父とスリランカ人の母をもつ姉と弟

次に考察する二人の男女の意識と態度は、彼らの複雑な状況からの影響を受けている。シャンと彼女の弟ラジはインド人の父とスリランカ人の母をもつ。シャンはイギリスで、ラジはインドで生まれた。父は上流階級、エリートのパルセー家族出身であるが、イギリスで教育を受けた。母はキリスト教徒で、タミール人の父とオランダ入植者の子孫の間に生まれた混血児である。このような文化的背景は、異なった地域から多くのアジア人が来ていたインドでは目立つものではなかった。二人の子どもたちは初期の教育をボンベイで受けた。しかし、シャンが一五歳、ラジが一三歳のとき、家族はイギリスに渡り、その後の教育はオックスフォードでなされた。彼らの生きてきた二つの文化、子どもの頃のインドと青年時代のイギリスの相違はきわめて対照的であった。アジアの異なった社会出身の両親は、同じような教育的環境、英語を話す環境を共有していた。子どもたちもボンベイの文化に浸り、また英語だけでなくヒンドゥー語やマラーティー語を話した。

中産階層であるオックスフォードの文化は、そこで大学生活を送っていた両親にとっては受け入れやすく、馴染みあるものであった。しかし子どもたちにとって、オックスフォードの環境は不慣れでかつ困難なものであり、受け入れられていないと感じていた。二人とも人種差別に苦しんだ。悪口をいわれ、さげすんだ言葉を吐きかけられ、忌避され、無視された。これは学校の内でも学校の外でも起こった。これらの否定的な遭遇は明らかにアジア的風貌をし、褐色の肌をしていたからだ。シャンは次のように述べている。

イギリスにやって来ると、人種差別はあからさまだった。学校へ行くとすぐに、さまざまな悪口をいわれた。「血に染まったパキスタン人」「黒いブタ」「黒人野郎」「汚らしい」など、ひどい言葉を浴びせられた。それは学校だけでなく、通りでも、店でもそうで、バスの中では隣りに座らせないようにしつづけられた。現在、私は教師だが、学校で白人の少女たちが私を黒人野郎だといったり、アフリカ系のカリブ人の少女が私をどっちつかずの人間だといっているのを聞いた。私は何もいえなかった……。アジア地域の修道院つきの学校でのことだが、パンジャブの人たち、それも年老いた女性たちは、私が白人のボーイフレンドと手をつないで通りを歩いているとき、むかつくような表情で私を見つめた。私に唾をかけたり、物を投げつけたりする者もいた。しかしそれは混血だからでなく、肌の色が黒いか褐色の人たちが受けた多くの経験であるからに違いないと思う（Rattansi 1992：21, 33, 34）。

ジェンダーの要因もシャンの経験の中では重要である。イギリスでの彼女の否定的な経験は、明らかに彼女の弟よりも凄まじいものであった。けれども、彼女はインドではいかに多くジェンダーのルールが生活を規制しているか、女性としていかに多く妥協しなければならなかったかを知った。イギリスに来たことでより肯定的なものをつかんだと感じている。

イギリスからインドに帰ってきたとき、それほどまで自由がなかったかを気づかなかった。通りでの歩き方、身につける衣服の適合性、大声でしかも、柔らかく話す方法、握手の仕方などに決まりがあったのである。つまり、インドに戻ったとき、身体全体が痙攣したように感じた。私はゆっくり歩いたし、柔らかく話したし、髪の毛も特定の形にした。イギリスにいるとき、女性にはもっと権限が与えられていると思った。だがインドでは女性に権限も地位も与えられていなかったのである。

インドからイギリスへの移動は、彼女にとっては助けとなった。なぜなら「私はイギリス人女性が置かれているような監視のもとには置かれたくはない。私の身体は白人の男性には同じようには見えないだろう。私は彼らにはたんなる黒人である。ある意味で、私の人種が私をジェンダーから解放したのである」。彼女の認識では、たいていのイギリスの男たちは、白人の女性に対するのと同じような期待を抱いていないという。周辺的な地位に置かれていたために、自然に振る舞う自由を与えられた。インドでは、男たちの恐いような眼差しを感じたし、女性たちは恥ずかしくていいえなかったけれども、性的嫌がらせがおおっぴらにまかりとおっていた。

大学では、学問的能力に敬意が払われたと感じたが、混血のアジア人女性であることは重荷だと思った。彼女自身ステレオタイプの期待に反抗するために、自己主張をより強めるようになった。「私自身、黒人女性であるという考えに押されて、自己の行動を変えようとしていた。私は普段の私よりも多く話した。ある状況ではいつもよりも攻撃的になったと思う。アジア人の女性にも個性があることを示すために」(2)。インドでは、女性が静かで従順な女性という期待から外れているとき、それは人種ではなく階級、富、教育と関係があった。

シャンの混じり合った人種的、文化的背景は、彼女に二つの異なった形の排除を経験させた。一方の社会では人種のため、もう一方ではジェンダーのためである。それゆえ彼女は「普遍的とはいえない基盤をもとにつくり出された、一つの肌の色、一つの宗教、一つのジェンダーを排除する、あるいは人々を完全に排除するようなあらゆる思想や行為であるアイデンティティポリティックスには批判的である」という。

シャンは政治的に意識の高い、みずからを明確に主張する両親、祖父母、母方の親類をもっている。彼女とラジはともに政治的に活動的である。彼女が大学に入学してまもなく勃発した湾岸戦争は、彼女の意識のうえに決定的な出来事になった。「その戦争は確かに私にきわめて大きな影響を与えました。ヨーロッパの国々が第三世界に何をするのか直接私に見せてくれたからです。彼らは反対を無視し、阻止されずに行動を起こしたのです。

私はそこに不正義を強く感じとりました」と語っている。彼女は、日常生活を変わりなく過ごし、国家の名において人々を殺戮する行為を許すことさえしている身近な人たちの無関心さに驚かされた。「『下劣なイラク人』に対する戦争に対して、コンセンサスをつくり出そうとしていることに気づかされた。それどころか、それはよそ者としての感覚や、つねにヨーロッパ社会に対して、また第三世界に対して行っていることに対して、批判的であるという意識を強固なものとした」。彼女はまた、交友関係が何と不安定なものかを悟るようになった。彼女にとって、交友関係は政治意識ときわめて関わりが深かった。だが友人たちの多くが、政府の行っていることに責任を強く感じていないことに怒りを感じていた。このような意識は、異なった人種と文化をもつ人間にとって、友人社会がとくに大切であるからこそ重要である。

シャンは混血児であること、また二つの異なった文化に生きる積極的な成果の一つは、「外に出て、みずからの社会をつくり出す」ことをみずからに課してきたことと考えている。通常生まれ育った社会の友人とだけ仲良くするような社会で育てられてきた人たちと違って、シャンは友を失い、伝統に挑戦し、独力で行動しようとしてきた。彼女は出生地に依存しないし、ここにいる年上の人たちからの支援をも求めない。イギリスでインド人としてのアイデンティティを確かめる必要があったとき、誰にも求めなかった。インド人たちは彼女を異質な存在と見ていたからである。他方、イギリスのアジア人社会は彼女の行動やアイデンティティを妥協できるかぎり受け入れるという暫定的なものであった。彼女は異質性のために、受け入れられることの難しさをインドにおいても経験した。それゆえ、彼女がつくった友人社会は彼女が誰であるのか、彼女が求めている人たちであるのかを、考えるうえで非常に大切である。

シャンの弟ラジは、シャンと同じように、オックスフォード大学を優秀な成績で卒業した。現在は教師になるべく勉強中である。インドでは、ラジは自分の母がスリランカ人とは意識して考えていなかったという。彼の父の親戚、それは一つのエリートのパルセー家族との接触は頻繁ではあったが親密というわけではなかった。

私は家族のそのような側面が自分のアイデンティティの大部分を占めているとは感じなかった。私のアイデンティティは、私の両親のように多くの人たちによってつくられたといえよう。母の側の影響も部分的にはあるし、学校も、家族と関係のない子どもの頃の経験もあると思う。

ラジはめったに母方の親戚には会っていないが、彼らには親近感を抱いていた。しかしながら、スリランカについてはよく知らないし、シンハラ語もタミール語も話せなかった。むしろラジの最も大切な人は一緒に成長した人たちであった。「私は学校や近くに住む人たちに、本当に親しみを感じていた。私たちは、タミール語やグラジャラート語やマラーティー語ではなく、英語以外の効果的な主要言語である、いくぶんなまったヒンドゥー語で互いに話し合った」。彼は学校の友人とは若干異なっていると感じていた。英語が彼の母語であり、彼の家では書物が重要であったからである。ボンベイでは拒否されたり否定されたりした経験はなかった。ラジはイギリスでは姉と同じ公立中学を終えた。

もちろんたいへんなショックだった。イギリスにいること、オックスフォードにいることすべてがまったく衝撃なことだった。通った中学は、身体的な意味ではなく、たいへんな暴力学校だと感じた。精神的ないじめが頻繁にあったからである。私は他の生徒よりも被害に遭った。そのため学校を嫌悪した。

ラジと他の生徒の間には、ポップグループや映画スターやフットボールへの関心といった共通点がなかった。「私は関係をつくるきっかけが何もなかった」。文化的差異は彼の不幸の大きな理由であった。

ラジはさらに「人種差別的侮辱はいつものことであった。しかし一般にある仲間外れというほどでもなかった」と述べている。彼は変わったアクセントや肌の色のため、またアジア人のように見えるためにみんなから遠ざけられた。教師に話しかけるとき直立姿勢でいるインドで学んだ行動は、友人たちに笑われるもととなった。五年生のとき、学校に適応しはじめ、友人ができた。「私が適応するにつれ、大きく状況は変化した。それまで私を理解しようとする者などいなかった。支配的文化は少数者に変化と適応を期待していた」。ラジは友人たちと決して親しいわけではなかったが、何人かの仲間の生徒たちと関係をもちはじめた。彼は今やインド人社会と同じようにイギリスに溶け込むことができたと感じている。しかしながら、このことは一つの矛盾と直面することになる。彼は自己のイギリス的側面のために、インドの人たちや家族とさえコミュニケートしえなくなっていたのである。「私は起こってしまった変化や生きるために起こさなければならなかった変化を、うまく伝えられなかった」。

ラジとシャンと彼らの家族は、大学の宿舎で暮らしていた。大学院生の社会といっても、学校よりも「洗練され、学術的である」けれども、特別フレンドリーでもなかった。家族の他のメンバーと違って、ラジの父は一定の友人や学問的に親しい仲間との世界をもっていた。ラジは、差別のトラウマを経験していた姉や母とうまくやっていくことができたと思っている。それゆえ、スリランカ人である母をより意識し、みずからのスリランカ人としての遺産を認識しはじめた。しかし彼が抱いたスリランカへの親近感は、「社会そのものより、特定の個人と関連したものだ」と述べている。

ラジはオックスフォードの小学校で唯一白人の友人をもっていた。彼は決して意識してアジア人やアフリカ系カリブ人と友人になろうとしたわけではなかった。おそらく彼は彼自身インド人であると思っていなかったのであろう。五年生の終わり頃、イギリス社会によって定義されるような、自分を広くアジア人であると意識しはじめた。このように相違を認識することは、彼にとって他者との関係をスムーズなものとした。「私のアイデンティティは第三世界の、搾取された人たちであった。この変化はポジティブなことだといえよう」。ロンドンの大学では、明らかな右翼的政治と（彼が拒否した）強烈な肉体的文化は、人種差別よりもあからさまであった。ジェンダーの問題も彼の態度に影響を与えた。彼の父親は、家の中では給仕をさせ、関心の的でなければいられなかったような、狂信的ともいえる男性中心的な態度や考えもっており、そのことに彼は批判的であった。だがラジ自身、学校で女性たちに魅力的だと思われていることを認めていた。ある女性が学校の運動場で、彼の前にひざまずいて彼を招待したいといった出来事があり、当惑したことがあったからである。大学生になると適応しはじめ、白人、アフリカ系カリブ人、アジア人、混血の人たちなどさまざまな社会出身の人たちと意識して友だちになるようにした。彼の現在のガールフレンドは、白人のイギリス人である。「私は最終的に、高まりつつある政治的意識こそが、私が民族的背景と見なしていることよりも、もっと重要だと思う」と述べている。

インドで、彼は男性対女性、貧者対富裕者など、ミクロレベルでの不正義に気がついていた。イギリスでも、現段階でヨーロッパ世界と第三世界の間の不平等な関係について十分気づいていた。湾岸戦争は彼の姉と同じように、彼にとってそのことを気づかせる機会であった。彼はその戦争が、「私の政治意識のうえで、大きな、きわめて重要な経験であった」という。彼は人間の生命をかけた危険な状況を見て、直接的な個人的侮辱と異なり、別の形態の人種差別であると思い、深い憤りを感じたのである。彼はプロパガンダがいかに人々の態度を形成するのに用いられているかを見て、また善良な人たちによってつくられたイラクと第三世界についての考えにがく然としてしまった。そこにいる人たちの生命を何と安価なものと考えているかということである。イギリス社会についての彼の考えは、これらの出来事に大きく影響されてきた。また搾取されてきた者への一体感が強められた。彼が友人として付き合っている人たちは、彼と同じ民族的背景の人たちというより、むしろ彼と同じような政治的姿勢によって結ばれた人たちである。

ラジは混血や異文化的関係を肯定的な事柄と考えている。それゆえいくつかのアフリカ系カリブ人の集団やアジアのコミュニティに見られる、とくに異民族関係にある人たちに焦点をあてた、一種の民族的ナショナリズムに向けての運動を、「一様に否定すべきこと、黒人女性に対する黒人男性の支配の象徴」と見なす。ときとして、人々は、一つの不幸な個人的経験をコミュニティ全体のことと拡大して見ようとする。また、人々は女性に対する差別が絶えず変化するものだとは知らないで、あらゆる問題を差別主義者の視点から見ようとする。彼は周縁性の影響を受けた個人の問題としてよりもむしろ、コミュニティの問題だと考える。それゆえ、答えはこれらのコミュニティの教育にあると考えている。

シェリフ――アイルランド人の母とイラク人の父をもつ二一歳の男性

シェリフの父親はイラク人のビジネスマンで、豊かな中産階層の出身である。一方、母親はイギリスに住むアイルランド人で、厳格なカトリックの労働者家族の出身である。両親が初めて出会った場所はリバプールである。シェリフはカリフォルニアで三年過ごしたほかは、ほとんどをロンドンで生活してきた。子どもの頃、両親はそこでレストランを経営して繁盛していた。アメリカにも行き、サンフェルナンド渓谷にある上流階層の住む地域で豊かな生活をして過ごしたこともあった。帰国後、豊かではなかったけれども、彼と彼の年下の兄弟たちは私立学校に通った。大学で彼は、哲学の学位を優秀な成績で取得し、現在教師を目指して勉強中である。

シェリフと彼の弟と妹は、白人と見なされてきた。色白の顔立ちをしていたので、白人から人種差別を受けることはなかった。彼の最初の思い出は、ロンドンのチェルシア地域のカウンシル・エステートの多人種の人たちの間で生活していたことである。同様に、彼が通った上中流階層の子どもたちが通う私立小学校のある地域は、複数の文化をもつ子どもたちが住んでいた。その多くは外交官の子どもたちであった。「私たちはいくつかの他の文化からきた子どもがいたことが好きだった。そのことは私たちをほっとさせた」。振り返ってみて、シェリフは若いときには気がつかなかったような差別的な出会いがあったかもしれないし、思い出すのを抑圧してきたことに気づいている。「ごく最近になって、私は子どものとき、差別を経験してきたこと、そのことをそのときはわからなかったこと、またそのことを心の中にしまい込みたかったことに気がつきはじめた」。アジア人がたくさんいる中の上程度の中学で学んでいたとき、彼自身にはそれほど影響はなかったが、人種差別のことはよく知っていた。シェリフは「私の友人がすべて混血児や黒人であることは偶然のことではない。……私の名前の秘密が本当に明らかになった。どこにいようと、われわれはよそ者として見なされた。それは学校にいる間変わらなかった」と話す。しかしながら、他の回答者と比較して、否定的側面はきわめて少ない。

シェリフの家族関係と彼の混淆した文化的背景は、彼の人生経験と意識に重大な役割を果たした。彼は母の感情を理解していた。彼女には五人の姉妹と二人の兄弟がいた。姉妹たちはみな外国人と結婚した。シェリフは「彼女たちは、しつけと結び付いたような、一つのパターンを示す外婚をしていると思う。彼女たちの父親はたいへん頑固で、狭量であったため、子どもたちは彼のもとを離れる傾向があり、異なる文化をもつ人と結婚してしまった。……私の母はとても反抗的であった。……私の父はより大きな世界で活躍し、ある程度社会的上昇を果たした」と述べている(Merton 1941 : 361-74)。漠然とした既成概念にもとづく推測や期待が機能していた(第4章参照)。すなわち、そこには「異様なよそ者」あるいは「アラビアンナイト」の王子と見なされる父と、ムスリムの男との結婚に反対した父に反抗した貧しい労働者階級の母の存在がある。二人の関係は宗教的基盤においては困難なことではなかった。というのは父も彼の家族も厳格なムスリムでなかったからである。両親双方の家族との交流はあった。とくに母方のアイルランドの兄弟姉妹やその家族たちである。また彼らは父の二人の兄弟や、最終的にはイラク人と結婚した姉妹も知っている。アラブ側から受け継いだ主たる文化的影響は、父がレストランを営業しているとき、そこで出会った食物、音楽、言語、またそこで働いていた人たちやアラブの客たちからのものである。シェリフがアメリカで過ごした三年間(一九八二―五年)、人種差別は経験しなかった。しかし孤立感とカルチャーショック、依拠する集団の欠如を感じていた。

ジェンダーの要素はシェリフの経験の中では強いものであった。それは彼の兄弟姉妹にもいえると彼は報告している。これは彼の両親の関係における難しさだけはなく、妹たちへの父の性差別主義的行為のせいである。ジェンダーの次元は、文化的概念の衝突とも結び付いている。おそらく女性に対する期待や家庭内での女性の位置をめぐってであろう。シェリフは以下のように述べている。

子どもの頃、私はアラビア文化の悪しき側面だけを見てきたので、私の中のアラブ的側面を抑圧したかった。……私はそれに同一化はしたくなかった。……私の母は私たちを一人で育ててきた。父はお金は十分あったけれども、彼女には与えなかった。母は料理や掃除などすべてをこなした。そののち事業にも関わった。夫がすることに何も口をはさまなかった。彼はアルコール中毒であり、信じられないくらい侮辱的な言葉を吐いたり、私の前ではしなかったが、肉体的暴力も振った。

シェリフはアイルランド出身の母とは親密な関係にあり、彼女を守ろうとした。彼は母や彼の妹に対する、父の抑圧的な態度を嫌悪した。

男性支配は、レストランにおけるアラブ人の顧客や労働者の間でも明らかであった。これらの仲間から排除された母は、彼女の姉妹と結び付いた。姉妹のエジプト人の夫もレストランで働いていた。彼女の兄弟も彼女を助けた。この時期、非アラブ的なものにアイデンティティを感じていたシェリフは、両親に離婚すべきだと提案した。

ロンドン大学時代、白人の友をつくろうと努力したにもかかわらず、シェリフは混血の人たちに惹かれていった。みな中産階層だったが、不安という共通の感情を共有していたからである。「私は白人の子どもたちに対するより、多くの点で彼らに心を開いていた」。シェリフは政治的に保守的な意見を変えている。イラク、イラン、そしてイスラームへの関心は父のせいである。「私に最も政治的な影響を与えたのは、湾岸戦争であった。そこでイラク人が鼠のように非人間的に扱われることを私は受け入れることはできなかった。実際、湾岸戦争の最中でも、一〇〇パーセントの人たちが学校に行かなければならないし、毎日戦争が推し進められている現実がある」。彼は戦争のニュースをじっくりと見たが、その伝えられ方に怒りを募らせた。

ものごとの描かれ方、イラク人が人間ではないという見方に疑問をもった私は、学校で運動を起こした。学校でディベート大会を開催し、戦争は不正であると主張して、勝利した。私のアイデンティティとともに、そのことは私に最大の影響を与えた。その後、大学へ進学した。それまで、政治的な意味で私は黒人としてのアイデンティティをもつことはなかった。私はいつも自分を白人と見なしていた。なぜそうだったのか理解するようになった。私の経験が、アフリカ系カリブ人やアジア人ほどひどくはなかったせいである。しかしそれでも私は現在、黒人としてのアイデンティティをもつようになった。そうなったのは、これまでの関係と経験があったからだと思う。他の人たちと関係を保つために、つねに同じである必要はない。実際、私のすべての親友は異民族である。彼らの一人はパキスタン人であり、もちろん、私のパートナーは現在アジア人である。だから、私は非常に彼らに親近感をもっているし、世界が私に開かれているような感じがする。

シェリフの言葉は、いかに彼の経験や友人や世界の出来事が、彼の思考、認識、アイデンティティをつくり上げてきたのか明確に物語っている。彼は現在のアイデンティティを、第三世界を支援できる可能性と同一化することで肯定的にとらえている。

シェリフは自分自身をさまざまな方法で反省しているし、「本当にイギリス人と感じたことはなかった。私はむしろアイルランド人だと感じている。またイラク人だとも思っている。それゆえ、私の人生の異なった部分で、これら双方にアイデンティティを感じている」という。彼の母への緊密さが、彼を若者のときからアイルランドの文化に結び付けたといえる。彼はさらに、「私は、現在私のアイデンティティがイラクや黒人に傾いている」と述べている。だがイギリスに住みながら、終生アイルランドのアイデンティティを維持していた彼の母は、彼のそのような変化を受け入れることはできなかった。

> 私の母が最近受け入れることができないこと一つは、私がアジア人や混血の人に親近感をもつことだと思う。彼女は、私がアラブ文化の中で悪い事柄を経験したのに、私がアラブ文化とのつながりを保ちたがっていることを理解できなかった。とくに私の弟に対してもそうである。彼は父により近かったことも、母は気にいらなかった。私たちは子どものとき、母の文化を受け入れていたことがある。だから私たちは家庭内に進んでアラブ文化をもち込んだことはなかった。しかし現在、私と弟は、母が受け入れたくないアラブの文化との結び付きを強めている。母はそのためまったく不当なことだが、私たちを叩き出した。

シェリフの姉には、多くの黒人や混血の友人がいるが、父が彼らの悪口をいうため、アラブ的なものに反発してきた。シェリフの父は、アフリカ系カリブ人やアジア人に対して人種差別的態度を明確にとってきた。子どもたちが幼いとき、息子がこれらの文化の少女とデートすることには気にしなかった。しかしシェリフは、父が現在つき合っているアジア人の女性と結婚することに反対すると確信している。父はシェリフの姉が黒人のボーイフレンドと付き合うことを断固として禁止したからである。その結果、彼女は家を飛び出してしまった。シェリフは男性より女性が黒人や混血の人であることがいかに難しいことかと述懐している。彼のパートナーや他の女性に対する人々の行動や態度に対して、彼はみずからそのことを見てきたという。

シェリフは最近否定的な出来事を経験したが、依然として異文化結婚の子どもであるみずからを肯定的にとらえている。

異なった民族の両親をもつことは、双方の文化へ興味を抱かせる。さらに他の文化に対しても興味を感じさせるという、雪だるま式の効果がある。それは他の文化から来た人たちと関係をもつことを助けてくれる。……だからそれはいいことだと思う。それに私は、世界中で起こるさまざまな出来事に関心をもつようになった。黒人としての政治的な認識をもったり、黒人と同一化したり、反差別運動に参加するようになった。また、自分の国を異なった見方で見られるようになり、無関心ではなくなった。白人の見方も知るようになった。

彼はまた、彼の仲間を信頼している。仲間が差別と闘ってきたのを見ているからである。彼は「今までの自分を肯定し、さらに変わっていこうとする人たちに惹きつけられる」という。人生の経験は、彼の世界認識のあり方、同一化の方法、行動の優先権を決定している。

階層の類似性

ジョン（二一歳）とガヴィン（一八歳）――イラン人の母とイギリス人の父をもつ兄弟

肌の色などの著しい身体的特徴を欠くことは、次の二人の回答者、ジョンとガヴィンの兄弟のアイデンティティ形成に重要なことである。イラン人の母親はヨーロッパのいくつかの国々で生活してきた。彼女は英語とフランス語を流暢に話すが、依然として意識的にイランの文化に親しみをもっている。父親は学歴のあるイギリス人であり、両親とも上流階級出身である。

兄弟はイギリス人のように見えるし、そのように振る舞っている。彼ら自身を含め、誰の目からも、彼らはイギリス人である。彼らは現在オックスフォードシャーの田舎町に住んでいるが、二人とも各地を旅行し、また父の仕事の関係で、マレーシア、香港、ルーマニアなどに住んだことがある。二人は格式のあるイギリスの私立の寄宿学校で教育を受けた。兄は現在大学の卒業を控えており、弟は大学に行く前に一年の休みをとっているところである。このように、彼らは上流階級のイギリス人の意識をもっており、どちらも、学校でも、また地域社会からも、社会全体からも、差別的な言葉を受けたことも否定的な態度を示されたこともない。

二人の少年は、明らかにイラン側、すなわち母による社会化や毎年何度か訪問する母方の祖父母からの文化的、個人的情報から得るものが多かった。彼らの母の姉、その夫や子どもたちから、しばしばゲストとして家に招かれ、イランの拡大家族の経験をした。ペルシャの歴史、物語、逸話、音楽などを聴くことで、文化的な影響を受けてきた。父方とは、数年前に亡くなった祖母や父の姉妹や従兄との時折の接触を除き、あまり交流はなかった。父は保守的ではあるが、結び付きの強くないイギリス家族の出身であった。二人の少年は母方と父方の親戚の双方から受け入れられたと感じている。ガヴィンは次のように述べている。

イギリスで成長し、子どもの頃一度イランに行っただけなので、私は本当にイギリス人であると感じていました。もちろんそのように思うのは、ひとえに教育のせいなのです。私はペルシャ語を話せないし、普通のイギリス人です。だから、イランのことを避けています。しかし、ペルシャ語を少しだけは理解できます。また宗教がたいへん大きな役割を果たしているとも思います。でも私はキリスト教徒なので、モスクには行ったことがないし、イランについてはあまり知りません。

しかしながら、弟のガヴィンはイランの文化についてもっと知りたいと思っている。彼は進取の気性をもつ若者で、休暇をとり、ニュージーランドに行き、羊の牧場で働いていたとき、これまでの考えを変えようと思った。

「私はイランのことをもっと知りたいのです。だから休暇にはイランに行ってみるつもりです。表面を引っかくだけのようなので、自然や建築物やモスクなどへ実際に行ってみて、もっと深く知りたいと思っています」。

二人の少年は聖公会のキリスト教徒として育てられてきた。彼らの母がムスリムである事実は大きな問題とはなっていない。ガヴィンは、二つの伝統をもっているという積極的側面をもっと意識していたようだ。「私はイギリスの文化とその素養をもっているので多くの人たちより有利であると思う。私はそれから学ぶことができるし、同時にイランの文化も学ぶことができる。それは人生全体に広い視野を提供してくれる」。彼はペルシャ語を話すことはできないけれども、彼の教育と母方の親戚や友人との接触は、イランの深い伝統への関心と期待に火をつけた。兄のジョンもまた、休暇中にガンビアで生活する際に、拡大家族との緊密さがたいへん有益であることを発見した。だがガヴィンはアイデンティティの問題についてはあまり考えてこなかった。「私はイギリス人であると感じていると思う。私は私のアイデンティティに別の側面があることを知っている」と述べている。また学校や大学で彼の友人について、彼の兄の印象と一致していると語っている。彼らは心が広く、人種差別主義者でなかったということである。ガヴィンは黒人が学校で人種差別に遭っていないと信じている。少なくとも、彼はその問題に気づかなかったし、認めなかった。相対的に外部の世界から守られていた学校の環境は、彼らの意識に影響を与えてきた。しかも教育の質と道徳や行動への高い期待は、人種差別がなかったことを説明している。

アイデンティティの転換

シェリフの経験からもわかるように、アイデンティティは変化しうるものである。ライフサイクルの中で置かれた状況と場によって、二つの異なったアイデンティティが転換することは可能である。ある準拠集団の認識やその中に適応する必要を感じたときである。ここでは、きわめてイギリス人的な話し方や必要と見なしたスリランカアクセントの双方を身につけたサラの声を聞いてみよう。彼女は親戚の中で、スリランカへ強い帰属意識をもっていたが、同時に「ケント人の少女」としての誇りをもっている。彼女はみずからを「カメレオンのような」と呼ぶ生き方を選択している。

サラ――スリランカ人の母とイギリス人の父をもつ一九歳の女性

サラはある意味でジョンとガヴィンと同じような物語をもっている。サラの母はスリランカ人である。肌は色白で、エリートの混血家族の出身である。イギリスで生まれ育ったサラの父は、スウェーデン人とスコットランド人の血を引いている。サラの両親はオックスフォード大学で出会い、彼女の父の家族に反対されたが結婚した。彼女の父は著名な人物で、エレガントなイギリス紳士の典型であり、母は上品でまた賢い女性であるという。家族は高級住宅地のセブノアークに住んでいる。子どもの頃、彼女と母は小さな町で唯一外国人の顔つきをした人として意識していたことを覚えている。人々が彼女たちをじっと見つめたのは、おそらく肌の色のせいではなく、母が着ていたサリーのせいであるとサラはいう。覚えているかぎり、彼女たちに向けて何らかの否定的な意見や態度は見うけられなかった。事実、セブノアークで人種差別を経験したことはなかった。起こったとしてもそのことは理解できた。

ガヴィンとジョンのように、サラは格式あるエリート私立学校に通い、小学校と中学校をそこで終えた。彼らのように彼女も色白の肌をしており、学校時代は人種差別の経験はなかった。唯一不快だったことは、水泳のときの着替えである。一人の子どもが彼女に肌の汚れは取り除くのが難しいのか、尋ねたからである。集団に溶け込もうと、また異なって見られないようにという子どもの本能から、彼女は学校の友人と同じようなアクセントで英語を話せないのが苦痛であった。「しかし私がガール・スカウト（ブラウニー）の一員だったとき、私のグループに労働者階級の少女がいたこと、またガール・スカウトのキャンプのグループに彼女たちが参加したことが大きな問題となった。彼女たちは集団で私に対しパキ（パキスタンからの移民）と呼んだ。彼女たちはたいへん意地悪く、私の人形の耳をひっぱたりなどをした。私がよそ者だったからである」。興味深いことは、彼女は人種差別と階級を結び付けたことである。サラの混血の素質が問題を起こした他の機会は、彼女がロンドンでバスに乗ろうとして、「パキ野郎」という人種差別の言葉を吐きかけられたときである。彼女の肌は白かったけれど、その事件が起こったときかなり日焼けをしていたのである。何人かの子どもたちは、彼女の身体的特徴から、彼女を「パキ」と見なしたが、彼女は、自分が白人であり、通常はイギリス人であると見なしている。事実、イギリスにいるときは、彼女は自分がイギリス人のアイデンティティをもっていると主張している。オックスフォードのサマヴィルカレッジでは、彼女のイギリスの友だちは、彼女がイギリス人女性のような話し方と振る舞いをしているので、彼女を変わり者とは見ていない。学校では、彼女の経験は問題とはならなかった（Brah 1992）。

しかしながら、スリランカにいるとき、サラはスリランカ人としてのアイデンティティを表明する。「私は双方に強い結びつきをもっているし、私が誰であるかわかっていると思います。スリランカにいるとき、私は異なった話し方で話します。私の叔母と同じようにスリランカのアクセントで話すのです」。彼女は利口なので双方の環境に適応しているし、そうするように努力している。彼女はイギリスへの感情は父から得たものではないという。

私の話し方は父から得たものではありません。父の話し方よりも、もっと極端になっています。それは英語であろうとする努力の一部であると思います。それはどこに行っても適合するような私のカメレオンのような本能の一部でもあります。同様に、スリランカではスリランカのアクセントにし、イギリスではとてもイギリス人らしいアクセントにしています。だから私の友人は振りかえって、極端なイギリス人らしさの事例として私をあげます。そのとき私は本当はそうではないんだといいながら、多くの時間を費やさねばなりませんでした。しかし私が口を開くや否や、イギリス人の女性としての私を裏切っていたのだと思います。

サラは両親双方の家族に受け入れられたと感じており、どちらの集団にいるときも、アイデンティティを選択することができる。彼女はスリランカにいるとき、そこに適応する。すなわち、そこですべてのものに親しみを覚え、また母の語る物語を通じて、彼女の背景を学ぶ。しかしながら、彼女はおそらく特定の階級とだけ適合していたのだろう。彼女は彼女の母の親戚約六〇人と会ったが、受け入れられただけではなく、キャンディ人（スリランカ中西部の旧首都に住む人）に見えるということで、尊敬されたキャンディ人の親戚に祝福された。「私はとても、とても強く彼らに属していると感じている」。しかしながら、イギリスについては次のように述べる。

私にとって、アイデンティティのある国はイギリスではありません。それよりケント人であること、ケントの娘であることは、私にとって、とても、とても大切なことなのです。私はケントにずっと住んできました。私はイギリスやヨーロッパの他のどこよりもここを愛しています。風景の点で同じような愛情を抱ける唯一の地域はスリランカですが、イギリス南部のウィールド地方の少女です。私は「巡礼の道」の麓に住んでいます。そこにはイギリスのきわめて典型的な風景があります。

サラは話すにつれ、アクセントは上流階級の英語になった。それは彼女の自己意識への確信ともとれた。さらに続けて述べるには、イギリスへ大きな感謝を表明したあと、「ある意味で、ある程度の帰属感はあるが、他の人々の中に見られるような激しい愛国主義ではない」という。この言葉は、二つの国を対比していたサラのこれまでの意見を修正するものである。地域に対する感情は、しばしば一つの国への感情を育んでいる。

サラは、インタビューを受けた誰よりも、混淆した文化の曖昧性について表現している（Benson 1981）。しかしそれは否定的な経験ではない。それはアイデンティティの転換ともいえるもので、彼女も認めているカメレオン的性格のせいである。これは部分的にはパーソナリティであり、彼女が置かれた人生のある段階のせいであり、時間の経過と成長とともに変化したものである。サラは人種と文化の混淆には、利益と不利益の双方があることを認めている。「この混淆はきわめて興味深いことであり、他の誰かであるというより、個人的なことです。けれども、同時にどこにも正確には適合しないということでもあります。なぜなら、私はいつもわずかであるがよそ者であるからです」。最後の分析で、彼女は適応できるということで、そこに積極性を見出している。また「私自身〝ユーラシアン〟と呼んでいます。それが最も簡単な方法であるからです。私は一つの場にだけは属さず、すべてに属しています」。

結論

少数の、それも相対的に経済的に恵まれた人たちの事例を取り上げたが、それらは肌の色、階級、教育、ジェンダー、居住地、家族の態度、政治的出来事など、いかに多くの変数が異なった配列の中で関わりあっているか、また重要な意味をもっているかを明確に示している。宗教は問題ではないようだったが、二つの事例では助けとなるものであった。

ここで述べられる物語は、人は時間とともに変化するということである。回答者たちが一〇年か一五年後、認識の仕方をどのように変化させているかを見ることは興味あることである。彼らは、みずからの出世のために、権力構造に対する従来の見方を受け入れるだろうか、さらに体制の部分となっているだろうか、考えをぶつけることが少なくなっていくだろうか。彼らはみずからが苦しんできた態度を変更しようとするだろうか。彼らやその仲間たちは、もし彼らの子どもたちが異なった肌の者と結婚を考えているとしたら、人種差別主義者になるのだろうか。子どもたちは、混じり合って生まれる伝統を恩恵だということに同意するだろうか。

問題は生じるにも関わらず、これらの回答者たちは混じり合った伝統を資産として評価している。さらに興味あることは、何人かの者は二つの伝統だけでなく、それ以上の数の資産を受け継いでいる。彼らは複数の文化をもつ人間に興味をもち、より柔軟で、他の文化により広い視野と関心をもっていると感じている。混じり合った伝統をもつことによって、文化を越える力や他者を理解したり関係をもつ力を育むことができ、第三世界の搾取された者の苦しみを重視し、人種差別への戦いに貢献する人間をつくり出す。

ここの回答者たちは、混血の人たちを重要な道徳的力をもって活動する可能性をもつ支持者と見なしているという印象を与える。異文化結婚の子どもたちは、彼らの経験の中で、すでに国籍や所属やアイデンティティなどの問題に取り組む必要があり、さらにこれらの問題により多く貢献しなければならない。

註

（1） Alibhai-Brown & Montague 1992：53-65，とくに pp. 61-5 参照。L. T. Grifford はジャマイカの妻と生活するために、イングランドよりジャマイカを選択するという同じような考えを表明している。本書第5章も参照。

（2） 人種差別への共通した述語は、「あなたは相違を告げることはできない。彼らはみな同じように見える」。

監訳者あとがき

本書は一九九八年、ベルグ社（Berg）から出版された“Cross-Cultural Marriage : Identity and Choice”（Rosemary Breger & Rosanna Hill, eds.）の全訳である。

二〇世紀末から加速しているグローバル化の波は、難民、戦争、労働移住、観光、留学、結婚など大規模な人口移動の現象を引き起こしている。このような状況は、われわれにこれまで以上に、異なった人間や文化との出会いの機会を増大させている。そのことは結婚の形態においても、いわゆる国際結婚の増加となって表われている。たとえば日本では、二〇〇〇年の婚姻件数七九万八一三八件のうち、外国人との結婚は三万六二六三件（四・五％）であった。一九七〇年には五五四六件で全体の〇・五％にすぎなかったので、この三〇年間に六・五倍増加したことになる（『朝日新聞』二〇〇〇年二月二七日）。このような国際結婚の発生頻度の増大ばかりではなく、配偶者の国籍の多様化、男女による国際結婚の形態の変化など、国際結婚のあり方も現代の状況を反映してグローバル化している（新田文輝 1995）。

日本では外国人ないし国籍の異なる者との結婚を「国際結婚」と呼んでいるが、多民族化の方向に向かいつつある状況の中で、国際結婚そのものが多義的な意味を含んでいることが判明しつつある。それゆえ、国際結婚そのものの名称や研究のあり方を再検討する時期にきているのではないかと考える。たとえば「国際結婚」を英訳するとき、これまで英語圏では intermarriage ないし mixed marriage（新田文輝 1995; Penny & Khoo 1996）があてられてきたが、今日ではcross-cultural marriageないしintercultural marriage（Ramano 1988）と表現する傾向が出てきた。それは異なった言語、宗教、民族、国家、階級、地域、人種に属する者同士の結婚を表わすのに、より適切と考えられているからである。

近年、国際結婚についての研究は、社会学、歴史学、法律学、教育学など、さまざまな学問領域から進められている。たとえば、嘉本伊都子は『国際結婚の誕生』（2001）を、竹下修子は『国際結婚の社会学』（2000）と『国際結婚の諸相』（2004）を著しているが、国際結婚に関する学術的な研究・成果はまだ多くはない。

国際結婚に関して特質すべきことは、国際結婚経験者のノンフィクションが次々に出版されていることである（吉田正紀 2003a、タンタラ京子 2004、セガラン郷子 2004ほかが学文社より刊行）。また漫画家小栗左多里の『ダーリンは外国人』1、2（2002, 2004）は、コミカルに国際結婚の家庭を漫画で描き、ベストセラーとなった。だがこれらの研究・出版の多くは、日本人の女性による「日本人と国際結婚」に焦点があてられ、国際結婚が内包する多様な文化の葛藤や軋轢や調整のプロセスが必ずしも十分に描かれているわけではない。

筆者は近年、国際結婚の研究に取り組んでいるが、国際結婚を個人や家族レベルでの異文化交流実践の場として位置づけ、そのポジティブな側面に着目してきた（吉田正紀 2001, 2003a, b）。そこでは国際結婚が、たんに国籍の異なる者同士の結婚というだけでなく、出会いの場、言語、教育、宗教、儀礼、食事、娯楽、ジェンダー、アイデンティティ、家族と親族、社会関係など、文化のさまざまな側面における交流と調整の場と考えられる。それは日常的な交流を通じて、みずからの文化の相対化と他者の文化への寛容性が生まれ、新たな思考と行動様式が育まれていく過程でもある。このような研究経験から、これまで国際結婚と呼ばれてきた呼称を、異なった文化や価値観をもった者同士の生活の営みを強調した「異文化結婚」と呼んだほうが、両者の交流のダイナミズムをより的確に表現しているのではないかと思う。

本書『異文化結婚――境界を越える試み』は一二章からなり、民族はもとより、人種、宗教、法律、家族形態、アイデンティティ、異質なよそ者の受け入れと婚出側の論理、固定観念、社会変化などのキーワードを軸に展開する。各章の要点を提示しながら、本書における、異文化結婚研究の試みを紹介しよう。

結婚が異文化間で行われることはどのようなことなのか。未婚者にとって、あるいはこれから結婚する者にとって、未知の世界である。あえて異邦人に惹かれるのは、なぜなのだろうか。家族や結婚に関する配偶者やその親戚の期待とはどのようなものなのか。彼らの期待に応えられるのか。言語によるコミュニケーションはうまくいくのだろうか。異なった社会で、自己をどのように調整・構築していくのか。自分をこれまで以上に豊かにするものなのか。さまざまな課題や難問が生じてくる。これらの課題は、異文化結婚を実践する人たちの生活やそのスタイルにさまざまな影響を与えており、本書の各章で触れられている課題でもある。

事例研究の始まる第2章のスペイン・マジョルカ島の事例では、一九世紀から現在までの島の社会経済的変化や異邦人との接触の拡大が、異邦人への魅力を生じさせ、異文化結婚に対する考え方に変化をおよぼしたことを明らかにしている。

第3章では、ある社会の中で、「誰が異文化結婚をするのか」という、配偶者を自己の集団の外に求める理由が、インタビューを通じて検討される。そこでは彼女たちには共通の性格があるのかが問われる。女性たちの多くは、これまで異なった文化に身をさらす経験が多く、一般の人より冒険的で、自由に発想し、慣習にとらわれず、情緒的に安定しているパーソナリティ特性をもつこと、さらに国際的なライフスタイルをもつことから、故国で疎外と孤立感という周縁的な感情をもつ傾向が生まれると指摘された。

第4章では、東ネパールの事例から、異なったよそ者に対する誘惑的で、空想的な固定観念が、結婚にあこがれる若い女性を、彼女たちの文化集団から引き出す要因になっていると論じている。執筆者はよそ者との結婚が、構造機能的用語でしか説明されてこなかった旧来の人類学を批判した。すなわち、これまで求愛行為（とくに若い女性）を行う者が抱く、よそ者の選択やよそ者への認識が考慮されてこなかったからである。

第5章では、ガイアナのアフリカ系とインド系の人々の異人種結婚を取り上げているが、両者の間の長い人種的対立と他者に対する固定観念（人種的偏見）が、カリブ海地域の政治・経済史と深い関わりがあることを論じている。

第6章では、ガーナ人とアフリカ系アメリカ人の結婚において、両者の文化的差異が、過度に人種的に単純化される傾向があることを指摘する。すなわち、肌の色が類似しているので、両者が類似していると見なされるというのである。実際、アフリカ系アメリカ人は、文化的にアメリカ人に近いにもかかわらず、たとえば拡大家族への関わりなどに、両者の間の期待感に、大きな文化的な相違があることが見過ごされがちであることが指摘されている。

第7章では、複数の民族・宗教集団からなるウガンダでは、複数（四つ）の婚姻形態からの選択が可能という、比較的自由な状況にある。その中で伝統的な慣習結婚は、複婚であるが、単婚と同様に法的に有効な結婚形態となっている。許容される結婚形態は国家によって規定されてはいるが、そこにはウガンダ社会の多文化的性格が反映されている。

第8章では、ドイツを事例にして、異文化結婚の規制に果たす国家の役割を考察している。国家が外国人配偶者の入国許可やビザの発給、婚姻の許可の遅延と拒否、滞在期間と就労などに制限を課しているように、ドイツでは外国人に市民権や政治的権利を与えることに慎重である。メディアもよそ者に対する否定的な言説をもっており、そこには国家へのアイデンティティや好ましい国民の定義が表出されている。

第9章は、イスラームと異文化結婚を事例に、異文化結婚を強固なものとする宗教の役割について論じている。サウジアラビアの花嫁側にとっての理想的な結婚は、配偶者の個人的な属性や社会的業績よりも、花嫁の集団（リネージ）の社会的地位や血のつながりを重視したものである。しかしながら、共通の信仰によって結ばれたカップルが、互いの文化から慣習や儀礼を選択的に取り入れ、ミクロ・アイデンティティなるものを構築し、独自の生活スタイルをつくり出した事例を提供している。

第10章は、インド人と結婚したイギリス人と北アメリカ人女性の事例であり、彼女たちが婚入した父系的な合同家族の生活が分析された。そこでは、伝統的な家族システムが彼女たちの生活を大きく制約していることが明らかにされる。ヒンドゥー家族では、会話、食事、空間利用、プライバシー、家族内の地位と権力、役割期待、夫への態度など、あらゆる面で、婚入した外国人女性の生き方と軋轢を起こす。少なくとも夫と相談したかった領域においても、彼女たちは何もなしえなかったし、姑が私的な領域まで介入することによそ者である嫁は無力であり、長い間異議や不満を述べることができない状態が続いていたことが報告されている。

第11章は、日本人とデンマーク人の間のジェンダーについての異なった考え方や夫と妻の役割期待についての認識のあり方が対比される。二つの文化出身者がいかにジェンダーアイデンティティを調整しているか、より広い社会的、経済的環境が、ジェンダーの役割の適応性に強い影響を与えていることがうかがえる。デンマークでは、現在ジェンダーアイデンティティを反映して、家事労働と雇用を男女平等で担うという傾向がある。それに対して、日本では女性と家事労働との間に密接な結び付きがある。一方、男性には一家の扶養者としての役割がある。そのうえ、デンマークで日本男性が不利な雇用条件のため、仕事に就けないとき、デンマーク人の妻が仕事をすることになるが、そのことは扶養者としての日本人男性のジェンダーアイデンティティを危機的なものとする。反対に日本にいるデンマーク人女性が仕事に就けないとき、彼女たちもアイデンティティ・クライシスに直面することになる。

第12章では、異文化結婚によって生まれた子どもたちのアイデンティティの多様性とその選択に焦点があてられる。アイデンティティが複数あるような子どもたちにとって、その選択には個人的な葛藤があるばかりでなく、彼らが生活する社会からあからさまな差別を受けることがある。夫婦とその子どもたちは、双方の集団から侮辱され、苦しめられ、文化や人種を裏切った者と責められることがある。しかしながら、ライフサイクルの進展にともない、社会的、経済的、政治的コンテクストが変化するにつれ、二つの文化の選択は、困難なものではなくなり、それぞれの集団所属の感情が変化していく。民族的、個人的アイデンティティのあり方は、そのような変化の過程で解明することが有益であると示唆している。

以上、各章の主要な論点を簡単に整理したが、本書をContemporary Psychology（1999）で書評したランディ・ラーソンらは（Larsen, R. L. & Z. P. Larsen 1999）、そのタイトルを「人と結婚することは文化と結婚することである」としたように、本書は異文化結婚に生きる男女が、構造的な文化の境界（言語、宗教、民族、政治、階層、法律など）をいかに越えるのかという、その困難な試みに挑戦している様相を提示している。

また各章の執筆者のほとんどが異文化結婚経験者という個人的経験をふまえ、それぞれの異文化結婚が直面するさまざまな制約との関係に特別な関心が注がれている。すなわち、配偶者選択における社会的制約、国家や法的制約、異なる他者への固定観念、個人と拡大家族や親族との軋轢、アイデンティティのあり方など、異文化結婚の成立と継続に与える文化的、政治的、法的要因が個別の事例から検討されている。

本書のもつ記述的な事例研究的方法は、異文化結婚について生き生きとした日常的現実を描き出している。とくに結婚の中に生じる微細な文化的相違が、二人の関係に誤解や対立をもたらすかもしれないことをあげている。たとえば食事に関して、ある文化では男にまず食事が出され、女性より前に食べはじめる。異なった文化から来た男性は、妻が食べはじめるまで食事に手を出さず、礼儀正しく待つかもしれない。そのとき、妻は夫が食事に不満をもっているのではないかと疑うかもしれない。一つの文化におけるていねいな振る舞いが、他の文化では不満の標識となるように、文化の異なるよそ者との結婚はまさに文化と結婚することであることを実感させる。彼らにとって、結婚生活において出会う会話のニュアンス、夫婦のプライバシー、拡大家族との付き合い、伝統的な衣服の着用、寝室や空間の利用、上品さ、夫と妻の役割、注目のされ方、適切な結婚の定義などの問題を了解し合いながら、互いに自己と他者の文化の境界を越えようと努力しなければならない様相が明らかになっていく。

このようにみると本書は、異文化結婚のもつ困難さに焦点をあてすぎているかもしれない。私の異文化結婚の研究がその肯定的な側面を重視するのと対照的である。だが異文化結婚カップルとその子どもたちは、単一の文化に生きる人たちよりも、さまざまな文化の側面に直面する過程で、むしろ幅広い選択が可能である。たとえば、ジェンダーの役割、家族の関係、言語の使用、育児行為、食事のあり方などの領域で複数の選択肢がある。保持したい文化を意識して選択することも可能である。このような家族に生まれた子どもたちも、時には差別などの困難な状況に置かれることはあるが、アイデンティティを選択・変更したり、あるいは双方のアイデンティティをもちつづけることで、単一の文化からなる家庭では見られない可能性を利点としてとらえることができる。

一般に異文化結婚研究は、肯定的あるいは否定的側面を重視したものに分かれてしまいがちである。また女性に焦点をあてた異文化結婚研究が多い傾向がある。今後の研究は男性にも焦点をあてた、あるいは夫婦双方を対象としたような、[1]バランスのとれた異文化結婚研究が望まれる。しかしながら、本書のように多くの文化を対象にした、多様な異文化結婚のあり方を追求した人類学的研究はこれまでなかった。その意味で本書の翻訳出版は、今後の異文化結婚研究ないし異文化交流研究に大きな刺激となるに違いない。グローバル化時代に生きる異文化結婚やその家族のあり方から、文化の調整のあり方や異文化をより広い視野で見る視点を学ぶことも可能になるかもしれない。

(1) フセイン栄子ほか『アジアン・パートナー』(スリーエフネットワーク、1997) では、三組の異文化結婚家族が取り上げられ、夫と妻の双方が、みずからの結婚について語っている。

追記　第9章の翻訳にあたり、イスラーム関係の用語について、日本大学国際関係学部助手の椿昌宏氏に懇切なご教示を賜ったことに感謝したい。また、第5章翻訳にあたり、執筆者の柴田佳子教授にもご協力いただいた。

参考文献

小栗左多里『ダーリンは外国人』1　メディアファクトリー　二〇〇二年
同　右『ダーリンは外国人』2　メディアファクトリー　二〇〇四年
セガラン郷子『ダーリンは、シンガポール人』　三修社　二〇〇四年
竹下修子『国際結婚の社会学』　学文社　二〇〇〇年
同　右『国際結婚の諸相』　学文社　二〇〇四年
タンタラ京子『ダーリンは、タイ人』　三修社　二〇〇四年
新田文輝「最近の日本における国際結婚―接近と交換の理論を中心とした試論」『吉備国際大学社会学部研究紀要』五：九五―一〇九　一九九五年
Penny, Janet & Siew-Ean Khoo, *Intermarriage : A Study of Migration and Integration*. Australian Government Publishing Service, Canbera 1996
Ramano, Dugan, *Inter-Cultural Marriage : Promises & Pitfalls*. Intercultural Press, Inc. Yarmouth, USA. 1988
Larsen, Randy J. & Zvjezdana, Prizmic-Larsen "Marrying a Culture When You Marry a Person", Review of *Cross-Cultural Marriage : Identity and Choice*, by Rosemary Breger & Rosanna Hill (eds.) Berg. 1998, *Contemporay Psychology* 44(6) : 538-540, 1999
吉田正紀「国際結婚にみる異文化の交流と実践（1）―インドネシアに嫁いだ日本女性の事例から」『国際関係研究』日本大学国際関係学部・国際関係研究所　二二（一）：一三七―一六三　二〇〇一年

同　右「国際結婚と異文化の交流―在日インドネシア人女性とその家族の事例から」『国際関係研究』二三（四）：一一七―一三七　二〇〇三a年
同　右「国際結婚にみる異文化の交流と実践（2）―三島市に生きるフィリピン家族の事例から」秋山正幸編著『知の新視界―脱領域的アプローチ』南雲堂　四九一―五二一　二〇〇三b年
嘉本伊都子『国際結婚の誕生』新曜社　二〇〇一年

執筆者紹介

(著者の略歴は，柴田佳子以外は出版当時のままである)

ローズマリー・ブレーガー　Rosemary Breger（第1章，第8章）

ジンバブエ生まれ．南アフリカ，ドイツ，イギリスで生活経験がある．ナンビア育ちのドイツ人男性と結婚．オックスフォード大学のクイーンエリザベスハウス女性文化研究所研究員．ドイツの日本人に関するマスコミ言説やデュッセルドルフの日本人社会を研究中．

ロザンナ・ヒル　Rosanna Hill（第1章，第3章）

ロンドン大学で人類学を学ぶ．オックスフォードでフリーランス研究者およびコミュニティ・カレッジ講師．結婚と家族に関心をもつ．

ジャッキー・ウォルドレン　Jackie Waldren（第2章）

オックスフォード大学およびオックスフォードブルックス大学の社会人類学の非常勤講師および女性文化研究センター研究員．カリフォルニア大学バークリー校およびオックスフォード大学で博士号を取得．現在の研究課題は，スペイン語圏におけるジェンダーや性への観光や開発の影響についてである．Insiders and Outsiders：Paradise and Reality in Mallorca (1996), Tourists and Tourism：Identifying with People and Places（共編 1997), Anthropological Perspectives on Development（共編 1998)．彼女はオックスフォード大学での教鞭のほか，30年以上も住むマジョルカのデイア考古学博物館と研究センターの管理を任されている．5人の娘のうち3人はスペイン人と結婚している．

ジェーン・カティブ-チャヒディ　Jane Khatib-Chahidi（第3章）

オックスフォード在住．社会人類学者，フリーランスライター．イラン人と結婚し，イランに数年間居住する．イランとイスラームに関する論文が複数ある．現在は北キプロスのトルコ人女性の研究を行う．

リニー・パットン　Renée Paton（第3章）

ニューヨークで生まれ育つ．ニューヨーク市立大学で心理学を学び（学士），同大学の臨床心理学で修士号を取得．さらに攻撃と空想に関する研究で博士号を取得する．これまでイギリス，アメリカ，イスラエルで青少年に対する臨床心理学者として活躍する．その後，オックスフォード・ポリテクニック，さらに現在ではオックスフォードブルックス大学の社会心理学専任講師．彼女の家族は3世代にわたり，異文化結婚をしている．

タマラ・コーン　Tamara Kohn（第4章）
ダーハム大学人類学講師．シカゴとサンフランシスコで育ち，カリフォルニア大学バークリー校，ペンシルバニア大学およびロンドン大学で人類学を研究する．スコットランド西方のヘブリディース諸島，東ネパール，東北イングランドでフィールド調査を実施する．研究テーマは移住者の経験，異文化結婚，観光，アイデンティティの形成などである．異文化結婚をしている．Social Experience and Anthropological Knowledge, (eds.) by K. Hastrup and P. Hervik, London：Routledge 1994 所収の論文がある．

柴田佳子　しばた・よしこ（第5章）
神戸大学国際文化学部・総合人間科学科教授．東京大学大学院社会学研究科文化人類学専攻単位取得退学．国際学修士．ラテンアメリカやカリブ文化について教える．カリブ地域やラテンアメリカなど広く海外でのフィールドワークを行う．ジャマイカの西インド大学に2年間留学．その後オックスフォード大学の社会文化人類学研究所やマールウィック大学で客員研究員を務める．著書 Rastafarian Music in Contemporary Jamaica：A Study of Socioreligious Music of the Rastafarian Movement in Jamaica（東京外国語大学 AA 研 1984），論文 “Intermarriage, ‘Douglas’. Creolization of Indians in Contemporary Guyana：the Rocky Road of Ambiguity and Ambivalence.” In Hase, Y., Miyake, H., & Oshikawa F. (eds.), South Asian Migration In Comparative Perspective：Movement, Settlement and Diaspora, JCAS Symposium Series 13：国立民族学博物館 2002 ほか

イヴェティ・アレックス-アセンソー　Yvette Alex-Assensoh（第6章）
アメリカ人政治学者．オハイオ州立大学政治学部で Ph. D を取得．インディアナ大学政治学部助教授．Journal of Third World Studies や Urban Affairs Review などに論文を多数執筆．

A・B・アセンソー　A. B. Assensoh（第6章）
ガーナ生まれ．ニューヨーク大学の歴史学部で Ph. D を取得．インディアナ大学のアフロ・アメリカン研究学部で準教授．アフリカ史や黒人政治学の分野での著作あり．Journal of Third World Studies の編集に長らく携わる．

サンユ・セマフム　Sanyu Semafumu（第7章）
コンヴェントリ大学法学部専任講師．ウガンダで教育を受け，マケレレ大学で教鞭をとる．また民間女性の地位向上の手段として，法的支援や法的教育にたいへん関心をもちつつ弁護士を務める．主たる研究関心は，法律，ジェンダー，開発，差別，法へのアクセスの相違などにある．2児の母．夫がグアテマラ中南部の都市アンティグア出身であり，異文化結婚経験者である．

マイ・ヤマニ　Mai Yamani（第9章）

カイロ生まれのサウジアラビア人．現在ロンドンにある王立国際問題研究所，中東プログラムの準研究員．アメリカを含むいくつかの国に住み，学んできた．最初の学位は，アメリカにおいて社会人類学を，その後オックスフォード大学で同じ領域で，修士と博士の学位を取得する．ジェッダにあるキング・アブドル・アジズ大学で講義をもったほか，ワシントンのジョージタウン大学現代アラブ研究センターのアカデミック・アドバイザーを務めた．彼女の研究関心は，アラブ諸国，とりわけ湾岸諸国の社会と文化と人権の問題および女性とイスラームにある．業績には彼女が編集した Feminism and Islam : Legal and Literacy Perspectives があるほか，アラブ系の新聞への社会事情に関する記事を執筆している．

メアリー・シッソン・ジョシ　Mary Sissons Joshi（第10章）

オーストラリア人の両親の下，1945年ロンドンで生まれる．シェフィールド大学（学士）とオックスフォード大学（博士）で心理学を学ぶ．その後，ケンブリッジ大学の政治学部，サッセクス大学アジアアフリカ研究で教鞭をとる．1976年以降，毎年ブリティッシュカウンシル支援のプログラムによる講義でインドを訪問．1983―84年，ヌフィールド財団の支援で，ヒンドゥー教徒の糖尿病患者の病気観念について研究する．2年間のオックスフォードシャーの社会サービスの研究員を務めたあと，オックスフォードブルックス大学で心理学の専任講師となる．専門は異文化心理学と危機意識と予防医学である．

ミーナ・クリシュナ　Meena Krishna（第10章）

1950年生まれ．インドの拡大家族の中で育てられる．オックスフォードで数学の修士号を，イェール大学で哲学の博士号を取得．1976年，息子の誕生とともにインドに戻る．Agfa Gevaert India, Ltd. の専務であり，Omni Management Consultancy の役員を務める．ボンベイの Mobile Creches の経営委員会のメンバーでもある．現在ボンベイとロンドンで経営コンサルタントの業務に従事．

クリステン・レフシン　Kirsten Refsing（第11章）

1948年，デンマーク生まれ．コペンハーゲン大学の日本学で博士号取得．その後デンマークや日本の大学で教鞭をとる．現在香港大学の教授．さらにデンマーク国立博物館の専任コンサルタントも務めている．学位論文であるアイヌの言語についての出版のほか，日本人とアイヌの文化と言語についての論文が多数ある．最近，The Ainu Library : Early European Writings on the Ainu Language を編集する．日本人男性と結婚して12年になる．

アンドリュー・マックスウェル　Audrey Maxwell（第12章）

1934年，スリランカ生まれ．両親も異文化結婚．父はバルバドス出身で，アフリカ系カリブ人とウェールズ人の混合した祖先をもつ．母もオランダ人とポルトガル系のシンハラ人

ハーフである．セイロン大学を卒業した後，イギリスに渡り，ロンドンの学校で教師を務める．その後，ロンドンのユニバーシティカレッジやサセックス大学で学び，人類学の博士課程に在籍．その後，コミュニティティ開発などの研究者やボランティア活動に従事する．

訳者紹介

吉田正紀（監訳，第1章，第3章，第6—7章，第9章，第11—12章，監訳者あとがき）
立教大学経済学部卒業，イリノイ大学（ウルバナ・シャンペーン）で人類学部大学院修了(Ph. D)
現在，日本大学国際関係学部教授
研究分野：医療人類学，民族関係，異文化結婚，食文化，東南アジア社会
著　書　『民俗医療の人類学—東南アジアの医療システム』（古今書院），『食と健康の文化人類学』（共著，学術図書出版社）ほか
訳　書　『千年王国と未開社会』（紀伊國屋書店）ほか

福井千鶴（第2章）
立教大学社会学部卒業，日本大学大学院国際関係研究科博士前期課程修了
現在，日本大学国際関係学部助教授
研究分野：ラテンアメリカ社会，社会学
論　文　「ネットワーク時代におけるラテンアメリカ社会の貧困の諸相に関する一考察」『日本大学国際関係学部研究年報』25，「ポータル手法を用いたコミュニティー形成の一考察」『地域政策研究』6-3，「南米移民と日系社会」『地域政策論集』5-3

山本勇次（第4章）
京都大学農学部農林経済学科卒業，イリノイ大学人類学部大学院修了（Ph. D)
現在，大阪国際大学法政経学部教授
研究分野：ネパールの都市人類学，カースト変容論
論　文　「中産階層の『競争のエートス』の未成熟と貧困層の拡大」（江口信清編著『貧困文化の再考』有斐閣），「ネパールの民主化運動と都市スラムの形成」（藤巻正巳編著『生活世界としての「スラム」』古今書院），「ヒンドゥー教と共産主義のイデオロギー葛藤」（『立命館大学人文科学研究所紀要』83)

山田裕康（第5章）
関西学院大学大学院文学修士
現在，大阪経済大学人間科学部教授

研究分野：アメリカ研究，黒人文化
著　書　『アメリカ文学とニューオリンズ』（共著，世界思想社），『アメリカ文化を学ぶ人のために』（共著，世界思想社）
訳　書　『ラスタファリアンズ』（平凡社）ほか

山田香織（第8章）
日本大学大学院国際関係研究科博士前期課程修了
現在，総合研究大学院大学文化科学研究科博士後期課程在学中
研究分野：文化人類学，南ドイツにおけるアソシエーション
論　文　「マイバウム―ドイツ・オーバーバイエルン地方における樹木儀礼の過程について」『日本大学国際関係研究科大学院論集』12
訳　書　「日本における任意団体」（中牧弘充，ミチェル・セルゥック編『日本の組織：社縁文化とインフォーマル活動』東方出版）

渡辺武一郎（第10章）
日本大学国際関係学部国際文化学科卒業，ニューヨーク州立大学ストニーブルック校大学院人類学部博士課程修了（Ph. D）
現在，日本大学国際関係学部助教授
論　文　“The Veneration of Kukai and Shingon Bodily Enlightenment”『国際関係学部研究年報』24, “Primacy of Practice in Shingon Buddhism at Mt. Koya：Four Rituals and Three Bodies”, in Globalization Reux：New Name, Same Game. Eds. by Tom Conner & Ikuko Torimoto, University of Press of America

参考文献

（＊印は後出「邦訳主要文献一覧」に邦訳文献記載）

◉第 1 章

Abbott, P. and Wallace, C. (1990), *An Introduction to Sociology. Feminist Perspectives*, London: Routledge.

Abdulrahim, D. (1993), 'Defining Gender in a Second Exile: Palestinian Women in West Berlin', in G. Buijs (ed.), *Migrant Women: Crossing Boundaries and Changing Identities*, Berg: Oxford.

Aldrich, H., Cater, J., Jones, T., McEvoy, D. and Velleman, P. (1985), 'Ethnic Residential Concentration and the Protected Market Hypothesis', in *Social Forces*, 63, no.4, pp.996–1009.

Alibhai-Brown, Y. and Montague, A. (1992), *The Colour of Love. Mixed Race Relationships*, London: Virago Press.

Archer, M. (1986), 'The Myth of Cultural Integration', *Br. J. Sociology*, 37, no.3, pp.333–53.

Ardener, S. (ed.) (1975, 1977), *Perceiving Women*, London: Dent.

Bachu, P. (1993), 'Identities Constructed and Reconstructed: Representations of Asian Women in Britain', in G. Buijs (ed.), *Migrant Women. Crossing Boundaries and Changing Identities*, Oxford: Berg.

Barbara, A. (1989), *Marriage across Frontiers*, transl. D. Kennard, Clevedon: Multilingual Matters.

＊Barth, F. (ed.) (1969), *Ethnic Groups and Boundaries. The Social Organisation of Culture Difference*, Bergen: Universitetsforlaget.

Benson, S. (1981), *Ambiguous Ethnicity: Interracial Families in London*, Cambridge: Cambridge University Press.

Bonacich, E. and Modell, J. (1980), *The Economic Basis of Ethnic Solidarity. Small Businesses in the Japanese-American Community*, Berkeley: University of California Press.

Bott, E. (1971), *Family and Social Network*, London: Tavistock.

Brah, A. (1996), 'Thinking through Gendered Diasporas', paper presented at the workshop 'Gender, Diasporas and Changing Societies: A Workshop', convened by the Centre for Cross-Cultural Research on Women (University of Oxford) and the Centre for Research in Ethnic Relations (Warwick University), held at Queen Elizabeth House, University of Oxford, 30 November 1996.

Breger, R. (1990), *Myth and Stereotype. Images of Japan in the German Press and in Japanese Self-Presentation*, Frankfurt: Peter Lang.

——, (1992), 'The Discourse on Japan in the German Press: Images of Economic

Competition', in R. Goodman and K. Refsing (eds), *Ideology and Practice in Modern Japan*, London: Routledge.
Buijs, G. (ed.) (1993), *Migrant Women. Crossing Boundaries and Changing Identities*, Oxford: Berg.
Burton, P. (1994), 'Women and Second-Language Use: An Introduction', in P. Burton et al. (eds), *Bilingual Women. Anthropological Approaches to Second Language Use*, Oxford: Berg.
——, Dyson, K. and Ardener, S. (eds) (1994), *Bilingual Women. Anthropological Approaches to Second Language Use*, Oxford: Berg.
Cerroni-Long, E.L. (1984), 'Marrying Out: Socio-Cultural and Psychological Implications of Intermarriage', in *Journal of Comparative Family Studies*, XVI, no.1, pp.25–46.
Cohen, A. (1974), *Urban Ethnicity*, ASA, 12, London: Tavistock.
Cohen, R. (1993), 'International Labour Migration in the Post-War Period – "Now you need them, now you don't"', in M. O'Donnell (ed.), *New Introductory Reader in Sociology*, Nelson: Walton on Thames.
Cottrell, A. Baker (1990), 'Cross-National Marriages: A Review of the Literature', *Journal of Comparative Family Studies*, XXI, no.2, pp.151–69.
Dale, P. (1988, 1986), *The Myth of Japanese Uniqueness*, London: Routledge.
Donnan, H. (1990), 'Mixed Marriage in Comparative Perspective: Gender and Power in Northern Ireland and Pakistan', *Journal of Comparative Family Studies*, XXI, no.2, pp.207–26.
* Dower, J. (1986), *War Without Mercy. Race and Power in the Pacific War*, London: Faber and Faber.
Dudley, E. and Novak, M. (eds) (1972), *The Wild Man Within. An Image in Western Thought from the Renaissance to Romanticism*, Pittsburgh: University of Pittsburgh Press.
Essed, P. (1995), 'Gender, Migration and Cross-Ethnic Coalition Building', in H. Lutz et al. (eds), *Crossfires: Nationalism, Racism and Gender in Europe*, London: Pluto.
* Evans-Pritchard, E.E. (1951), *Kinship and Marriage amongst the Nuer*, Oxford: Clarendon Press.
* Foucault, M. (1974, 1969), *The Archaeology of Knowledge*, London: Tavistock.
* Fox, R. (1967), *Kinship and Marriage*, Harmondsworth: Penguin.
Friedan, B. (1963), *The Feminine Mystique*, Harmondsworth: Penguin.
Garcia, S. (1992), 'Europe's Fragmented Identities and the Frontiers of Citizenship', London: Royal Institute of International Affairs, Discussion Papers, no.45.
Goode, W.J. (1963), *World Revolution and Family Patterns*, New York: Free Press.
Goody, J. (ed.) (1971), *Kinship. Selected Readings*, Harmondsworth: Penguin.
* Gordon, M. (1964), *Assimilation in American Life. The Role of Race, Religion, and National Origins*, New York: Oxford University Press.
Hardach-Pincke, I. (1988), *Interkulturelle Lebenswelten. Deutsch-Japanische Ehen in Japan*,

590, Frankfurt: Campus Forschung.
Harrison, M.L. (1991), 'Citizenship, Consumption and Rights: A Comment on B.S. Turner's Theory of Citizenship', in *Sociology*, 25, no. 2, pp.209–13.
Hitchcox, L. (1993), 'Vietnamese Refugees in Hong Kong: Behaviour and Control' in G. Buijs (ed.), *Migrant Women. Crossing Boundaries and Changing Identities*, Oxford: Berg.
* Hobsbawm, E. and Ranger, T. (eds) (1983), *The Invention of Tradition*, Cambridge: Cambridge University Press.
Humphrey, C. (1978), 'Women, Taboo and the Suppression of Attention', in S. Ardener (ed.), *Defining Females*, London: Croom Helm.
Imamura, A. (1990), 'Strangers in a Strange Land: Coping with Marginality in International Marriage', *Journal of Comparative Family Studies*, XXI, no.2, pp.171–91.
Johnson, W. and Warren, M. (eds) (1994), *Inside the Mixed Marriage. Accounts of Changing Attitudes, Patterns, and Perceptions of Cross-Cultural and Interracial Marriages*, Lanham: University Press of America.
Judd, E. (1990), 'Intermarriage and the Maintenance of Inter-Ethnic Identity', *Journal of Comparative Family Studies*, XXI, no.2, pp.251–68.
Kalmijn, M. (1991), 'Shifting Boundaries: Trends in Religious and Educational Homogamy', *American Sociological Revue*, 56, pp.786–800.
Kennedy, R.J.R. (1944), 'Single or Triple Melting Pot? Intermarriage Trends in New Haven, 1870–1940', *American Journal of Sociology*, 49, pp.331–9.
——, (1952), 'Single or Triple Melting Pot? Intermarriage in New Haven, 1870–1950', *American Journal of Sociology*, 58, pp.56–9.
Lal, B. (1986), 'The "Chicago School" of American Sociology, Symbolic Interactionism and Race Relations Theory', in J. Rex and D. Mason (eds), *Theories of Race and Ethnic Relations*, Cambridge: Cambridge University Press.
Larson, L. and Munro, B. (1990), 'Religious Intermarriage in Canada in the 1980s', *Journal of Comparative Family Studies*, XXI, no.2, pp.239–50.
Laslett, P. (ed.) (1972), *Household and Family in Past Time*, Cambridge Group for the History of Population and Social Structure, Cambridge: Cambridge University Press.
* Leach, E. (1982), *Social Anthropology*, New York: Oxford University Press.
Lee, S. and Yamanaka, K. (1990), 'Patterns of Asian American Intermarriage and Marital Assimilation', *Journal of Comparative Family Studies*, XXI, no.2, pp.287–305.
Lee Sung, B. (1990), 'Chinese American Intermarriage', *Journal of Comparative Family Studies*, XXI, no.3, pp.337–52.
* Lévi-Strauss, C. (1966), *The Elementary Structures of Kinship*, Boston: Eyre and Spotiswood.
Leyser, H. (1996), *Medieval Women: A Social History of Women in England 450–1500*, London: Orion.
Lutz, H., Phoenix, A. and Yuval-Davis, N. (eds) (1995), *Crossfires: Nationalism, Racism*

and Gender in Europe, London: Pluto Press.
MacDonald, M. (1994), 'Women and Linguistic Innovation in Brittany', in P. Burton, K.K. Dyson and S. Ardener (eds) (1994), *Bilingual Women. Anthropological Approaches to Second Language Use*, Oxford: Berg.
* Malinowski, B. (1927), *Sex and Repression in Savage Society*, London: Routledge and Kegan Paul.
Marshall, T.H. (1963), *Sociology at the Crossroads*, London: Heinemann Educational Books.
Merton, R. (1941), 'Intermarriage and the Social Structure', *Psychiatry*, no.4, pp.361–74.
Miller, R. (1982), *Japan's Modern Myth: The Language and Beyond*,New York: Weatherhill.
Mouer, R. and Sugimoto, Y. (1986), *Images of Japanese Society. A Study in the Social Construction of Reality*, London: KPI.
Muhsam, H. (1990), 'Social Distance and Asymmetry in Intermarriage Patterns', *Journal of Comparative Family Studies*, XXI, no.3, pp.307–24.
* Needham, R. (1962), *Structure and Sentiment*, Chicago: University of Chicago Press.
Oakley, A. (1974), *Housewife*, London: Allen Lane.
Park, R. (1950), *The Collected Papers of Robert Ezra Park*, Free Press: New York.
Price, C. (1969), 'The Study of Assimilation', in J.A. Jackson (ed.), *Migration*, Sociological Studies II, Cambridge: Cambridge University Press.
* Radcliffe-Brown, A.R. (1969, 1952), *Structure and Function in Primitive Society*, London: Cohen and West.
Rex, J. and Mason, D. (eds) (1986), *Theories of Race and Ethnic Relations*, Comparative Ethnic and Race Relations, Cambridge: Cambridge University Press.
Romano, D. (1988), *Intercultural Marriage, Promises and Pitfalls*, Yarmouth: Intercultural Press.
* Said, E. (1978), *Orientalism*, London: Routledge and Kegan Paul.
Speight, S., Myers, L., Cox, C. and Highlen, P. (1991), 'A Redefinition of Multicultural Counselling', in *Journal of Counselling and Development*, 70, pp.8–16.
Spickard, P. (1989), *Mixed Blood. Intermarriage and Ethnic Identity in Twentieth-Century America*, Madison: University of Wisconsin Press.
Spiering, M. (1996), 'National Identity and European Unity', in M. Wintle (ed.), *Culture and Identity in Europe*, Perspectives on Europe, Contemporary Interdisciplinary Research, Aldershot: Avebury.
Steadman, J. (1969), *The Myth of Asia*, New York: MacMillan.
Tannen, D. (1986), *That's not what I Meant*, New York: Ballantine.
Thorne, B. (1982), 'Feminist Rethinking of the Family: An Overview', in B. Thorne and M. Yalom (eds), *Rethinking the Family: Some Feminist Questions*, New York: Longman.
Thränhardt, D. (1985), 'mythos des fremden – deutsche angst und deutsche lust', *kultuRRevolution*, 10, pp.35–8.

Turner, B. (1990), 'Outline of a Theory of Citizenship', *Sociology*, 24, no.2, pp.189–217.
——, (1991), 'Further Specification of the Citizenship Concept: A Reply to M.L. Harrison', *Sociology*, 25, no.2, pp.215–18.
Walby, S. (1986), 'Gender, Class and Stratification. Towards a New Approach', in R. Crompton and M. Mann (eds), *Gender and Stratification*, Cambridge: Polity Press.
——, (1994), 'Is Citizenship Gendered?', *Sociology*, 28, pp.379–95.
Ward, A., Gregory, J., and Yuval-Davis, N. (eds) (1992), *Women and Citizenship in Europe. Borders, Rights and Duties*, European Forum of Socialist Feminists, London: Trentham Books and EFSF.
Watson, J. (1977), *Between two Cultures*, Oxford: Blackwell.
Wolf-Almanasreh, R. (1991), *Mein Partner oder Partnerin kommt aus einem anderen Land. Inter-kulturelle Ehen, Familien und Partnerschaften. Ein Wegweiser für die Selbsthilfe*, 2nd ed., IAF, Verband bi-nationaler Familien und Partnerschaften, Frankfurt: Interessengemeinschaften der mit Ausländer verheirateten Frauen e.V.
Young, M. and Willmott, P. (1962, 1957), *Family and Kinship in East London*, Harmondsworth: Penguin.
——, (1975, 1973), *The Symmetrical Family*, Harmondsworth: Penguin.

◉第２章

Abram, S., Waldren, J. and Macleod, D. (eds) (1997), *Tourists and Tourism: Identifying with People and Places*. Oxford: Berg Publishers.
Alvarez, J. (1995), 'Rural and Urban Popular Cultures', in H. Graham and J. Labanyi (eds), *Spanish Cultural Studies*, Oxford: Oxford University Press.
Bestard, J. (1991), *What's in a Relative?*, Oxford: Berg Publishers.
Cleminson, R. (1995), 'Politics of Spanish Anarchism', in H. Graham and J. Labanyi (eds), *Spanish Cultural Studies*, Oxford: Oxford University Press.
Cohen, A. (ed.), (1982), *Belonging: Identity and Social Organisation in British Rural Culture*, Manchester: Manchester University Press.
Janer, G. (1980), *Sexe i Cultura a Mallorca: El Cançoner*, Mallorca: Editorial Moll.
Radhakrishnan, R. (1992), 'Nationalism, Gender and the Narrative of Identity', in A. Parker, M. Russo, D. Sommer, and P. Yaeger (eds), *Nationalisms and Sexualities*, London: Routledge.
* Simmel, G. (1953), *Conflict in Modern Culture and Other Essays*, New York: Free Press.
Waldren, J. (1988), 'House Names as Metaphors for Social Relations', in *Oxford Journal of Social Anthropology (JASO)*, 19, no.2, pp.166–9.
——, (1996), *Insiders and Outsiders: Paradise and Reality in Mallorca*, Oxford: Berghahn Books.
Zonabend, F. (1984), *The Enduring Memory: Time and History in a French Village*, Manchester: Manchester University Press.

◉第３章

Adams, B.N. (1979), 'Mate Selection in the US: A Theoretical Summarization', in W.R. Burr, R. Hill, F.I. Nye and I.L. Reiss (eds), *Contemporary Theories about the Family: Research Based Theories*, Vol. 1, New York and London: The Free Press.

Anastasi, A. and Urbina, S. (1997), *Psychological Testing*, Upper Saddle River, New Jersey: Prentice Hall.

Atwood, J. (1993), 'The Mating Game: What We Know and What We Don't Know', *Journal of Couples Therapy*, 4, 1/2, pp.61–87.

Blau, P. (1977), *Inequality and Heterogeneity*, New York: Free Press. (Reprinted 1988)

Buss, D.M. (1994), 'The Strategies of Human Mating', *American Scientist*, 82, May–June, pp.238–47.

Cottrell, A.B. (1973), 'Cross-National Marriage as an Extension of an International Life Style: A Study of Indian-Western Couples', *Journal of Marriage and the Family*, 35, (4), pp.739–41.

——, (1990), 'Cross-National Marriages: a Review of the Literature', *Journal of Comparative Family Studies*, XXI, no.2, pp.151–69.

Dickie-Clark, H.F. (1966), *The Marginal Situation*, London: Routledge & Kegan Paul.

Imamura, A.E. (1986), 'Ordinary Couples? Mate Selection in International Marriage in Nigeria', *Journal of Comparative Family Studies*, XVII. no.1, pp.33–42.

——, (1990), 'Strangers in a Strange Land', *Journal of Comparative Family Studies*, XXI, no.2, pp.171–91.

Johnston, R. (1976), 'The Concept of the "Marginal Man": a Refinement of the Term', *Australia and New Zealand Journal of Sociology*, 12, 2, pp.145–7.

Kerckhoff, A.C. and Davis, K.E. (1962), 'Value Consensus and Need Complementarity in Mate Selection', *American Sociological Review*, 27, pp.295–303.

Kuo, E.C.Y. and Hassan, R. (1976), 'Some Social Concomitants of Interethnic Marriage in Singapore', *Journal of Marriage and the Family*, 38, 3, p.558.

Lee Sung, B. (1990), 'Chinese American Intermarriage', *Journal of Comparative Family Studies*, XXI, 3, pp.337–52.

Lykken, D.T. and Tellegen, A. (1993), 'Is Human Mating Adventitious or the Result of Lawful Choice?', *Journal of Personality and Social Psychology*, 65, 1, pp.56–68.

Park, R. (1928), 'Human Migration and the Marginal Man', *American Journal of Sociology*, 33, 6, May, pp.881–93.

Resnik, R.B. (1933), 'Some Sociological Aspects of Intermarriage of Jews and non-Jews', *Social Forces*, 12, pp.94–102.

Romano, D. (1988), *Intercultural Marriage: Promises and Pitfalls*, Yarmouth, Maine: Intercultural Press.

Rubin, Z. (1970), Measurement of Romantic Love, *Journal of Personality and Social Psychology*, 27, pp.295–303.

——, (1973) *Liking and Loving: An Invitation to Social Psychology*, New York: Holt, Rinehart and Winston.

Spickard, P.R. (1989), *Mixed Blood: Intermarriage and Ethnic Identity in Twentieth Century America*, Madison, Wisconsin: University of Wisconsin Press.

Spitzer, L. (1989), *Lives in Between: Assimilation and Marginality in Austria, Brazil, West Africa 1780–1945*, Cambridge: Cambridge University Press.

Stonequist, E.V. (1937), *The Marginal Man*, New York: Scribner.

Surra, C.A. (1990), 'Research and Theory on Mate Selection and Premarital Relationships in the 1980s', *Journal of Marriage and the Family*, 52, pp.844–65.

Whyte, M.K. (1990), *Dating, Mating and Marriage*, New York: Aldine de Gruyter.

◉第４章

Baudrillard, J. (1990, 1979), *Seduction*, London: Macmillan.

Bennett, L. (1983), *Dangerous Wives and Sacred Sisters: Social and Symbolic Roles of High-Caste Women in Nepal*, New York: Columbia University Press.

Benson, S. (1981), *Ambiguous Ethnicity: Interracial Families in London*, Cambridge: Cambridge University Press.

Bista, D.B. (1987, 1967), *People of Nepal*, Kathmandu: Ratna Pustak Bhandar.

Bourdieu, P. (1990, 1987), *In Other Words*, Oxford: Polity Press.

Caplan, L. (1975), *Administration and Politics in a Nepalese Town: The Study of a District Capital and its Environs*, London etc.: Oxford University Press.

Driem, G. van (1987), *A Grammar of Limbu*, Berlin etc.: Mouton de Gruyter.

Endelman, R. (1989), *Love and Sex in Twelve Cultures*, New York: Psyche Press.

Fruzzetti, L.M. (1982), *The Gift of a Virgin*, Delhi etc.: Oxford University Press.

Goodenough, W.H. (1981), *Culture, Language, and Society* (2nd ed.), Menlo Park, California: Benjamin/Cummings Publishing Co.

Hardman, C. (1981), 'The Psychology of Conformity and Self-expression Among the Lohorung Rai of East Nepal', in P. Heelas and A. Lock (eds), *Indigenous Psychologies*, London: Academic Press.

Hodgson, B.H. (1858), 'On the Kiránti Tribe of the Central Himalaya', *Journal of the Asiatic Society of Bengal*, 27, no.5, pp.396–407.

Horowitz, D.L. (1975), 'Ethnic Identity', in N. Glazer and D.P. Moynihan (eds), *Ethnicity: Theory and Experience*, Cambridge, Mass. and London: Harvard University Press.

Jankowiak, W.R. and Fischer, E.F. (1992), 'The Cross-Cultural Perspective on Romantic Love', *Ethnology*, 31, no.2, pp.149–55.

Jones, R.L. and Jones, S.K. (1976), *The Himalayan Woman: A Study of Limbu Women in Marriage and Divorce*, Prospect Heights, Illinois: Waveland Press.

Kohn, T. (1992), 'Guns and Garlands: Cultural and Linguistic Migration through Marriage', *Himalayan Research Bulletin*, 12, nos.1–2, pp.27–33.

——, (1994), 'Incomers and Fieldworkers: A Comparative Study of Social Experience', in K. Hastrup and P. Hervik (eds), *Social Experience and Anthropological Knowledge*, London: Routledge.

Kristeva, J. (1987), *Tales of Love*, New York: Columbia University Press.

McDougal, C. (1979), *The Kulunge Rai*, Kathmandu: Ratna Pustak Bhandar.

Macfarlane, A. (1987), *The Culture of Capitalism*, Oxford: Basil Blackwell.

Rivière, P.G. (1971), 'Marriage: A Reassessment', in R. Needham (ed.), *Rethinking Kinship and Marriage*, London: Tavistock.

Rougemont, D. de (1956, 1940), *Love in the Western World*, New York etc.: Harper and Row Publishers.

Russell, A.J. (1992), 'The Hills are Alive with the Sense of Movement: Migration and Identity amongst the Yakha of East Nepal', *Himalayan Research Bulletin,* 12, nos.1–2, pp.35–43.

Strathern, M. (1982), 'The Place of Kinship: Kin, Class and Village Status in Elmdon, Essex', in A.P. Cohen (ed.), *Belonging: Identity and Social Organisation in British Rural Cultures*, Manchester: Manchester University Press.

Trawick, M. (1990), 'The Ideology of Love in a Tamil Family', in O.M. Lynch (ed.), *Divine Passions: the Social Construction of Emotion in India*, Delhi, etc.: Oxford University Press.

Yalman, N. (1962), 'Sinhalese-Tamil Intermarriage on the East Coast of Ceylon', *Sociologus*, 12, pp.36–54.

◉第５章

Bassier, D. (1993), 'Indian Lower Caste Cult Worship in Guyana: Their Faith in 1988', in T. Maeyama (ed.), *Ethnicity and National Integration of Asian-Latinamericans: A Study on Inter-Ethnic Cohesion and Conflict* (Preliminary Report in Japanese), Shizuoka: Cultural Anthropology Course, Department of Sociology, Shizuoka University.

Daly, V.T. (1974), *The Making of Guyana*, London and Basingstoke: Macmillan Education Ltd.

Despres, L.A. (1967), *Cultural Pluralism and Nationalist Politics in British Guiana*, Chicago: Rand McNally.

——, (1975), 'Ethnicity and Resource Competition in Guyanese Society', in L.A. Despres (ed.), *Ethnicity and Resource Competition in Plural Societies*, The Hague: Mouton.

Glasgow, R.A. (1970), *Guyana: Race and Politics among Africans and East Indians*, The Hague: Martinus Nijhoff.

Gopal, M.M. (1992), *Politics, Race, and Youth in Guyana*, San Francisco: Mellen Research University Press.

Jayawardena, C. (1962), 'Family Organisation in Plantations in British Guiana', *International Journal of Comparative Sociology*, 3, 1, pp.43–64.

——, (1963) *Conflict and Solidarity in a Guianese Plantation*, London: University of London/Athlone.
——, (1966) 'Hinduism in British Guiana', *Comparative Studies in Society and History*, 8, pp.211–40.
Moore, B.L. (1987), *Race, Power and Social Segmentation in Colonial Society: Guyana After Slavery, 1838–1891*, Philadelphia, etc.: Gordon and Breach Science Publishers.
Naipaul, V.S. (1963), *The Middle Passage*, London: Andre Deutsch.
Nath, D. (1970, c.1950), *A History of Indians in Guyana*, London: published by the author, Second revised edition.
Rauf, M.A. (1974), *Indian Village in Guiana: A Study of Cultural Change and Ethnic Identity*, Leiden: Brill.
Shibata, Y. (1993), 'Intermarriage between Indians and Blacks Which Should Be Preferably Avoided: A Sketch on Guyanese Cases', in T. Maeyama (ed.), *Ethnicity and National Integration of Asian-Latinamericans: A Study on Inter-Ethnic Cohesion and Conflict* (Preliminary Report in Japanese), Shizuoka: Cultural Anthropology Course, Department of Sociology, Shizuoka University.
——, n.d.1, 'Crossing Boundaries, Creating New Categories: Intermarriage in Guyana', Paper presented to the seminar at the Centre for Cross-Cultural Research on Women, Queen Elizabeth House, Oxford, June 1993.
——, n.d.2, 'Controversial Intermarriage between 'Africans' and 'Indians' in Guyana', Paper presented to the Ethnic Relations Seminar, St Antony's College, Oxford, June 1993.
——, n.d.3, 'Neither Black Nor Indian: Dougla-ization, Creolization and Guyanization', Paper presented to the Annual Conference of the Society for Caribbean Studies, St Stephen's House, Oxford, July 1993.
Smith, R.T. (1953), 'Family Organization in a Coastal Negro Community in British Guiana: A Preliminary Report', *Social and Economic Studies*, 1, 1, Mona, Jamaica: Institute of Social and Economic Research (ISER), University of the West Indies (UWI).
——, (1956), *The Negro Family in British Guiana: Family Structure and Social Status in the Villages*, London: Routledge & Kegan Paul; Mona: ISER, UWI.
——, (1959a), 'Marriage and the Family amongst East Indians in British Guiana', *Social and Economic Studies*, 8, 4, pp.321–76.
——, (1959b), 'Some Social Characterictics of Indian Immigrants to British Guiana', *Population Studies*, 8, 1, pp.34–9.
——, (1962), *British Guiana*, London: Oxford University Press.
——, and Jayawardena, C. (1958), 'Hindu Marriage Customs in British Guiana', *Social and Economic Studies*, 7, 2, pp.178–94.
Swan, M. (1957), *British Guiana, the Land of Six Peoples*, London: Her Majesty's Stationery Office.

Williams, B.F. (1991), *Stains on My Name, War in My Veins: Guyana and the Politics of Cultural Struggle*, Durham and London: Duke University Press.

◉第６章

Asante, M.K. (1987), *The Afro-Centric Idea*, Philadelphia: Temple University Press.

Assensoh, A.B. (1986), *Essays on Contemporary International Topics*, Devon: Arthur Stockwell.

——, (1989), *Kwame Nkrumah of Africa*, Devon: Arthur Stockwell.

——, (1998), *African Political Leadership: Jomo Kenyatta, Julius K. Nyerere and Kwame Nkrumah*, Malabar, Florida: Krieger Publishing Company.

Chua-Eoan, H.G. (1986), 'Tightening the Knot', *Time Magazine*, 15 December, p.35.

DuBois, W.E.B. (1961), *The Souls of Black Folk*, New York: Fawcett.

Farley, R. and Allen, W.R. (1987), *The Color Line and the Quality of Life in America*, New York: Oxford University Press.

Fullwood, S. (1996), *Waking From the Dream*, New York: Random Books.

Gibson, J. (1984), 'Toward Understanding between Africans and African-Americans', *The Black Collegian*, November/December, p.160.

Hacker, A. (1992), *Two Nations: Black and White, Separate, Hostile, Unequal*, New York: Ballentine Books.

Hill, H. and Jones, J.E. Jr (1993), *Race in America: The Struggle for Equality*, Madison: University of Wisconsin Press.

Johnson, W.R. and Warren, D.M. (1994), *Inside the Mixed Marriage*, New York: University Press of America.

Landis, J.T. and Landis M.G. (1977), *Building a Successful Marriage*, 7th Edition, Englewood Cliffs, N.J.: Prentice-Hall.

Larsson, C. (ed.), (1965), *Marriage Across the Color Line*, Chicago: Johnson Publishing Company.

Moikobou, J. (1981), *Blood and Flesh: Black American and African Identification*, Westport: Greenwood Press.

Norment, L. (1982), 'What Kind of Spouses do Africans Make?', *Ebony*, February, pp. 100–5.

Oppong, C. (1981), *Middleclass African Marriage: A Family Study of Ghanaian Senior Civil Servants*. Boston: G. Allen and Unwin.

Ripley, R. (1985), *Policy Analysis in Political Science*, Chicago: Nelson-Hall.

US Government (1995), *Code of Federal Regulations*, no.8, 9 January.

Van Deburg, W.L. (1992), *New Day in Babylon*, Chicago: University of Chicago Press.

Vaz, K. (1986), 'Tired of Turkey: Try a New Game: The Pursuit of Intimacy between Africans and Afro-Americans', (unpublished manuscript), Indiana University: Bloomington.

Williams, W. (1980), 'Ethnic Relations of African Students in the United States with Black Americans, 1870–1900', *Journal of Negro History*, 65, pp.228–49.
Wilson, W. (1987), *The Truly Disadvantaged*, Chicago: University of Chicago Press.

◉第７章

Allot, A. (1970), *New Essays in African Law*, London: Butterworths.
Arblaster, A. (1984), *The Rise and Decline of Western Liberalism*, Oxford: Blackwell.
Griffiths, J. (1986), 'What is Legal Pluralism?', *Journal of Legal Pluralism*, 24(1), pp.1–55.
Kalema Report, Government of Uganda (1965), *Report of the Commission on Marriage, Divorce and the Status of Women*, Entebbe: Government Printers.
Merry, S.E. (1988), 'Legal Pluralism', *Law and Society Review*, 22(5), pp.869–96.
Moore, S.F. (1978), 'Law and Social Change: The Semi-Autonomous Social Field as an Appropriate Subject for Study', in S.F. Moore, *Law as Process: An Anthropological Approach*, London: Routledge & Kegan Paul.
Musisi, N. (1993), 'Women and State Formation in Buganda', in R. Collins (ed.), *Problems in African History*, Princeton and New York: Markus Wiener.
Rowe, J.A. (1988), 'Islam under Amin: a case of *déjà vu*?', in H. Hansen and M. Twaddle (eds), *Uganda Now: Between Decay and Development*, London and Nairobi: James Curry and Heinemann Kenya.
Semafumu, S. (1991), 'Between a Rock and a Hard Place? Women in the Pluralistic Legal Systems of Africa', conference paper at the Haldane Society 'Symposium on Africa, Democracy and the New World Order', London School of Economics, December.
Snyder, F. (1981), 'Colonialism and Legal Form: The Creation of "Customary Law" in Senegal', *Journal of Legal Pluralism*, 19, pp.49–90.
Tamale, S. and Okumu-Wengi, J. (1992), 'The Legal Status of Women in Uganda', in *Women and Law in East Africa*, Kampala: WLEA Publications.
Tamanaha, B. (1993), 'The Folly of the "Social Scientific" Concept of Legal Pluralism', *Journal of Law and Society*, 20, pp.192–217.

◉第８章

Abdulrahim, D. (1993), 'Defining Gender in a Second Exile: Palestinian Women in West Berlin', in G. Buijs (ed.), *Migrant women: Crossing Boundaries and Changing Identities*, Oxford: Berg.
Ardener, S. (ed.) (1977, 1975), *Perceiving Women*, London: Dent.
——, (1978), 'Introduction: The Nature of Women in Society', in S. Ardener (ed.), *Defining Females: The Nature of Women in Society*, London: Croom Helm.
Barbara, A. (1989), *Marriage across Frontiers*, transl. D. Kennard, Clevedon: Multilingual Matters.

Barker, D. (1978), 'The Regulation of Marriage: Repressive Benevolence', in G. Littlejohn, B. Smart, J. Wakeford and N. Yuval-Davis (eds), *Power and the State*, London: Croom Helm.

Breger, R. (1990), *Myth and Stereotype. Images of Japan in the German Press and in Japanese Self-Presentation*, European University Studies, Frankfurt: Peter Lang.

——, (1992), 'The Discourse on Japan in the German Press: Images of Economic Competition', in R. Goodman and K. Refsing (eds), *Ideology and Praxis in Modern Japan*, London: Routledge.

Burke, J. (1972), 'The Wild Man's Pedigree: Scientific Method and Racial Anthropology', in E. Dudley and M. Novak (eds), *The Wild Man Within. An Image in Western Thought from the Renaissance to Romanticism*, Pittsburgh: University of Pittsburgh Press.

Burton, P., Kushari Dyson, K., and Ardener, S. (eds) (1994), *Bilingual Women: Anthropological Approaches to Second Language Use*, Oxford: Berg.

Chinchaladze, N., and Dragadze, T. (1994), 'Women and Second-Language Knowledge in Rural Soviet Georgia', in P. Burton, K. Kushari Dyson, and S. Ardener (eds), *Bilingual Women: Anthropological Approaches to Second Language Use*, Oxford: Berg.

Cohen, R. (1993), 'International Labour Migration post 1945', in M. O'Donnell (ed.), *New Introductory Reader in Sociology*, Walton-on-Thames: Nelson.

Cottrell, A. Baker (1990), 'Cross-National Marriages: A Review of the Literature', *Journal of Comparative Family Studies*, XXI, no.2, pp.151–69.

Crester, G. (1990), 'Intermarriage between "white" Britons and Immigrants from the New Commonwealth Countries', *Journal of Comparative Family Studies*, XXI, no.2, pp.227–38.

* Dower, J. (1986), *War without Mercy. Race and Power in the Pacific War*, London: Faber and Faber.

Essed, P. (1995), 'Gender, Migration and Cross-Ethnic Coalition Building', in H. Lutz, A. Phoenix, and N. Yuval-Davis (eds), *Crossfires: Nationalism, Racism and Gender in Europe*, London: Pluto.

Evans, D. (1993), *Sexual Citizenship. The Material Construction of Sexualities*, London: Routledge.

Foucault, M. (1980), *Power/Knowledge. Selected Interviews and Other Writings 1972–1977*, transl. C. Gordon, L. Marshall, J. Mepham and K. Soper, Brighton: Harvester.

Gamson, W. and Modigliani, A. (1989), 'Media Discourse and Public Opinion on Nuclear Power: A Constructionist Approach', *American Journal of Sociology*, 95, no.1, pp.1–37.

Garcia, S. (1992), *Europe's Fragmented Identities and the Frontiers of Citizenship*, London: Royal Institute of International Affairs, Discussion Papers, 45.

Gluck, C. (1985), *Japan's Modern Myths. Ideology in the late Meiji Period*, Princeton: Princeton University Press.

Götze, L. (1985), 'interkulturelles lernen-konkrete utopie oder pedagogische spielweise?',

kultuRRevolution, 10, pp.23–6.
Gouldbourne, H. (1991), *Ethnicity and Nationalism in Post-Imperial Britain*, Cambridge: Cambridge University Press.
Harrison, M.L. (1991), 'Citizenship, Consumption and Rights: A Comment on B.S. Turner's Theory of Citizenship', *Sociology*, 25, no.2, pp.209–13.
Heckmann, F. (1981), *Die Bundesrepublik: ein Einwanderungsland?*, Stuttgart: Klett-Cotta.
* Hobsbawm, E. and Ranger, T. (eds) (1983), *The Invention of Tradition*, Cambridge: Cambridge University Press.
Hoecklin, L. (1996), 'Reconstructing "Hausfrauen": Gender Ideology, the Family and Social Welfare Policies in Southern Germany', unpub. paper presented at the Centre for Cross-Cultural Research on Women, University of Oxford, Research Seminar on 'Gender and Development – Protest and Politics', Trinity term 1996, to be published.
Höllinger and Haller (1990), cited in M. Haralambos and M. Holborn, *Sociology. Themes and Perspectives*, London: Collins Educational.
Hübner, E. and Rohlfs, H.-H. (1987), *Jahrbuch der Bundesrepublik Deutschland 1987/1988*, Munich: Beck/Deutscher Taschenbuch Verlag.
Imamura, A. (1990), 'Strangers in a Strange Land: Coping with Marginality in International Marriage', *Journal of Comparative Family Studies*, XXI, no.2, pp.171–91.
Korte, H. (1987), 'Guest-Worker Question or Immigration Issue? Social Sciences and Public Debate in the Federal Republic of Germany', in K. Bade (ed.), *Population, Labour and Migration in Nineteenth and Twentieth Century Europe*, Leamington: Berg.
Kreiner, J. (1984), 'Das Deutschland-Bild der Japaner und das deutsche Japan-Bild', in Klaus Kracht, Bruno Lewin, and Klaus Miller, *Japan und Deutschland im 20. Jahrhundert*, Ostasien Institut, Ruhr Universität Bochum, Wiesbaden: Harrassowitz.
Lee, S. and Yamanaka, K. (1990), 'Patterns of Asian American Intermarriage and Marital Assimilation', *Journal of Comparative Family Studies*, XXI, no.2, pp.287–305.
Lee Sung, B. (1990), 'Chinese American Intermarriage', *Journal of Comparative Family Studies*, XXI, no.3, pp.337–52.
Link, J. (1985), 'multikulturen: auf verlorenem posten gegen den nationalismus?', *kultuRRevolution*, 10, pp.6–12.
Lutz, H., Phoenix, A., and Yuval-Davis, N. (eds) (1995), *Crossfires: Nationalism, Racism and Gender in Europe*, London: Pluto Press.
MacDonald, M. (1994), 'Women and Linguistic Innovation in Brittany', in P. Burton, K. Kushari Dyson, and S. Ardener (eds), *Bilingual Women. Anthropological Approaches to Second Language Use*, Oxford: Berg.
Merten, K. (1986), *Das Bild der Ausländer in der deutschen Presse*, Zentrum für Turkeistudien, Frankfurt: Dagyeli.
Miller, R. (1982), *Japan's Modern Myth: Language and Beyond*, New York: Weatherhill.

Mouer, R. and Sugimoto, Y. (1986), *Images of Japanese Society. A Study in the Social Construction of Reality*, London: KPI.
Räthzel, N. (1995), 'Nationalism and Gender in West Europe: The German Case', in H. Lutz, A. Phoenix and N. Yuval-Davis (eds), *Crossfires: Nationalism, Racism and Gender in Europe*, London: Pluto Press.
* Said, E. (1978), *Orientalism*, London: Routledge and Kegan Paul.
Scheuch, E. (1982),'Ausländer, "Bindestrich-Deutsch" oder Integration', paper presented at the CDU conference 'Ausländer in Deutschland. Für eine gemeinsame Zukunft', Bonn, 20–21 October 1982.
Smith, A. (1986), *The Ethnic Origin of Nations*, Oxford: Blackwell.
Snyder, L. (1978), *Roots of German Nationalism*, Bloomington: Indiana University Press.
Spickard, P. (1989), *'Mixed Blood': Intermarriage and Ethnic Identity in Twentieth Century America*, Wisconsin: University of Wisconsin Press.
Spiering, M. (1996), 'National Identity and European Unity', in M. Winter (ed.), *Culture and Identity in Europe. Perceptions of Divergence and Unity in Past and Present*, Avebury: Contemporary Interdisciplinary Research.
Thränhardt, D. (1985), 'mythos des fremden – deutsche angst und deutsche lust', *kultuRRevolution*, 10, pp.35–8.
Treibel, A. (1990), *Migration in modernen Gesellschaften. Soziale Folgen von Einwanderung and Gastarbeit*, Weinheim: Juventa Verlag.
Turner, B. (1990), 'Outline of a Theory of Citizenship', *Sociology*, 24, no.2, pp.189–217.
——, (1991), 'Further Specification of the Citizenship Concept: A Reply to M.L. Harrison', *Sociology*, 25, no.2, pp.215–18.
Walby, S. (1994), 'Is Citizenship Gendered?', *Sociology*, 28, pp.379–95.
Wobbe, T. (1995), 'The Boundaries of Community: Gender Relations and Racial Violence', in H. Lutz, A. Phoenix and N. Yuval-Davis (eds), *Crossfires: Nationalism, Racism and Gender in Europe*, London: Pluto.
Wolf-Almanasreh, R. (1991), *Mein Partner oder Partnerin kommt aus einem anderen Land. Inter-kulturelle Ehen, Familien und Partnerschaften. Ein Wegweiser für die Selbsthilfe*, IAF, Verband bi-nationaler Familien und Partnerschaften, Frankfurt: Interessengemeinschaft der mit Ausländern verheirateten Frauen e.V.

◉第９章

Abu-Lughod, L. (1986), *Veiled Sentiments*, Berkeley, Los Angeles and London: University of California Press.
Afshar, H. (1993), *Women in the Middle East*, London: MacMillan Press.
* Ahmed, L. (1992), *Women and Gender in Islam*, New Haven and London: Yale University Press.
Ali, Y., (trans.) *The Holy Quran*, Delhi: Kutub Khana Ishayat-ul-Islam.

Alireza, M. (1971), *At the Drop of a Veil*, Boston: Houghton Mifflin Company.
Altorki, S. (1986), *Women in Saudi Arabia: Ideology and Behaviour Among the Elite*, New York: Columbia University Press.
Anderson, N. (1976), *Law Reform in the Muslim World*, University of London: Athlone Press.
Beck, L. and Keddie, N. (eds) (1978), *Women in the Muslim World*, Cambridge, Massachusetts: Harvard University Press.
Coulson, N. and Hinchcliffe, D. (1978), 'Women and Law Reform in Contemporary Islam', in L. Beck and N. Keddie (eds), *Women in the Muslim World*, Cambridge, Massachusetts: Harvard University Press.
Doi, A.R.I. (1989), *Women in Shari'a'*, London: Ta-Ha Publishers.
Du Pasquier, R. (1992), *Unveiling Islam*, Cambridge: The Islamic Texts Society.
Esposito, J.L. (1982), *Women in Muslim Family Law*, Syracuse New York: Syracuse University Press.
Fawzi El-Solh, C. and Mabro, J. (eds) (1994), *Muslim Women's Choices*, Oxford: Berg.
Freyer Stowasser, B. (1994), *Women in the Qur'an, Traditions, and Interpretation*, Oxford: Oxford University Press.
Haeri, S. (1989), *Law of Desire – Temporary Marriage in Iran*, London: I.B. Tauris.
Hurgronje, S. (1970), *Mekka in the Latter Part of the Nineteenth Century*, Leiden: Brill.
Keddie, N.R. and Baron, B. (eds) (1989), *Women in Middle Eastern History*, New Haven and London: Yale University Press.
Lévi-Strauss, C. (1969), *The Elementary Structure of Kinship*, Boston: Beacon Press.
Maudoodi, M.A.A. (1983), *The Laws of Marriage and Divorce in Islam*, Safat Kuwait: Islamic Book Publishers.
Mir-Hosseini, Z. (1993), *Marriage on Trial*, London: I.B. Tauris.
Nasir, J.J. (1990), *The Status of Women under Islamic Law*, London, Dordrecht and Boston: Graham & Trotman.
Sidiqqi, M. (1996), 'Law and the Desire for Social Control: An Insight into the Hanafi Concept of Kafa'a with Reference to the Fatawa Alamgiri, 1664–1672', in M. Yamani (ed.), *Feminism and Islam: Legal and Literary Perspectives*, Reading: Ithaca Press.
Tucker, J.E. (1993), *Arab Women: Old Boundaries, New Frontiers*, Bloomington and Indianapolis: Indiana University Press.
Yamani, M. (ed.) (1996), *Feminism and Islam: Legal and Literary Perspectives*, Reading: Ithaca Press.

◉第10章

Agarwal, B. (1994), *A Field of One's Own*, Cambridge: Cambridge University Press.
Alibhai, Y. (1989), 'Burning in the Cold', in K. Gieve (ed.), *Balancing Acts*, London: Virago.
Alibhai-Brown, Y. and Montague, A. (1992), *The Colour of Love*, London: Virago.

Allan, G. (1989), 'Insiders and Outsiders: Boundaries around the Home', in G. Allan and G. Crow (eds), *Home and Family*, Basingstoke: Macmillan.

Anandalakshmy, S. (1981), 'Learning to Live in Families: Speculations on a Holographic Image of the Indian', paper presented to *Life Courses and Family Relationships in Alternative Psychologies of South Asia*, 2nd Workshop of the Person in South Asia Project, 6–8 September 1981, Chicago.

Appachana, A. (1991), *Incantations*, New Delhi: Penguin.

Appadurai, A. (1981), 'Gastro-Politics in Hindu South Asia', *American Ethnologist*, 8, pp.494–511.

Ardener, S. (1978), 'Introduction: The Nature of Women in Society', in S. Ardener (ed.), *Defining Females*, London: Croom Helm.

——, (1993), 'Ground Rules and Social Maps for Women', in S. Ardener (ed.), *Women and Space*, Oxford: Berg.

Argyle, M. (1982), 'Inter-Cultural Communication', in S. Bochner (ed.), *Cultures in Contact*, Oxford: Pergamon.

——, (1992), *The Social Psychology of Everyday Life*, London: Routledge.

Barbara, A. (1989), *Marriage across Frontiers*, Clevedon: Multilingual Matters Ltd.

Berrington, A. (1996), 'Marriage Patterns and Inter-ethnic Unions', in D. Coleman and J. Salt (eds), *Ethnicity in the 1991 Census: Volume 1. Demographic Characteristics of the Ethnic Minority Populations*, London: HMSO.

Bhasin, K. (1972), 'The Predicament of Indian Middle-Class Women – An Inside View', in K. Bhasin (ed.), *The Position of Women in India*, Srinigar: Arvind Deshpande (cited in Liddle and Joshi 1986).

Brown, G.W. and Harris, T. (1978), *Social Origins of Depression*, London: Tavistock.

Chaudhuri, A. (1991), *A Strange and Sublime Address*, London: Minerva.

Cohen, L. (1991), 'The Wives of Ganesa', in R.L. Brown (ed.), *Ganesh*, Albany: State University of New York Press.

Cunningham, J.D. and Antill, J.K. (1995), 'Current Trends in Nonmarital Cohabitation: In Search of the POSSLQ', in J.T. Wood and S. Duck (eds), *Under-Studied Relationships*, Thousand Oaks: Sage.

Dandekar, H. (1981), 'Social and Spatial Constraints on Rural Women's Sexuality: Observations from an Indian Village', *Ekistics*, 291, pp.422–9.

Das, V. (1979), 'Reflections on the Social Construction of Adulthood', in S. Kakar (ed.), *Identity and Adulthood*, Delhi: Oxford University Press.

Davar, B.V. (1995), 'Mental Illness among Indian Women', *Economic & Political Weekly*, 11 November 1995, pp.2879–86.

Delphy, C. and Leonard, D. (1992), *Familiar Exploitation*, Oxford: Polity.

Desai, P.N. (1995), 'Personality Politics: A Psychoanalytic Perspective', in U. Baxi and B. Parekh (eds), *Crisis and Change in Contemporary India*, New Delhi: Sage.

Dhawan, N., Roseman, I.J., Naidu, R.K., Thapa, K. and Rettek, S.I. (1995), 'Self-Concepts across Two Cultures: India and the United States', *Journal of Cross-Cultural Psychology*, 26(6), pp.606–21.
* Douglas, M. (1966), *Purity and Danger*, London: Routledge & Kegan Paul.
Drèze, J. and Sen, A. (1995), *India: Economic Development and Social Opportunity*, Delhi: Oxford University Press.
Duck, S.W. (1991), *Understanding Relationships*, New York: Guilford.
Dunung, S.P. (1995), *Doing Business in Asia*, New York: Lexington Books.
Dyson, T. and Moore, M. (1983), 'On Kinship Structure, Female Autonomy, and Demographic Behavior in India', *Population and Development Review*, 9(1), pp.35–60.
Ferro-Luzzi, G.E. (1977), 'Ritual as Language: The case of South Indian Food Offerings', *Current Anthropology*, 18(3), pp.507–14.
Finch, J. (1989), 'Kinship and Friendship', in R. Jowell, S. Witherspoon, and L. Brook (eds), *British Social Attitudes*, Aldershot: Gower.
Fuller, C.J. (1992), *The Camphor Flame*, Princeton: Princeton University Press.
Giddens, A. (1989), *Sociology*, Oxford: Polity.
——, (1992), *The Transformation of Intimacy*, Oxford: Polity.
* Goffman, E. (1967), *Interaction Ritual*, Garden City: Doubleday Anchor.
* ——, (1969), *The Presentation of Self in Everyday Life*, Harmondsworth: Penguin.
——, (1977), 'The Arrangement between the Sexes', *Theory & Society*, 4, pp.301–31.
Goody, J. (1996), *The East in the West*, Cambridge: Cambridge University Press.
Government of India (1974), *Towards Equality*, Report of the Committee on the Status of Women in India, New Delhi: Government of India.
Gumperz, J.J., Jupp, T.C. and Roberts, C. (1979), *Crosstalk: An Introduction to Cross-Cultural Communication*, London: BBC Education.
Guzder, J. and Krishna, M. (1991), 'Sita-Shakti: Cultural Paradigms for Indian Women', *Transcultural Psychiatric Research Review*, 28, pp.257–301.
Harlan, L. and Courtwright, P.B. (1995), *From the Margins of Hindu Marriage*, Oxford: Oxford University Press.
Hoecklin, L. (1995), *Managing Cultural Differences*, Wokingham: Addison-Wesley.
Hofstede, G. (1980), *Culture's Consequences*, Newbury Park: Sage.
Jain, M. (1994), 'Change amidst Continuity', *India Today*, 15 July.
Kâğitçibaşi, Ç. (1996), *Family and Human Development Across Cultures: A View from the Other Side*, Mahwah, New Jersey: Lawrence Erlbaum.
Kakar, S. (1978), *The Inner World*, Delhi: Oxford University Press.
——, (1989), *Intimate Relations*, New Delhi: Penguin.
Kapur, P. (1979), 'Women in Modern India', in M.S. Das and P.D. Bardis (eds), *The Family in Asia*, London: George Allen & Unwin.
Karve, I. (1953), *Kinship Organisation in India*, Deccan College Monograph Series no.

11, Madras: G S Press.
Khare, R.S. (1976), *The Hindu Hearth and Home*, New Delhi: Vikas.
Kiernan, K. (1989), 'The Family: Formation and Fission', in H. Joshi (ed.), *The Changing Population of Britain*, Oxford: Blackwell.
Lannoy, R. (1975, 1971), *The Speaking Tree*, Oxford: Oxford University Press.
Lazar, R. (1979), 'Asian Family and Society: A Theoretical Overview', in M.S. Das and P.D. Bardis (eds), *The Family in Asia*, London: George Allen & Unwin.
LeVine, R.A. (1990), 'Infant Environments in Psychoanalysis: A Cross-Cultural View', in J.W. Stigler, R.A. Shweder and G. Herdt (eds), *Cultural Psychology*, Cambridge: Cambridge University Press.
Liddle, J. and Joshi, R. (1986), *Daughters of Independence*, London: Zed Books Ltd.
Markus, H. and Kitayama, S. (1991), 'Culture and Self: Implications for Cognition, Emotion and Motivation', *Psychological Review*, 98, pp.224–53.
Mehta, R. (1976), 'From Purdah to Modernity', in B.R. Nanda (ed.), *Indian Women*, New Delhi: Vikas.
Mies, M. (1980), *Indian Women and Patriarchy*, New Delhi: Concept (cited in Liddle and Joshi 1986).
Miller, J.G. (1984), 'Culture and the Development of Everyday Social Explanation', *Journal of Personality and Social Psychology*, 46, pp.961–78.
Mines, M. (1988), 'Conceptualising the Person: Hierarchical Society and Individual Autonomy in India', *American Anthropologist*, 90, pp.568–79.
Mitter, S.S. (1991), *Dharma's Daughters*, New Brunswik: Rutgers University Press.
Moore, H.L. (1988), *Feminism and Anthropology*, Oxford: Polity.
Nabar, V. (1995), *Caste As Woman*, New Delhi: Penguin.
Nanda, S. (1991), *Cultural Anthropology*, Belmont: Wadsworth.
Padmanabhan, M. (1995), 'Stains' in R. Advani, I. Hutnik, M. Kesavan and D. Kumar (eds), *Civil Lines 2: New Writing from India*, Delhi: Ravi Dayal.
Paris, J. and Guzder, J. (1989), 'The Poisoned Nest: Dynamic Aspects of Exogamous Marriage', *Journal of the American Academy of Psychoanalysis*, 17 (3), pp.493–500.
Prakasa, V.V. and Rao, V.N. (1979), 'Arranged Marriages: An Assessment of the Attitudes of the College Students in India', in G. Kurian (ed.), *Cross-Cultural Perspectives of Mate-Selection and Marriage*, Westport: Greenwood Press.
Raheja, G.G. and Gold, A.G. (1994), *Listen to the Heron's Words*, Berkeley: University of California Press.
Ramanujan, A. (1983), 'The Indian Oedipus', in L. Edmonds and A. Dundes (eds), *Oedipus: A Folklore Casebook*, New York: Garland.
Reibstein, J. and Richards, M. (1992), *Sexual Arrangements*, London: Heinemann.
Ribbens, J. (1994), *Mothers and Their Children*, London: Sage.
Roland, A. (1988), *In Search of Self in India and Japan*, Princeton: Princeton University

Press.
Sandborg, K. (1993), 'Malay Dress Symbolism', in V. Broch-Due, I. Rudie and T. Bleie (eds), *Carved Flesh/Cast Selves*, Oxford: Berg.
Sciama, L. (1993), 'The Problem of Privacy in Mediterranean Anthropology', in S. Ardener (ed.), *Women and Space*, Oxford: Berg.
Sen, A. (1990), 'Gender and Cooperative Conflicts', in I. Tinker (ed.), *Persistent Inequalities: Women and World Development*, New York: Oxford University Press.
Seymour, S. (1983), 'Household Structure and Status and Expressions of Affect in India, *Ethos*, 11(4), pp.263–77.
Shah, A.M. (1974), *The Household Dimension of the Family in India*, Berkeley: University of California Press.
Sharma, U. (1986), *Women's Work, Class, and the Urban Household*, London: Tavistock.
Shweder, R.A. and Bourne, E. (1982), 'Does the Concept of the Person Vary Cross-Culturally?' in A.J. Marsella and G. White (eds), *Cultural Conceptions of Mental Health and Therapy*, Dordrecht: Reidel.
——, Jensen, L.A. and Goldstein, W.M. (1995), 'Who Sleeps by Whom Revisited: A Method for Extracting the Moral Goods Implicit in Practice', in J.J. Goodnow, P. Miller and F. Kessel (eds), *Cultural Practices as Context for Development*, San Francisco: Jossey Bass.
Sinha, D. and Tripathi, R.C. (1994), 'Individualism in a Collectivist Culture: A Case of Coexistence of Opposites', in U. Kim, H.C. Triandis, Ç. Kâğitçibaşi, S.-C. Choi and G. Yoon (eds), *Individualism and Collectivism*, Thousand Oaks: Sage.
Sissons Joshi, M. and MacLean, M. (1997), 'Maternal Expectations of Child Development in India, Japan and England', *Journal of Cross-Cultural Psychology*, 28 (2), pp.219–34.
Standing, H. (1991), *Dependence and Autonomy*, London: Routledge.
Taylor, S.E. (1995), *Health Psychology*, 3rd edition, New York: McGraw Hill.
Trawick, M. (1990), 'The Ideology of Love in a Tamil Village', in O.M. Lynch (ed.), *Divine Passions*, Berkeley: University of California Press.
Tysoe, M. (1992), *Love Isn't Quite Enough*, London: Fontana.
Varenne, H. (1996), 'Love and Liberty: The Contemporary American Family', in A. Burguiere et al. (eds), *A History of the Family*, Oxford: Polity.
Vatuk, S. (1990), 'To be a Burden on Others', in O.M. Lynch (ed.), *Divine Passions*, Berkeley: University of California Press.
Warnes, A.M. (1986), 'The Residential Mobility Histories of Parents and Children, and Relationships to Proximity and Social Integration', *Environment and Planning*, 18, pp.1581–94.
Wilson, A. (1978), *Finding a Voice*, London: Virago.

◉第 1 1 章

Benson, S. (1981), *Ambiguous Identity – Interracial Families in London*, Cambridge: Cambridge University Press.

Blood, R. (1967), *Love Match and Arranged Marriage. A Tokyo–Detroit Comparison*, New York: The Free Press.

Broch, T., Krarup, K., Larsen, P.K. and Rieper, O. (eds) (1987), *Kvalitative Metoder i Dansk Samfundsforskning* (Qualitative Methods in Danish Sociology), Copenhagen: Nyt fra Samfundsvidenskaberne, 50.

Condon, C. and Saitoo, M. (eds) (1974), *Intercultural Encounters with Japan*, Tokyo: Simul Press.

* Erikson, E.H. (1980, 1959), *Identity and the Life Cycle. A Re-issue*, New York: Norton and Company.

Hardach-Pinke, I. (1988), *Interkulturelle Lebenswelten – Deutsch-Japanische Ehen in Japan*, Frankfurt and New York: Campus.

Imamura, A. (1987), *Urban Japanese Housewives. At Home and in the Community*, Honolulu: University of Hawaii Press.

Itamoto Y. (1990), *Ueddinguberu ga kikitakute* (Wishing for the Sound of Wedding Bells), Tokyo: Shin Nippon shuppansha.

Jacobson-Widding, A. (1983), 'Introduction', in A. Jacobson-Widding (ed.), *Identity: Personal and Socio-cultural. A Symposium*, Uppsala: Uppsala Studies in Cultural Anthropology.

* *Kokusai kekkon handobukku. Gaikokujin to kekkon shitara . . .* (Handbook of International Marriages. If one marries a foreigner . . .) (1987), Comp. by Kokusai kekkon o kangaeru kai, Tokyo: Meiseki shoten.

Kvale, S. (1987), 'Interpretation of the Qualitative Research Interview', in F.J. van Zuuren, F.J. Wertz, B. Mook (eds), *Advances in Qualitative Psychology: Themes and Variations*, Lisse: Swets & Zeitlinger.

——, (1987), 'Validity in the Qualitative Research Interview', in *Interviewet som Forskningsmetode* (*The Interview as Research Method*), Aarhus: Psykologisk Skriftserie, 12/1, pp.68–104.

Lam, A. (1992), *Women and Japanese Management. Discrimination and Reform*, London: Routledge.

Lebra, T.S. (1981), 'Japanese Women in Male Dominant Careers: Cultural Barriers and Accommodation for Sex-Role Transcendence', in *Ethnology*, XX, 4, pp.291–306.

——, (1984), *Japanese Women: Constraint and Fulfillment*, Honolulu: University of Hawaii Press.

Mayer, E. (1985), *Love and Tradition. Marriage between Jews and Christians*, New York and London: Plenum Press.

Miyabara, Y. (1992), 'Kiri no Rondon. Kokusai kekkon daiichi-goo wa naze hitoku sareta'

(In London's Fog. Why was the First International Marriage Kept a Secret?), in *Asahi Shinbun Weekly, AERA*, 5, 37, pp.30–3.

* Mouer, R. and Sugimoto, Y. (1981), *Japanese Society: Stereotypes and Realities*, Melbourne: Japanese Studies Centre.

Nitta, F. (1988), 'Kokusai kekkon: Trends in Intercultural Marriage in Japan', *International Journal of Intercultural Relations*, 12, pp.205–32.

* Oosawa, C. (1989), *Bairingaru fuamiri – kokusai kekkon no tsumatachi* (Bilingual Family – the Wives of International Marriages), Tokyo: Chikuma shobo.

Refsing, K. (1990), 'Kæreste, Hustru og Moder' (Girlfriend, Wife and Mother), in K. Refsing et al. (eds), *Gode Hustruer og Vise Mødre. Facetter af Kvindeliv i Japan* (Good Wives and Wise Mothers. Aspects of Women's Lives in Japan), Copenhagen: Rhodos.

——, (1995), 'The Discourse on Cultural Differences in Danish-Japanese Marriages', in S. Clausen, R. Starrs and A. Wedell-Wedellsborg (eds), *Cultural Encounters: China, Japan and the West*, Aarhus: Aarhus University Press.

* Setouchi, H. (ed.) (1989), *Kokusai kekkon no reimei: Jinbutsu kindai josei-shi* (The Dawn of International Marriages. Biographical History of Women in the Modern Period), Tokyo: Kodansha.

* Shukuya K. (1988), *Ajia kara kita hanayome, mukaeru gawa no ronri* (Brides from Asia, the Logic of the Recipient Side), Tokyo: Meiseki shoten.

* Smith, R. (1983), *Japanese Society: Tradition, Self and the Social Order*, Cambridge: Cambridge University Press.

——, (1987), 'Gender Inequality in Contemporary Japan', *Journal of Asian Studies*, no.1, pp.1–25.

Spradley, J.P. (1979), *The Ethnographic Interview*, Fort Worth: Holt, Rhinehard and Winston Inc.

Sugimoto, Y. and Mouer, R. (1986), *Images of Japanese Society: a Study in the Structure of Social Reality*, London: Kegan Paul International.

——, (eds) (1989), *Constructs for Understanding Japan*, London and New York: Kegan Paul International.

Tannen, D. (1986), *That's Not What I Meant*, New York: Ballantine.

——, (1992, 1990), *Kvindesnak og Mands Tale* (trans. from *You Just Don't Understand*), Copenhagen: Munksgaards Forlag.

Thompson, L. (1993), 'Conceptualizing Gender in Marriage: The Case of Marital Care', *Journal of Marriage and the Family*, 55, August, pp.557–69.

* Yamada R., Sawaki T., Minami T., Sumida H. (eds) (1990), *Wakariyasui kokusai kekkon to hoo* (International Marriages and the Law Made Easy), Tokyo: Yuuhikaku ribure.

Wagatsuma H. (1973), 'Some Problems of Interracial Marriage for the Japanese', in I.R. Stuart and L.E. Abt (eds), *Interracial Marriage: Expectations and Realities*, New York: Van Nostrand Reinhold.

Zavalloni, M. (1983), 'Ego-ecology: The Study of the Interaction between Social and Personal Identities', in A. Jacobson-Widding (ed.), *Identity: Personal and Socio-cultural. A Symposium*, Uppsala: Uppsala Studies in Cultural Anthropology.

◉第12章

Alibhai-Brown, Y. and Montague, A. (1992), *The Colour of Love*, London: Virago.

Barth, F. (1969), *Ethnic Groups and Boundaries: The Social Organization of Cultural Difference*, London: George Allen and Unwin.

Benson, S. (1981), *Ambiguous Ethnicity*, Cambridge: Cambridge University Press.

*Brah, A. (1992), 'Difference, Diversity and Differentiation', in J. Donald and A. Rattansi (eds), *Race, Culture and Difference*, London: Sage Publications in association with the Open University.

Fanon, F. (1986), *Black Skin, White Masks*, London: Pluto Press.

Gilroy, P. (1987), *There Ain't no Black in the Union Jack: The Cultural Politics of Race and Nation*, London: Hutchinson.

Hall, S. (1990), 'Cultural Identity and Diaspora', in J. Rutherford (ed.), *Identity, Community, Culture, Difference*, London: Lawrence and Wishart.

——, (1992), 'New Ethnicities', in J. Donald and A. Rattansi (eds), *Race, Culture and Difference*, London: Sage Publications in association with the Open University.

Merton, R. (1941), 'Intermarriage and the Social Structure', in *Psychiatry*, 4, 3, August.

Rattansi, A. (1992), 'Changing the Subject: Racism, Culture and Education', in J. Donald and A. Rattansi (eds), *Race, Culture and Difference*, London: Sage Publications in association with the Open University.

Rutherford, J. (1990), 'A Place called Home: Identity and the Cultural Politics of Difference', in J. Rutherford (ed.), *Identity, Community, Culture, Difference*, London: Lawrence and Wishart.

Solomos, J. and Back, L. (1996), *Racism and Society*, London and Basingstoke: Macmillan Press Ltd.

Spickard, P. (1989), *Mixed Blood. Intermarriage and Ethnic Identity in Twentieth Century America*, Madison: University of Wisconsin Press.

Thompson, B. and Tyagi, S. (1996) (eds), *Names we Call Home: Autobiography on Racial Identity*, New York and London: Routledge.

邦訳主要文献一覧

アハメド，L『イスラームにおける女性とジェンダー』 林正雄ほか訳 法政大学出版局 2000年

エリクソン，E. H.『自我同一性―アイデンティティとライフサイクル』 小此木啓吾編訳 誠信書房 1973年

エヴァンス＝プリチャード，E. E.『ヌアー族の親族と結婚』 長島信弘・向井元子訳 岩波書店 1985年

ギデンズ，A.『社会学』 松尾精文ほか訳，而立書房 改定新版1993年，改定第3版1998年

――――『親密性の変容―近代社会におけるセクシュアリティ、愛情、エロティシズム』 松尾精文・松川昭子訳 而立書房 1995年

ゴフマン，E.『儀礼としての相互行為―対面行動の社会学』 広瀬英彦・安江孝司訳 法政大学出版局 1986年

――――『行為と演技―日常生活における自己呈示』 石黒毅訳 誠信書房 1974年

ゴードン，M. M.『アメリカンライフにおける同化理論の諸相』 倉田和四生・山本剛郎訳 晃洋書房 2000年

サイード，E. W.『オリエンタリズム』 板垣雄三・杉田英明監修、今沢紀子訳 平凡社 1986年

ジンメル，G.「近代文化の葛藤」 阿閉吉男訳 世界思想教養全集19『ドイツの社会思想』所収 河出書房新社 1963年

――――「哲学の根本問題―現代文化の葛藤」 生松敬三訳 『ジンメル著作集6』所収 白水社 1976年

スミス，R.『日本社会―その曖昧さの解明』 村上健・草津攻訳 紀伊國屋書店 1995年

ダグラス，M.『汚穢と禁忌』 塚本正明訳 思潮社 1972年

ダワー，W. J.『人種偏見』 斎藤元一訳 TBSブリタニカ 1987年

ニーダム，R.『構造と感情』 三上暁子訳 弘文堂 1977年

バース，F.「エスニック集団の境界」 内藤暁子・行木敬訳 『エスニックとは何か―エスニシティ基本論文選』所収 青柳まちこ監訳 pp. 23-71 新泉社 1996

年
フオックス，R.『親族と婚姻』 山中健二訳　思索社　1977 年
フーコー，M.『知の考古学』 中村雄二郎訳　河出書房新社　1995 年
ホブズボーム，E. & T. ランガー編『創られた伝統』 前川啓治・梶原景昭訳　紀伊國屋書店　1992 年
マオア，ロス & 杉本良夫編著 『日本人論に関する 12 章』 学陽書房　1982 年
マリノフスキー，B『未開社会における性と抑圧』 阿部年晴・真崎義博訳　社会思想社　1972 年
ラドクリフ＝ブラウン，A. R.『未開社会における構造と機能』 青柳まちこ訳　新泉社　1975 年
リーチ，E.『社会人類学案内』 長島信弘訳　岩波書店　1985 年
レヴィ＝ストロース，C.『親族の基本構造（上・下)』 馬渕東一・田島節夫監修　番町書房　1977 年;『親族の基本構造』福井和美訳　青弓社　2000 年

日本語による出版物

大沢周『バイリンガルファミリー—国際結婚の妻たち』 筑摩書房　1989 年
国際結婚を考える会『国際結婚ハンドブック—外国人と結婚したら』 明石書店　1987 年
宿谷京子『アジアから来た花嫁』 明石書店　1988 年
瀬戸内晴美『国際結婚の黎明—人物近代女性史』 講談社　1989 年
山田鐐一『わかりやすい国際結婚と法』 有斐閣　1990年

異文化結婚——境界を越える試み

2005年4月15日　第1版第1刷発行

編　者＝ローズマリー・ブレーガー，ロザンナ・ヒル

監訳者＝吉田正紀

発行者＝株式会社　新　泉　社
東京都文京区本郷2-5-12
振替・00170-4-160936番　TEL 03(3815)1662　FAX 03(3815)1422
印刷／三秀舎　製本／榎本製本

ISBN4-7877-0504-0　C1039